2024年度高校哲学社会科学研究一般项目"新质生产力推动高校法律援助志愿服务能力提升研究"（项目编号2024SJSZ0005）

新时代
高校法律援助志愿服务的理论与实践

唐赟 等 著

南京大学出版社

图书在版编目(CIP)数据

新时代高校法律援助志愿服务的理论与实践 / 唐赟等著. -- 南京：南京大学出版社，2025.1. -- ISBN 978-7-305-28310-9

Ⅰ. D926

中国国家版本馆 CIP 数据核字第 2024MF3004 号

出版发行	南京大学出版社
社　　址	南京市汉口路 22 号　　邮　编　210093
书　　名	**新时代高校法律援助志愿服务的理论与实践** XINSHIDAI GAOXIAO FALÜ YUANZHU ZHIYUAN FUWU DE LILUN YU SHIJIAN
著　　者	唐赟 等
责任编辑	施　敏
照　　排	南京南琳图文制作有限公司
印　　刷	江苏凤凰数码印务有限公司
开　　本	787 mm×1092 mm　1/16 开　印张 15　字数 262 千
版　　次	2025 年 1 月第 1 版　2025 年 1 月第 1 次印刷
ISBN	978-7-305-28310-9
定　　价	66.00 元

网址：http://www.njupco.com
官方微博：http://weibo.com/njupco
官方微信号：njupress
销售咨询热线：(025) 83594756

* 版权所有，侵权必究
* 凡购买南大版图书，如有印装质量问题，请与所购
　图书销售部门联系调换

目　录

第一章　高校法律援助制度概论 ·· 1
　　第一节　法律援助制度概论 ·· 1
　　第二节　高校法律援助制度的特征和性质 ······························ 10
第二章　高校法律援助组织与构成 ·· 21
　　第一节　高校法律援助组织 ··· 21
　　第二节　高校法律援助队伍 ··· 25
　　第三节　高校法律援助多元模式的探索
　　　　　　——以江苏九校法律援助组织调研为例 ····················· 31
第三章　高校法律援助的时代价值 ·· 47
　　第一节　高校法律援助的司法价值 ····································· 47
　　第二节　高校法律援助的育人价值 ····································· 53
　　第三节　高校法律援助的社会价值 ····································· 58
第四章　高校法律援助的范围 ·· 64
　　第一节　高校法律援助范围概述 ·· 64
　　第二节　诉讼类型的高校法律援助 ····································· 81
　　第三节　非诉讼类型的高校法律援助 ·································· 91
第五章　高校法律援助的实施程序 ·· 97
　　第一节　高校法律援助程序概述 ·· 99
　　第二节　高校法律援助的申请 ·· 103
　　第三节　高校法律援助的审查 ·· 111
　　第四节　高校法律援助的实施 ·· 118

第六章 高校法律援助的比较研究 … 124
第一节 法律援助制度的历史沿革 … 124
第二节 境外高校法律援助制度概述 … 127
第三节 境外高校法律援助制度的启示 … 135

第七章 高校诊所式刑事法律教育的可持续发展 … 142
第一节 诊所式刑事法律教育的起源与目标 … 142
第二节 刑事法律诊所的本土化检视和既有模式的局限 … 146
第三节 数字破局:诊所式刑事法律教育模式的改进 … 150

第八章 高校法律援助服务的困与谋 … 158
第一节 高校法律援助服务之核心定位 … 158
第二节 高校法律援助服务的困境 … 161
第三节 高校法律援助的制度改革思路 … 164

第九章 新时代高校法律援助的改革与创新 … 169
第一节 高校法律援助制度概况 … 169
第二节 高校法律援助制度改革 … 175
第三节 高校法律援助制度创新 … 179

附录1:南京大学法律援助中心章程 … 185
附录2:东南大学大学生法律援助中心章程 … 191
附录3:山东财经大学法律援助中心章程 … 198
附录4:福建师范大学(学生)法律咨询与援助中心活动章程 … 201
附录5:兰州大学青年志愿服务管理暂行办法 … 205
附录6:中国政法大学一安法律援助中心简介 … 210
附录7:中国政法大学法律援助中心章程 … 213
附录8:北京大学法律援助协会简介 … 216
附录9:上海财经大学法学院法律援助中心管理制度 … 221
附录10:浙江大学学生法律援助中心法律援助服务指南 … 223
附录11:湖南师范大学法律援助志愿者管理办法 … 226
附录12:江苏大学法学院法律援助制度介绍 … 231
后 记 … 233

第一章　高校法律援助制度概论

近三十年时间,中国法律援助事业发展迅速,经历了从无到有、从有到优的过程,形成了独具中国特色的制度体系。高校法律援助制度是我国法律援助体系的重要组成部分,既具有法律援助制度的普遍价值,又因自身的特殊性,具有独立价值。高校法律援助制度为高校培养有理想、有本领、有担当的时代新人提供了重要抓手。自第一家高校法律援助组织正式挂牌成立起,高校不断整合学校资源,为公益性法律援助事业源源不断注入青春力量,促进了法学教育与法律援助的共同发展。

第一节　法律援助制度概论

法律援助作为法治建设的重要组成部分,在世界范围内得到了广泛认可和实施,已经成为一项普遍的法律制度。它的历史悠久,从一种私人的慈善行为逐步发展成为一项政府责任,并惠及更多的公民。我国法律援助制度虽然起步较晚,但是发展迅速,形成了具有中国特色的制度体系,体现出广泛性、群众性和真实性的特征,在保障公民合法权益、促进社会公平正义方面发挥重要作用。

一、法律援助制度的概念

法律援助(legal aid),也称"法律扶助""法律服务""法律救助"等。法制史学者们普遍认为法律援助肇始于五百多年前的英格兰王国。在亨利七世统治期间(1495年),议会通过了一项旨在保证所有臣民获得公正审判的法案,对于缺乏资源或者不具备能力依据普通法提起诉讼的贫民,法庭将为其指派律师并免去所有费用。① 此时作为慈善行为的法律援助主要依靠私人律师和民间机构推动,较为零散,缺乏一定的组织性和规模性。资产阶级革命后,随着人权思想的发展,法律援助在资本主义国家的宪法中被间接确立为一项政治权利,公民诉讼权利的保障问题逐渐被强调。② 由此,法律援助的性质发生了根本性变化,从律师自发的慈善行为转变成为国家义务和政府责任,形成了"作为权利的法律援助"。③ "二战"以后,受到社会本位思想的影响,法律援助逐渐成为社会福利的一部分,它的援助范围不断扩大,除了为诉讼程序中的当事人提供辩护或者代理,它在法庭外的作用也日益凸显,社会中的法律专业人员向特定对象提供法律咨询也越来越被认为是一种"低成本、高效率"的法律援助方式。④ 法律援助的方式不断增加,它的应用场景也在逐渐拓展,并惠及更多弱势群体。

从法律援助的发展来看,它自始就不是一个纯粹的法律制度问题,以美国为例,其刑事领域的法律援助是在社会改革的进程中发展起来的,而民事领域的法律援助则得益于政治上的消除贫困计划。⑤ 20 世纪 60 年代末到 70 年代初,为贫困者提供法律援助演进成为"社会正义"运动的一部分,并且辐射至欧洲。⑥ 许多欧洲国家认识到,国家通过诉讼机制只能够实现公民诉权形式上的平等,要想真正实现司法公平,必须保障诉权实质上的平等,减少公民因经济条件不同而产生的法律服务获取方面的差异。对此,许多国家纷纷加大对法律援助的投入和支持,逐步探索提供法律援助的方式。在此过程中,法律援助不再只是一种个人的慈善行为,而被上升为一项国家的法律制度。法律援

---

① See 'Henry Ⅶ: October 1495', in *Parliament Rolls of Medieval England*, ed. Chris Given-Wilson, Paul Brand, Seymour Phillips, Mark Ormrod, Geoffrey Martin, Anne Curry and Rosemary Horrox (Woodbridge, 2005), *British History Online*, http://www.british-history.ac.uk/no-series/parliament-rolls-medieval/october-1495 [accessed 17 April 2021].

② 参见彭锡华:《法律援助的国家责任——从国际人权法的视角考察》,载《法学评论》2006 年第 3 期,第 64 页。

③ 参见彭锡华:《法律援助的国家责任——从国际人权法的视角考察》,载《法学评论》2006 年第 3 期,第 64 页;贾午光主编:《国外境外法律援助制度新编》,中国方正出版社 2008 年版,第 1 页。

④ 参见张耕主编:《法律援助制度比较研究》,法律出版社 1997 年版,第 3 页。

⑤ 参见彭锡华:《法律援助的国家责任——从国际人权法的视角考察》,载《法学评论》2006 年第 3 期,第 65 页。

⑥ 参见彭锡华:《法律援助的国家责任——从国际人权法的视角考察》,载《法学评论》2006 年第 3 期,第 65 页。

助制度的建立有助于在更高层级拓展法律援助实践,规范法律援助服务,推动法律援助工作在法治轨道上运行。

不同国家和地区实行的法律援助制度存在一定的差异,因此我们很难从中抽象出一个包罗万象的法律援助概念。举例而言,《简明不列颠百科全书》对法律援助的定义为:"在免费或收费很少的情况下,对需要专业性法律帮助的穷人所给予的帮助。"[1]日本学者我妻荣主编的《新版新法律学辞典》把"在诉讼案件中对伸张正义和维护权利的困难者予以扶助的社会制度"界定为"法律扶助"。[2] 我国学者主编的《元照英美法词典》中将"法律援助"定义为"对因经济困难无力聘请私人律师的人群提供免费或收费较低的法律服务的制度"。[3] 从这些概念中,我们可以发现,不同国家提供法律援助的范围和程度存在差异。总体而言,法律援助制度概念有广义和狭义之分。广义的法律援助制度包括诉讼费的减免和法律服务费的减免,而狭义的法律援助制度仅包括法律服务费的减免,而不包括司法救助。司法救助是指"人民法院对于当事人为维护自己的合法权益,向人民法院提起民事、行政诉讼,但经济确有困难的,实行诉讼费用的缓交、减交、免交"。在我国,通常所说的"法律援助制度"指的是狭义的法律援助制度,[4]这一方面是受到当时的刑事诉讼法和律师法的影响,因为这两部法律只能对律师提出要求,难以涉及其他群体;另一方面则是由于法院诉讼费的减免涉及对当事人经济状况的认定,当时各级法院已经形成了一套较为完整的诉讼费减免制度,因而当事人诉讼费的减免可以延续原有制度,而没有必要将其纳入法律援助范围。[5]

2003年国务院制定的《法律援助条例》(国务院令第385号)为提升法律援助的法治化水平打下了坚实基础。此后,法律援助法被列入十三届全国人大常委会立法规划之中。2021年8月20日通过的《法律援助法》第二条对"法律援助"作出明确定义:"国家建立的为经济困难公民和符合法定条件的其他当事人无偿提供法律咨询、代理、刑事辩护等法律服务的制度。"该法还规定,提供法律援助的主体包括执业律师、法律援助机构律师、基层法律服务工

---

[1] 《简明不列颠百科全书2》,中国大百科全书出版社1985年版,第838页。
[2] 参见我妻荣编辑代表:《新版新法律学辞典》,中国政法大学出版社1991年版,第884页。
[3] 参见薛波主编:《元照英美法词典》,法律出版社2003年,第812页。
[4] 《最高人民法院关于对经济确有困难的当事人提供司法救助的规定》第二条,2005年4月5日最高人民法院审判委员会第1347次会议通过修订。
[5] 参见张耕主编:《中国法律援助制度诞生的前前后后》,中国方正出版社1998年版,第8页;肖扬:《建立有中国特色的法律援助制度》,载《人民日报》1996年5月14日,第9版。

作者、法律援助志愿者,从法律层面为这些主体提供法律援助确立了资格。《刑事诉讼法》(2018年修正)第三十六条第一款规定:"法律援助机构可以在人民法院、看守所等场所派驻值班律师。"对此,《法律援助法》第十四条作出了明确规定。值班律师是提供法律援助的重要主体。值班律师的设立有助于推动认罪认罚从宽制度的实质化适用,切实保障犯罪嫌疑人、被告人依法享有诉讼权利。在现实生活中,政府主要通过建立专门机构并配备专门人员,或者通过政府采购等方式购买私人法律服务,为经济困难者或者其他特殊群体提供法律服务并负担相关费用。除了政府提供的法律援助服务,民间法律援助力量也逐渐壮大。近年来,我国法律援助事业不断发展,广泛吸纳社会力量参与,充分调动各方资源,形成了多主体参与、多环节覆盖的制度体系。《法律援助法》第十七条明确强调:"国家鼓励和规范法律援助志愿服务;支持符合条件的个人作为法律援助志愿者,依法提供法律援助。"以高等院校为代表的社会力量在司法行政部门的指导下,组织法律援助志愿者依法提供法律援助,为法律援助事业源源不断注入新生力量。

二、中国法律援助制度的发展历程

法律援助制度作为一个国家、地区法治完善的重要象征,已经成为世界通行的一项法律制度。我国法律援助制度虽然起步较晚,但是发展迅速。近三十年时间,我国法律援助制度实现了从无到有、从有到优的发展,并不断得到完善,形成了独具中国特色的制度体系,成为中国特色社会主义法治体系的重要组成部分。[1]

党的十一届三中全会以后,立法工作全面铺开。1980年8月,《律师暂行条例》颁布,这标志着中国律师制度正式确立运行。[2] 党的十四大提出建立社会主义市场经济体制的目标,进一步加强我国社会主义民主和法制建设,对发展律师事业提出了更加迫切和更高的要求。[3] 1993年12月26日,《司法部关于深化律师工作改革的方案》经国务院批复同意,律师队伍发展壮大,这极大

---

[1] 参见樊崇义:《中国法律援助制度的建构与展望》,载《中国法律评论》2017年第6期,第190—191页。

[2] 参见《风雨兼程40载 迎风远航再出发——律师制度恢复重建40周年综述》,载中华人民共和国司法部官网:https://www.moj.gov.cn/pub/sfbgw/gwxw/xwyw/szywbnyw/201905/t20190506_148534.html,2024年4月21日最后访问。

[3] 参见《司法部关于深化律师工作改革的方案》,1993年12月26日国务院批复同意。

地缓解了人民群众日益增长的法律服务需求与律师数量和质量之间不相适应的矛盾。但是,在这个过程中也出现了一些问题。例如,部分律师职业道德缺失,片面追求经济利益而忽视了社会效益,导致一部分人因经济困难没有能力支付相应的法律服务费用,只能望而却步,难以有效维护自身合法权益。

在此背景下,1994年1月,时任司法部部长、党组书记的肖扬在一份律师工作的材料上第一次正式提出建立中国特色法律援助制度的设想。[①] 肖扬部长之所以萌发建立中国法律援助制度的想法,是基于"完善国家司法体制、促进司法公正机制建立"的考量,目的是要"解决在改革开放不断深化的形势下,公民之间由于贫富悬殊而存在的获得法律服务权利不平等的问题",从而真正落实宪法所规定的"法律面前人人平等"原则。[②] 1995年,司法部提出继续深化司法行政工作改革,探索建立法律援助制度。同年11月19日,广州市法律援助中心正式挂牌成立,成为全国第一家法律援助机构。仅一百天时间,该中心就处理各类法律援助案件75件,产生了较好的社会效果,为建立有中国特色的法律援助制度提供了广州经验。[③]

1996年修正的《刑事诉讼法》第三十四条确立了刑事法律援助制度。同年5月15日颁布的《律师法》对法律援助作出了专章规定。我国法律援助制度的雏形初现。同年8月29日,第八届全国人民代表大会常务委员会第二十一次会议通过的《老年人权益保障法》第三十九条规定,老年人"需要获得法律帮助,但无力支付律师费用的,可以获得法律援助"。此后,司法部陆续与民政部、全国残联、团中央、全国妇联联合发出关于做好老年人、残疾人、未成年人、妇女法律援助工作的相关通知,推动各级司法行政部门和一些法律服务机构重视保障社会弱势群体的合法权益,积极为特定群体提供法律帮助。

1997年1月1日,1996年修正的《刑事诉讼法》与1996年通过的《律师法》开始实施,我国法律援助事业正式依法开展。同年3月6日,"中国法律援助基金会"获批登记。各省的法律援助中心如雨后春笋般获批成立。同年11月24至25日,部属院校法律援助工作会议在西南政法大学召开。参加会议的代表们交流总结了各法律院校、系开展法律援助工作的经验,研究探讨了在

---

① 参见张耕主编:《中国法律援助制度诞生的前前后后》,中国方正出版社1998年版,第257页。
② 参见张耕主编:《中国法律援助制度诞生的前前后后》,中国方正出版社1998年版,第8—9页。
③ 参见张耕主编:《中国法律援助制度诞生的前前后后》,中国方正出版社1998年版,第259页。

政法院校、系开展法律援助工作的模式。① 同年 12 月 5 日,司法部政治部批准中国政法大学刑事法律研究中心刑事法律援助部挂靠司法部法律援助中心。②

2001 年 3 月,第九届全国人民代表大会第四次会议批准《中华人民共和国国民经济和社会发展第十个五年计划纲要》,明确"建立法律援助体系"。法律援助制度第一次被写入国家的经济和社会发展总体规划之中。由此,我国的法律援助事业跃升至国家政策的高度。2003 年 7 月 21 日,国务院颁布《法律援助条例》,系统规定了法律援助的对象范围和事项范围,以行政立法的方式促进和规范法律援助工作。③ 此后十余年间,我国法律援助事业迅速发展。2012 年,《刑事诉讼法》再次修正,进一步扩大了法律援助的范围,提前了提供法律援助的阶段,正式建立通过申请获得法律援助的制度。④

纵观法律援助制度的发展历程,法律援助工作一直受到党中央的高度重视。党的十八大以来,习近平总书记多次对法律援助工作作出重要指示,指导法律援助工作的开展。党的十八届三中、四中全会明确提出,完善法律援助制度,扩大法律援助范围。2015 年 6 月,中共中央办公厅、国务院办公厅印发《关于完善法律援助制度的意见》(中办发〔2015〕37 号),对完善法律援助制度作出全面部署。2017 年 8 月 8 日,最高人民法院、最高人民检察院、公安部、国家安全部、司法部联合印发的《关于开展法律援助值班律师工作的意见》确立了法律援助值班律师制度,在推进以审判为中心的刑事诉讼制度和认罪认罚从宽制度改革过程中,值班律师将发挥重要作用。2018 年,法律援助法被列入十三届全国人大常委会立法规划。2021 年 1 月,第十三届全国人民代表大会常务委员会第二十五次会议对《法律援助法(草案)》进行了审议。此次草案在总结我国法律援助工作现状的基础上,适当扩大了法律援助的范围。草案在总则中明确法律援助属于国家责任,并进一步确定了政府及各部门的职责。2021 年 8 月 20 日,《法律援助法》由第十三届全国人民代表大会常务委员会第三十次会议通过,自 2022 年 1 月 1 日起正式施行。该法第三十二条规

---

① 参见卫民:《司法部部属院校法律援助工作会议在渝召开》,载《中国残疾人》1998 年第 2 期,第 32 页。
② 参见张耕主编:《中国法律援助制度诞生的前前后后》,中国方正出版社 1998 年版,第 268 页。
③ 参见樊崇义、施汉生主编:《中国法律援助制度发展报告 No.1(2019)》,社会科学文献出版社 2019 年版,第 105 页。
④ 参见樊崇义:《中国法律援助制度的建构与展望》,载《中国法律评论》2017 年第 6 期,191 页。

定,出现"遭受虐待、遗弃或者家庭暴力的受害人主张相关权益"等情形,当事人申请法律援助的,不受经济困难条件的限制。《法律援助法》不再强调经济条件的限制,这是一个重大变化,表明我国的法律援助制度愈发强调对弱势群体的特殊保障。①

目前我国法律援助制度的具体运行模式可以被概括为"公民权利、政府责任、律师义务、社会参与"②这十六个字。近年来,各级司法行政机关和法律援助机构认真履责,法律援助覆盖面不断扩大,服务质量不断提升,经费保障能力明显提高,法律援助制度建设取得重要进展。③截至2018年年底,全国法律援助管理机构数为1020个,法律援助机构数为3281个,共设立法律援助工作站73597个。④仅2018年,全国共办结法律援助案件1088104件,各类受援人总数达1517721次。⑤在824541件办结的诉讼案件中,法律援助机构工作人员办案数量占办结案件总数的11.72%,律师事务所律师办理案件数量占64.62%,社会组织人员办案量为16465件,注册法律援助志愿者办案量为6234件。⑥

三、法律援助制度的价值功能

法律援助事业的发展是社会文明进步的重要表现,有助于提高社会治理法治化水平,不断增强人民群众的获得感、幸福感和安全感,真正实现社会公平正义。就法律援助的发展脉络而言,它发端于西方,是对法律服务特权的否定,但从根本上看,西方国家为贫困者提供法律帮助仍然是为了维护和巩固资产阶级的整体利益,标榜资产阶级民主和法制的"平等性"和"正义性",具有一定的欺骗性。⑦与之相比,社会主义的法律援助制度具有广泛性、群众性和真实性,集中体现了"以人民为中心"的理念,能够真正实现"法律面前人人平等"

---

① 参见魏哲哲等:《法律援助让法治暖民心惠民生(法治头条)》,载《人民日报》2021年9月9日,第19版。
② 樊崇义:《中国法律援助制度的建构与展望》,载《中国法律评论》2017年第6期,第194页。
③ 参见魏哲哲:《法律援助,给群众更多获得感》,载《人民日报》2017年9月12日,第4版。
④ 参见樊崇义、施汉生主编:《中国法律援助制度发展报告No.1(2019)》,社会科学文献出版社2019年版,第34—35页。
⑤ 参见樊崇义、施汉生主编:《中国法律援助制度发展报告No.1(2019)》,社会科学文献出版社2019年版,第37—38页。
⑥ 参见樊崇义、施汉生主编:《中国法律援助制度发展报告No.1(2019)》,社会科学文献出版社2019年版,第39页。
⑦ 参见肖扬:《建立有中国特色的法律援助制度》,载《人民日报》1996年5月14日,第9版。

的原则。① 中华民族自古以来就有"惩强济弱""扶危济困"的思想,这些思想深深根植于人们的价值观。可以说,法律援助制度与这种思想一脉相承,与我们的社会主义核心价值观高度契合。深入推进法律援助工作,是服务经济社会高质量发展的重要举措,也是坚持和发展中国特色社会主义的必然要求。

我国的法律援助制度与司法救助、人权保障紧密相连,是中国特色社会主义司法制度的重要组成部分,其具备以下功能:

第一,法律援助制度是深化司法体制改革的重要配套措施。

20 世纪 80 年代以来,我国的诉讼制度经历了重大变革,律师在刑事诉讼中的作用日益显现。在民事审判活动中,控辩双方(原、被告)之间的"对抗"有利于证据审查和事实澄清,这对当事人在举证、质证、辩论等环节所掌握的法律知识和诉讼技能提出了更高的要求。民事诉讼的当事人一般不具备这些专业知识和技能,需要借助律师所提供的法律服务。在推进以审判为中心的刑事诉讼制度改革的背景下,律师的作用也不容忽视。有观点认为,律师刑事辩护率低是法院判决偏重的一个重要原因。② 执业律师有偿提供法律服务,当事人的经济状况与其能否获得法律服务具有直接关系。当事人之间的经济状况差异是影响诉讼制度发挥预期功能的一个重要因素。"公民之间的贫富差别的存在,不能成为制约、影响实现社会公正的负面因素。"③从保障公民无论贫富都能真正享有诉讼权利的角度来看,建立和实施法律援助制度是完善新的诉讼制度的重要配套机制。④ 党的十八届三中、四中全会之后,以审判为中心的诉讼制度改革、律师辩护全覆盖、速裁程序试点、认罪认罚从宽制度试点等司法改革措施陆续进行,法律援助制度作为这些司法改革措施的基础性配套措施,得到了充分发展与完善。⑤

第二,法律援助制度是实现司法程序公正的重要保障。

习近平总书记在中央全面依法治国工作会议上指出,"公平正义是司法的灵魂和生命"⑥。司法的公平正义不仅强调实体公正,而且强调程序公正。程

---

① 参见张耕主编:《法律援助制度比较研究》,法律出版社 1997 年版,第 133 页。
② 参见宫晓冰主编:《中国法律援助制度研究》,中国方正出版社 2004 年版,第 9 页。
③ 宫晓冰主编:《中国法律援助制度研究》,中国方正出版社 2004 年版,第 8 页。
④ 参见宫晓冰主编:《中国法律援助制度研究》,中国方正出版社 2004 年版,第 6 页。
⑤ 参见樊崇义、施汉生主编:《中国法律援助制度发展报告 No.1(2019)》,社会科学文献出版社 2019 年版,第 3 页。
⑥ 习近平:《坚定不移走中国特色社会主义法治道路 为全面建设社会主义现代化国家提供有力法治保障》,载《求是》2021 年第 5 期。

序公正事关人民群众的直观感受,体现着"看得见的正义"。建立和实施法律援助制度有助于弥补有偿法律服务机制存在的缺陷,确保公民不受财产多少的影响,能够平等地进入司法程序,从而主张和实现自身的合法权益。就此而言,法律援助制度对保障司法程序公正起到重要作用。它所保障的,并不是完整意义上的"公民在法律面前一律平等",而是保障公民"一律平等地站在法律面前"。① 以值班律师为例,《法律援助值班律师工作办法》中明确规定值班律师依法为犯罪嫌疑人、被告人提供程序选择建议。这有助于实现司法程序公正,保障犯罪嫌疑人、被告人依法享有的诉讼权利。

第三,法律援助制度是社会保障体系的重要组成部分。

司法公正是社会公正的一项重要内容。② 由于社会保障对象普遍经济收入不高,对法律的了解不多,因此大多数社会保障的对象同时也是法律援助的对象。从这个角度来看,法律援助制度具有社会保障性质,致力于促进社会公平正义。建立和实施法律援助制度,有助于实现"弱有所扶、难有所帮、困有所助、应助尽助"③的社会公平正义目标,有利于完善社会保障体系。法律援助制度作为一项暖民心的民生工程,有助于保障和改善民生,维护社会公正,增进民生福祉,提高人民群众的法治获得感。不断完善法律援助制度,有助于在司法领域为人民生活拉起一道安全网,为社会平稳运行提供有力支撑。

第四,法律援助制度是保障司法人权的重要机制。

在我国,国家的一切权力属于人民,人民是国家的主人,当人民的权利受到侵害时,人民有权利通过国家获得救济。在市场经济中,部分人的权利因受经济条件等的制约难以自行实现,在此情况下,国家负有义务进行补救。究其实质,法律援助制度是国家通过制度化的形式对法律服务资源的再分配,保障社会弱势群体不因经济能力、生理缺陷等限制而平等地获得法律帮助,是保障司法人权的重要机制。④

法律援助制度自诞生伊始就与人权保障密切相关。自新中国成立以来,以宪法为核心的人权法律保障体系在我国已较为完备。司法人权保障不仅依靠完备的法律文本,而且依靠程序正义的实现。诉讼程序关乎实体性权利的

---

① 参见宫晓冰主编:《中国法律援助制度研究》,中国方正出版社2004年版,第9页。
② 参见张耕主编:《中国法律援助制度诞生的前前后后》,中国方正出版社1998年版,第11页。
③ 《切实做到弱有所扶、难有所帮、困有所助、应助尽助 把困难群众的民生底线兜住兜牢》,载《人民日报》2020年8月28日,第1版。
④ 参见张耕主编:《法律援助制度比较研究》,法律出版社1997年版,第10页。

分配,对司法领域人权的保障有直接的影响。①法律援助制度就是从保障公民在诉讼程序中的公平入手,让行使诉权确有困难的当事人能够顺利参与诉讼,提高当事人的诉讼实施能力,进而实现人权的司法保障,可以这样说,"法律援助制度是人权获得司法保障的最有效手段之一"②。

第五,法律援助制度是实现经济社会协调发展的有力支撑。

改革开放的不断深化与社会主义市场经济体制的健全完善,推动了法律援助制度的建立和实施。法律服务的供给事关司法人权保障,不能完全依赖市场进行调节。法律援助制度的建立和实施,极大地弥补了占有经济资源的差异导致的公民在享有权利方面的事实上的不平等,切实保障了转轨时期的社会稳定。③ 缩小不同群体之间在享受法律服务方面的差距,能够激发各个群体的活力,促进市场的繁荣。由政府兜底,社会主体广泛参与的法律援助制度可以缓解法律服务的供需矛盾,充分发挥社会主体在化解矛盾方面的优势,维护社会和谐稳定。其所特有的扶贫救弱、维护弱者合法权益的功能,使其成为保障国民经济和社会协调发展的重要一环。④ 在统筹推进"五位一体"的当下,法律援助制度为经济社会的协调发展提供了有力支撑。

第二节 高校法律援助制度的特征和性质

随着法律援助实践的开展,高校加入提供法律援助的队伍,成为一支不容忽视的民间力量。公益性法律援助力量的不足以及高校培养法学专业学生实践能力的需求催生了高校法律援助制度的建立。高校法律援助制度具备一定的独特性,既拥有法律援助制度的普遍价值,又具有自身的独立价值,值得我们深入研究。

一、高校法律援助的含义

高校法律援助是指高等院校利用自身资源为社会弱势群体提供法律服务

---

① 参见沈卫、叶青主编:《中国法律援助制度研究》,华东理工大学出版社1999年版,第32页。
② 参见沈卫、叶青主编:《中国法律援助制度研究》,华东理工大学出版社1999年版,第33—34页。
③ 参见张耕主编:《中国法律援助制度诞生的前前后后》,中国方正出版社1998年版,第33页。
④ 参见宫晓冰主编:《中国法律援助立法研究》,中国方正出版社2001年版,第19页。

的行为,包括高校师生作为个体参与法律援助,高校师生以所在高校(或相关院系)的名义参与法律援助,高校师生以高校(或相关院系)内设组织的名义参与法律援助,高校以与政府法律援助中心联合设立的法律援助工作站的名义参与法律援助,以及以依托高校成立的独立组织的名义参与法律援助。① 其中,依托高等院校的内设组织,由法学教师负责指导,学生为主参与的方式,是较为常见的。此类法律援助组织主要是在团委的指导下,由学生从事一些咨询、代书方面的活动。② 此外,高校法律援助组织通常会将法律援助与志愿服务有效结合起来,组织大学生开展法律援助志愿服务活动。

中国第一家高校法律援助组织是1992年5月20日正式挂牌成立的武汉大学社会弱者权利保护中心,由我国著名的人权法专家万鄂湘教授发起,依托武汉大学法学院而设立。万鄂湘教授在遍访欧美名校后回到武汉大学,有感于我国社会转型期弱势群体合法权益易受侵害而公益性法律援助机构欠缺和法学院学生极少有法律实践机会的现实,萌发了创建依托高校为社会提供公益服务的民间法律援助机构的大胆设想。③ 此后,我国高校法律援助组织广泛建立,形成了各具特色的模式,展现了高等院校师生在提供公益性法律服务方面的资源禀赋。

20世纪60年代,美国的"诊所式法律教育"兴起,引发了一场法学教育领域的变革。美国的许多法学院意识到,以往的"案例教学法"仍没有脱离传统的课堂教学模式,忽略了对学生从事法律实践所需基本技能的训练,不利于培养学生的判断能力、法律职业道德,难以提高学生的综合素能。④ "诊所式法律教育"把医学院的临床诊所教学模式引入了法学教育,让学生在具有执业律师身份的指导教师的指导和监督下参加各种法律实践活动,学会发现和解决法律问题。⑤ 诊所式法律教育的出现与法律援助活动的开展高度契合,法学学生参与社会实践的机会与受援人对法律服务的需求充分对接,可以实现两者的双向发展。因此,法律诊所兼具法学教育与法律援助的双重功能。

---

① 参见谭志福:《高校参与法律援助的价值分析》,载《政法论坛》2014年第3期,第177页。
② 参见司法部法律援助中心调研组:《关于社会组织参与法律援助工作有关情况的报告》,载贾午光主编:《法律援助考察报告及理论研讨论文集》,中国方正出版社2008年版,第111页。
③ 参见《武汉大学社会弱者权利保护中心简介》,载武汉大学法学院研究生工作网,2013年4月2日,http://golaw.whu.edu.cn/info/1011/4047.htm。
④ 参见贾午光主编:《国外境外法律援助制度新编》,中国方正出版社2008年版,第185页。
⑤ 参见贾午光主编:《国外境外法律援助制度新编》,中国方正出版社2008年版,第186页。

2000年诊所式法律教育传入中国。① 2002年4月,由司法部法律援助中心牵头,最高人民法院、最高人民检察院、公安部、教育部、中国人民大学、南京大学、中南财经政法大学等单位的专家学者共同组成的大学法律援助考察团应邀到美国的6所著名大学法学院和7个相关机构进行了交流访问和考察,并与耶鲁大学法学院、费城大学法学院从事有关诊所式法律教学的教授进行了专题座谈和讨论。② 在这之后,我国部分高校开设了诊所式法律教育的相关课程,并设立了各种形式的法律诊所。法律诊所逐渐成为法律援助领域的一支重要民间力量。

法律援助既是一种国家行为,也是一项社会公益事业。民间法律援助有效补充了政府法律援助。《法律援助法》第十七条第二款规定:"高等院校、科研机构可以组织从事法学教育、研究工作的人员和法学专业学生作为法律援助志愿者,在司法行政部门指导下,为当事人提供法律咨询、代拟法律文书等法律援助。"通过与法学教育相结合的方式,高校配合地方法律援助机构在其自身能力范围内开展法律援助工作,取得了良好的社会效果。

二、高校法律援助的特征

高校法律援助组织是集高校教育机构、公益法律服务机构和学生社团组织于一体的结合体,以高校学生社团组织的形式,承载着法学教育和法律援助的双重功能。③ 具体而言,高校法律援助具备以下特征:

其一,从组成人员来看,以法学教师指导、学生为主参与。

高校法律援助依托高校雄厚的师资力量,整合了丰富的学校资源,由兼具理论知识与实践经验的法学教师指导,充分保障了法律援助的质量。大学生是相对比较特殊的群体,他们具有扎实的理论功底、纯正的思想品质、较高的服务热情,这恰恰是开展法律援助所需要具备的素养。虽然在校学生的实践经验相对欠缺,但是专业教师的指导一定程度上可以弥补学生经验的不足。

成立于1998年12月3日的南京大学法律援助中心是国内第一家高校范

---

① 参见郑晓静:《高校民间公益法律援助的发展与出路——以西南政法大学法律诊所为例》,载贾午光主编:《法律援助制度改革与发展——2009年度全国法律援助研讨会论文选》,中国法制出版社2010年版,第526页。
② 参见贾午光主编:《国外境外法律援助制度新编》,中国方正出版社2008年版,第184页。
③ 参见郑晓静:《高校民间公益法律援助的发展与出路——以西南政法大学法律诊所为例》,载贾午光主编:《法律援助制度改革与发展——2009年度全国法律援助研讨会论文选》,中国法制出版社2010年版,第527页。

围内师生共同参与、依托学科支撑、规模较大的常设性法律援助社会公益机构。① 中心依托南京大学法学院雄厚的师资优势和丰富的法律人才资源,发扬南大学子"满腔热忱,奉献社会"的精神,二十多年来致力于为社会弱势群体提供无偿法律援助,保障其合法权益,弘扬公平正义。自成立以来,南京大学法律援助中心始终走在高校法律援助的前列,在全国范围具有一定的影响力。

其二,从组织形式来看,多以学生社团组织的形式开展志愿服务活动。

高校法律援助组织一般是在校学生自发设立的社团组织,在教师指导下实行学生自我管理,部分挂靠于院团委或者校团委。此类高校法律援助组织主要面向社会公众提供免费的法治宣传、社区咨询、校园普法等服务,将法律援助与志愿服务有效结合起来,开展法律援助志愿服务活动。除此之外,部分高校法律援助组织经所在地司法行政机关批准成立院校法律援助中心,接受所在地法律援助机构的指导和监督,成为法律援助体系的组成部分。这类高校法律援助组织可能成为当地法律援助机构工作站,也可能获得当地法律援助基金会的支持。除了从事法律咨询、代拟法律文书等工作,学生可以代理案件参与诉讼。在校学生一般不具有独立代理案件的能力,需要在专业教师的指导下,利用课余时间以及寒暑假从事法律援助志愿服务活动。

其三,从功能来看,兼具法学教育和法律援助的双重功能。

大学生作为高校法律援助的重要力量,是法治建设的后备人才。法律援助进入大学,为法学学生提供了实践的窗口,可以让学生接触真实的案件材料,学以致用,做到理论联系实际,从而更好适应未来社会对法律专业人才的要求。社会实践是大学生思想政治教育的重要环节,对于促进大学生了解社会、增长才干、锻炼能力、增强社会责任感具有不可替代的作用。法律援助类课程的开设打破了我国学历教育的传统模式,开始注重培养学生的执业技能,促进了法学教学方式的改革。② 高校将法律援助这一公益性活动与教学科研紧密结合起来,既满足了社会弱势群体维权的需求,又实现了多元的教学目标。

高校法律援助是对我国法学教育的有益补充,也是对建立专业化、职业化法律援助队伍的一种有益探索。《中国法律援助制度发展报告 No.1(2019)》

---

① 参见《南京大学法律援助中心成立十周年》,载南京大学启明网,https://xgc.nju.edu.cn/6c/9e/c1546a27806/page.htm,2024 年 8 月 1 日访问。

② 参见贾午光主编:《国外境外法律援助制度新编》,中国方正出版社 2008 年版,第 195 页。

建议,国家应加大高校学生作为法律援助后备人才的培养力度,进一步完善法律援助人才的储备机制,加强高校与法律援助中心的合作交流,强化高校和基层法律服务机构的政校联动。[1]

三、高校法律援助的性质

高等院校内部设立的参与法律援助工作的组织在性质上属于社会志愿者组织,一般以在校高年级法学专业学生、法学教师为骨干,经本校有关部门批准后设立,业务上受政府法律援助机构的监督指导。[2] 参与法律援助活动的师生属于法律援助志愿者,以免费服务的形式,自愿向社会的弱势群体提供法律援助服务。由于部分志愿者尚不具备法律规定的职业资格,一般只提供咨询、代写简单的法律文书、调解等法律服务,或独立办理部分案情简单的案件。根据《法律援助法》第十七条第二款规定,从事法学教育、研究工作的人员和法学专业作为法律援助志愿者,应当接受司法行政部门的指导。部分高校法律援助组织经司法行政部门批准后,可以作为法律援助机构工作站点,成为国家法律援助体系中的一员。[3]

一般来说,高校法律援助作为民间法律援助的组成部分,具有援助方式灵活、援助范围广的特点。从整个法律援助体系来看,高校法律援助组织同其他社会法律援助组织一样,处于辅助地位,主要起着支持、配合政府法律援助工作的作用。[4] 在法律援助力量尚不充沛的地方,高校法律援助可以部分弥补法律援助资源的不足,拓宽法律援助的渠道。

四、高校法律援助的价值

高校法律援助与一般法律援助相比,在实施主体、组织形式、功能发挥等方面呈现出特殊性。因此,它既具备一般法律援助的价值,又具备独立价值。高校法律援助制度的建立和实施,有助于多元目标的实现,充分整合各方资源,形成法律援助的合力。

---

[1] 参见樊崇义、施汉生主编:《中国法律援助制度发展报告 No.1(2019)》,社会科学文献出版社2019年版,第110页。
[2] 参见宫晓冰主编:《法律援助人员工作手册》,中国检察出版社2003年版,第8页。
[3] 参见司法部法律援助中心调研组:《关于社会组织参与法律援助工作有关情况的报告》,载贾午光主编《法律援助考察报告及理论研究讨论文集》,中国方正出版社2008年版,第108页。
[4] 参见宫晓冰主编:《中国法律援助制度研究》,中国方正出版社2004年版,第111页。

(一) 法律援助的价值

法律援助的性质和定位决定着它的功能和价值。尤其在维护公民合法权益、落实司法人权保障、促进纠纷多元化解、维护社会和谐稳定以及完善社会保障体系、实现公平正义目标等方面,法律援助发挥了重要作用,充分彰显了其存在的价值。具体而言,它的价值体现在以下几个方面:

1. 维护公民合法权益,落实司法人权保障

自改革开放以来,我国处在一个长期的转型阶段,经济快速增长的同时,公众对法律服务的需求日益增加。然而,法律服务具备很强的专业性,受经济条件等因素的制约,部分群众的维权能力不强,很难有效地主张和实现自己的合法权益。法律援助制度的建立和实施,为社会弱势群体提供免费的法律服务,一定程度上能够弥补部分公民因经济因素等外在条件差异而在权利享有方面有差距。在社会主义市场经济条件下,公民权利的实现很大程度上与其能否享有法律服务紧密相关。正如法谚云:"无救济,无权利。"法律援助制度的建立和实施,使得各类群体能够获得必要的法律服务和帮助,确保了法律服务的普及。法律援助制度作为实现司法人权保障的重要机制,真正落实了"法律面前人人平等"的宪法原则。

2. 促进纠纷多元化解,维护社会和谐稳定

从长远来看,如果社会弱势群体的矛盾得不到及时有效的化解,社会不稳定因素将增加,进而可能影响社会的和谐稳定。[1] 就此而言,法律援助制度可以发挥"缓冲器"和"解压阀"的作用,缓和矛盾,减少不和谐因素,还能引导公民依法理性表达诉求,通过法律途径解决纠纷,维护自身合法权益。[2] 法律援助既为诉讼案件中的当事人提供法律帮助,也为非诉讼纠纷中的当事人提供法律服务,以其特殊的功能和运作方式满足社会弱势群体的多样化法律需求。法律援助制度与其他社会矛盾化解方法相辅相成、相互促进,为多元化纠纷解决机制的建立贡献了重要力量。

---

[1] 参见郑晓静:《高校民间公益法律援助的发展与出路——以西南政法大学法律诊所为例》,载贾午光主编:《法律援助制度改革与发展——2009年度全国法律援助研讨会论文选》,中国法制出版社2010年版,第530页。

[2] 参见郑晓静:《高校民间公益法律援助的发展与出路——以西南政法大学法律诊所为例》,载贾午光主编:《法律援助制度改革与发展——2009年度全国法律援助研讨会论文选》,中国法制出版社2010年版,第530页。

3. 完善社会保障体系,实现司法公正目标

法律援助制度自建立伊始就承担着"为弱者、残者、少者、贫者提供法律救济、法律帮助"[1]的基本职责,是国家的一项重要社会保障制度。法律援助不仅仅是为了在形式上有律师参与,而是为了在实质上保障受援人的合法权益。[2] 司法公正的实现,一方面依赖完备的法律制度和依法办事的高素质司法工作人员,另一方面依靠双方当事人充分行使其诉讼权利。如果双方当事人的维权能力强弱悬殊,这时就需要借助外力缩小双方之间的差距,促使双方自由、平等地行使诉讼权利,最终获得公正裁决。法律援助制度对诉讼中的弱势一方施加外力,推进诉讼进程,是司法公正的"助力器"。[3]

(二)高校法律援助的价值

法学教育以培养高素质的法律人才为目标,既注重法学理论的教授,也注重对学生法律实践技能的培养。我国传统的法学教育存在重理论轻实践的问题,对应用型人才的培养是其中的一个薄弱环节。高校法律援助组织为法学学生提供了一个实践的基地,有助于在法学专业课程之外培养学生的实践技能,提升法学学生的综合素质,这也正是法学教育改革者探讨的方式。[4] 高等法学教育与法律援助的有机整合,既是法律援助自身发展的要求,也是法学教育改革的必然。[5] 两者可以相互补充,实现法学教育与法律援助事业的双向发展。[6]

1. 高校法律援助有助于整合高校教育资源与社会资源

高等院校的法学专业人才是提供法律援助的重要社会力量。我国法律援助需求量大,仅仅依靠政府的法律援助可能会出现力有不逮的情况,为此必须壮大法律援助的力量,充分整合社会资源。中共中央办公厅、国务院办公厅印发的《关于完善法律援助制度的意见》(中办发〔2015〕37号)指出,多渠道解决

---

[1] 张耕主编:《中国法律援助制度诞生的前前后后》,中国方正出版社1998年版,第262页。
[2] 参见樊崇义:《中国法律援助制度的建构与展望》,载《中国法律评论》2017年第6期,第196页。
[3] 梁高峰:《农村法律援助体系的创新和发展研究》,法律出版社2019年版,第4页。
[4] 参见司法部法律援助中心调研组:《关于社会组织参与法律援助工作有关情况的报告》,载贾午光主编《法律援助考察报告及理论研究讨论文集》,中国方正出版社2008年版,第111页。
[5] 参见伍浩鹏:《试论我国高等法学教育与法律援助之整合》,载《河北法学》2006年第7期,第136页。
[6] 参见姜飞燕:《应用型人才培养模式下高校法律援助制度研究》,载《华北理工大学学报(社会科学版)》2021年第1期,第22页。

律师资源短缺地区法律援助工作力量不足问题,加大力度调配优秀律师、大学生志愿者等服务力量支持律师资源短缺地区法律援助工作,深入开展法律援助志愿服务行动。高校法律援助组织作为一支不可忽视的民间力量,将高校与政府、社会团体、社区等社会各界有效地联结起来,能够充分整合各方资源,从而形成提供法律援助的强大合力。

2. 高校法律援助有助于实现应用型法律人才的培养目标

法学专业是一门实践性非常强的学科,在法学教育中,实践环节的设置不可或缺。高校在开展法学教育时需要为学生搭建应用场景,让他们运用所学知识解决现实问题,做到理论联系实际。高校法律援助恰为学生提供了这样一个实践平台。在这一平台上,学生们开展案例研讨、提供咨询和案件代理等法律服务,在夯实专业知识基础的同时锻炼了实践能力。在此过程中,学生真正地接触社会,了解社会法律需求,用自己所学的法律知识和技能帮助社会弱势群体,在具体案件中认识司法公正的深刻内涵。这同时促使学生对法律与社会的关系进行持续深入的思考,坚定对法治的信仰,涵养浩然正气,在实践中逐步塑造法律职业伦理并做好职业规划,积累部分实践经验,为将来从事法官、检察官或者律师等法律职业奠定坚实基础。高校法律援助为法学专业技能教育提供了良好的途径,推动了我国法学职业教育的改革。[①]

3. 高校法律援助有助于发挥大学生志愿服务的实践育人功能

志愿服务是推动社会文明进步的重要力量。党的十九届五中全会通过的《中共中央关于制定国民经济和社会发展第十四个五年规划和二〇三五年远景目标的建议》指出,健全志愿服务体系,广泛开展志愿服务关爱行动,是提高社会文明程度的一项重要举措,有助于推动形成适应新时代要求的思想观念、精神面貌、文明风尚、行为规范。党的二十大报告强调,要"完善志愿服务制度和工作体系"。大学生志愿服务是高校培养高素质人才、推进大学生思想政治教育工作的一项重要课题。志愿服务的兴起彰显了大学生主体性特质回归的本质,为大学生立足新时代、展现新作为,用实际行动书写新时代雷锋故事提

[①] 参见姜飞燕:《应用型人才培养模式下高校法律援助制度研究》,载《华北理工大学学报(社会科学版)》2021年第1期,第23页。

供了重要途径,[1]同时也为高校构建了一种生活化的思想政治教育模式。[2] 高校法律援助志愿服务将法律援助与志愿服务有效结合起来,是法学院培养有理想、有本领、有担当的时代新人的重要抓手。

"志愿精神是一种宝贵的大学生思想政治教育资源。"[3]高校通过广泛开展法律援助志愿服务活动,推动专业课实践教学与社会实践活动、志愿服务等有机结合,寓教于实践,引导当代大学生在志愿服务中弘扬奉献、友爱、互助、进步的志愿精神,努力践行社会主义核心价值观。通过参与志愿服务,大学生将课堂中学到的知识努力转化为解决实际问题的能力,不断加深对于专业知识的理解,提高自身的职业道德修养。

案情简介

以南京大学法律援助中心代理的一起江苏省恒爱法律援助中心指派的环卫工人维权案件为例。该案成功调解,南京大学法律援助中心的多名志愿者参与其中,历时一个半月,为经济困难的当事人争取到了合法权益。

2020年末,王某招聘包括张女士在内的多名人员到一个酒吧从事保洁工作,双方约定了基本的月工资数额和发放时间,工资由王某每月通过微信转账的方式支付。从2021年3月开始,王某便多次拖欠工资,同年5月,该酒吧因经营不善倒闭,王某依然没有支付其所拖欠的工资。同年11月,多名保洁工到江苏恒爱法律援助中心寻求帮助,恒爱法援指派南大法援代理保洁工之一张女士的案件,为其提供全程法律援助。2021年12月15日下午,原告代理人与被告在法院达成调解协议,被告同意支付原告诉请中全部金额的欠薪并承诺将于2022年1月15日之前一次性支付完毕,调解协议经双方签字确认后已经具备法律效力。

---

[1] 参见余少祥:《中国特色志愿服务的历史使命》,载《人民日报》2020年9月2日,第13版。
[2] 参见彭海:《大学生志愿服务的思想政治教育意蕴》,载《思想政治教育研究》2011年第4期,第88页。
[3] 彭海:《大学生志愿服务的思想政治教育意蕴》,载《思想政治教育研究》2011年第4期,第88页。

案例评析

南京大学法律援助中心接到这起案件后,迅速成立小组。由于此案已经过仲裁程序,在距离法定起诉期限不到一周的情况下,志愿者们在迅速掌握案情的情况下,于两天内完成了起诉状的撰写、对证据材料的整理和代理手续的办理工作,并于2021年11月4日到法院成功立案。此案涉及多名原告,分别由不同高校法援进行代理,为了更好地掌握案情,南大法律援助中心的志愿者们积极地与其他高校的志愿者们开展线下交流和研讨,帮助当事人回忆细节,预设被告的抗辩理由并提前准备应对方案。

在梳理案情的过程中,志愿者们发现,原告为案涉酒吧提供清洁服务,招聘原告的是被告王某,而实际承包酒吧全部物业服务的是南京某物业公司,其法定代表人为尹某。从原告提供的证据来看,无论是招聘、监督工作还是工资发放,均由被告王某负责。但是,王某并非承包物业服务的物业公司员工,而是南京另外一家清洁公司的法定代表人。志愿者们推测王某所属公司与案涉物业公司之间为外包关系,物业公司将清洁服务外包给了王某所属公司。但是,王某并不承认这一外包关系,声称自己只是接受物业公司的委托为酒吧招工。在无法取得书面合同等能够证明王某所属公司与物业公司之间关系的证据的情况下,志愿者们选择将二者作为共同被告起诉至法院。在调解过程中,通过对方提供的合同文本,志愿者们最终确认了两个公司之间的外包关系,确定了王某所属清洁公司与原告之间的劳务关系,所以应当由王某所属公司支付原告的薪资。

在此案中,由于原告已经超过法定退休年龄,在之前的仲裁程序中被驳回了有关劳动争议的仲裁申请。《劳动合同法》(2012年修正)第四十四条规定,劳动者开始依法享受基本养老保险待遇的,劳动合同终止。《劳动合同法实施条例》第二十一条规定:"劳动者达到法定退休年龄的,劳动合同终止。"志愿者们发现,在现实生活中,在劳动者达到法定退休年龄却尚未开始享受基本养老保险待遇的情况下,劳动者与用人单位之间的关系认定上存在争议。实务中,一般劳动者达到法定退休年龄,仲裁机构就不再受理相关劳动争议仲裁申请,法院也倾向于认定双方为劳务关系而非劳动关系。①

志愿者感悟

当时代理这个案件的南京大学法律援助中心负责同学说道:"本次案件能够圆满结案,没有止步于重重困难前,得益于老师的悉心指导、法官的耐心调解以及志愿者们的用心探究。目前倡导的多元化解决纠纷、繁简分流等多项改革新举措也切实为本案减轻了需要花费的成本和精力,帮助当事人更快地争取到自身权益。《法律援助法》施行以来,法律援助的作用也愈发重要,作为帮助经济困难群众维权的主力军,南大法援义不容辞,法援人一直在路上。"②

南京大学法律援助中心的志愿者们积极参加江苏省法律援助基金会资助的法律援助项目,开展普法宣传,提供法律咨询,为符合条件的环卫工维权,代理诉讼案件,培养"环卫工法律明白人"。在此过程中,志愿者们切实践行"以我所学,服务社会"的初心,通过实践强化担当精神,提升担当能力,以实际行动维护社会的公平正义。

此外,南京大学法律援助中心持续与江苏省司法厅开展合作,组织志愿者们协助法律专家从事12348中国法律服务网的线上咨询解答工作。作为一名志愿者,在意识到自己所学可以真正帮助群众之时,应该更加坚定提升自身专业能力的决心,唯有如此,才能更好地服务群众,解决他们的急难愁盼问题。与此同时,在咨询解答的过程中,志愿者不免感到自己所学的理论知识与解决现实的问题之间还存在一定的差距,需要通过经验的累积来加以弥补。未来,我们也会努力践行自己的初心和使命,为法律援助工作贡献自己的一份青春力量,这也是每一位法律工作者为之奋斗的目标。

本章作者:2020级南大法援志愿者团队

---

① 案情分析来自"1+2关爱环卫工法律援助服务:南京大学法律援助中心再次成功代理一起劳务纠纷案件",载微信公众号"NJULAA",https://mp.weixin.qq.com/s/ztH5ux2ivui3PnTbFBGE7g,2023年4月3日最后访问。

② "1+2关爱环卫工法律援助服务:南京大学法律援助中心再次成功代理一起劳务纠纷案件",载微信公众号"NJULAA",https://mp.weixin.qq.com/s/ztH5ux2ivui3PnTbFBGE7g,2023年4月3日最后访问。

第二章 高校法律援助组织与构成

高校法律援助作为民间法律援助的重要组成部分,逐渐成为我国法律援助事业的一支生力军。我国高校法律援助机构无论在数量还是在规模上,都呈现出蓬勃向上的趋势。厘清高校法律援助机构的发展脉络、设置依据、人员组成等方面,对于充分认识高校法律援助的定位和重要性以及发挥制度功能具有重大意义。时代的飞速发展对我国高校法律援助提出了更高的要求,建设高质量的高校法律援助队伍成为一个重要的时代课题。

第一节 高校法律援助组织

自武汉大学设立社会弱者权利保护中心开始,高校法律援助机构如雨后春笋般出现。2021年正式通过的《法律援助法》从立法层面承认了高等院校提供法律援助的主体资格,进一步规范了高校法律援助制度。高校组织法学教师和学生提供法律援助志愿服务,一方面为开展法学教育提供了实践的平台,另一方面对政府主导的法律援助起到了补充作用。高校法律援助机构的设置立足于国情,拥有广阔的发展前景和施展舞台。

一、高校法律援助机构的设置与依据

在构建社会主义和谐社会、推进国家民主法治建设、建设社会主义现代化国家的进程中,法律援助制度发挥着无可替代的作用。法律援助制度提供了公平的环境,让弱势群体打得起官司,让困难群众能够通过法律的途径维护自身合法权益。法律援助制度是中国特色社会主义法律体系的重要组成部分,是习近平法治思想的应有之义,更是以人民为中心的发展思想在法治领域的集中体现。

(一)高校法律援助机构设置的理论依据

2021年8月20日,第十三届全国人民代表大会常务委员会第三十次会议通过了《中华人民共和国法律援助法》,以国家立法的形式确立了我国的法律援助制度,不仅确立了"尊重和保障人权"的基本原则,而且首次把"以人民为中心"作为法定原则写入法律之中,开启了我国法律援助服务"以人民为中心"的法治新时代。

健全和完善我国的法律援助制度是依法治国的重要内容。从世界范围来看,无论是发达国家还是发展中国家,都建立了自身的法律援助体系,由一定的法律援助机构承担法律援助职责。纵观世界主要国家的法律援助机构设置,尽管种类繁多,但可以被大致归纳为两种类型,即政府法律援助和民间法律援助。在《法律援助法》出台之前,我国《法律援助条例》第三条就明确指出:"法律援助是政府的责任。"政府法律援助在我国法律援助体系中起到主导作用。政府法律援助机构指由政府设立、管理和实施法律援助的机构,一般由政府司法行政部门组建,实施行政专项拨款,配备专门人员,或者虽无专门人员,但为法律援助指派专门人员。政府法律援助机构兼具了管理和服务的双重职能,既是法律援助组织的管理机构,又兼作为政府开展法律援助的服务机构,提供法律援助服务。《法律援助法》第四条指出,"县级以上人民政府应当健全法律援助保障体系,将法律援助相关经费列入本级政府预算"。这充分体现了国家对政府法律援助的重视。民间法律援助机构是相对于政府法律援助机构而言的,提供法律援助服务的其他组织。其典型特点是由非政府组织组建,一般不依靠公共拨款,自行运营。在我国,民间法律援助机构又可以分为两类:一类是由社会团体组建的法律援助机构,包括工会、共青团、妇联、残联等内部建立的法律援助机构或部门;另一类是由我国高等法律院校成立的高校法律援助机构。前者在《法律援助条例》第八条中明确载明,[①]后者也由《法律援助法》第十七条在立法层面承认了法律援助的主体资格。[②]

---

① 《法律援助条例》第八条:"国家支持和鼓励社会团体、事业单位等社会组织利用自身资源为经济困难的公民提供法律援助。"

② 《法律援助法》第十七条第二款:"高等院校、科研机构可以组织从事法学教育、研究工作的人员和法学专业学生作为法律援助志愿者,在司法行政部门指导下,为当事人提供法律咨询、代拟法律文书等法律援助。"

近年来，以习近平同志为核心的党中央高度重视法律援助工作。党的十八届三中、四中全会明确提出要完善法律援助制度，扩大法律援助范围。法律援助工作改革成为司法体制改革的重点任务，立法工作稳步推进。2015年，中共中央办公厅、国务院办公厅印发的《关于完善法律援助制度的意见》（中办发〔2015〕37号）明确指出："加大力度调配优秀律师、大学生志愿者等服务力量支持律师资源短缺地区法律援助工作。深入开展法律援助志愿服务行动。"2016年，国务院将法律援助立法列入了司法研究项目，正式开展了立法工作。2021年通过的《法律援助法》第十七条从立法层面对高校法律援助表明了支持和鼓励的态度，也使得高校参与法律援助的正当性基础更为稳固。

早在立法层面作出规定以前，自1992年5月起，以武汉大学社会弱者权利保护中心的成立为标志，高校法律援助登上了舞台。之后北京大学、南京大学、华东政法大学等高等院校纷纷建立法律援助机构，到2005年已经达到了30多家。高校法律援助具有公益性、专业性和广泛性的特点，一方面满足了法学教育对于法律实践的需求，另一方面也对政府主导的法律援助起到很好的补充作用。

（二）高校法律援助机构设置的现实依据

高校法律援助机构的设置立足于我国的现实国情，其设立和发展壮大具有肥沃的土壤。

1. 地域条件

我国幅员辽阔、地形复杂而且人口众多，这就决定了单凭政府法律援助机构和律师事务所远远无法满足我国巨大的法律援助需求，需要广泛凝聚法律援助力量，得到社会的广泛参与和支持。高校地域分布广泛的优势在此得到彰显，高校法律援助机构立足于本校师生为在校师生和周边社区居民提供高质量的法律援助服务，其影响进一步辐射周边省市。

2. 人口条件

我国是一个发展中国家，和发达国家的经济发展水平存在差距，尽管在2020年实现了现行标准下贫困人口全面脱贫，但困难群体获得高质量法律服务的条件还不充分。2013年2月，习近平总书记在中央政治局集体学习中强调，"要加大对困难群众维护合法权益的法律援助"，公益性的法律服务在当下可以说是"多多益善"。也正因如此，在各省市自治区的法律援助条例中多用"鼓励""支持"等词语表达对民间法律援助组织和志愿者个人参与法律援助的支持导向和欢迎倾向。《江苏省法律援助条例》第十四条第三款规定："……鼓励高等学校、科研机构组织从事法学教育,研究工作的人员和法学专业学生作为法律援助志愿者,在司法行政部门指导下依法为当事人提供法律咨询、代理法律文书等法律援助服务。"高校法律援助作为民间法律援助的重要组成部分,也逐渐成为我国法律援助实践的一支生力军。

3. 社会意识条件

受到教育水平等因素的影响,部分群众的法律知识水平偏低,依法维权的意识较为薄弱。这一方面需要一批具备一定法律专业知识的人员帮助处理相关问题,另一方面也需要在全社会开展普法宣传,在提供具体案件的援助之外,针对更广泛的社会公众和潜在的受援群体告知防范法律风险的注意事项和方法、维权的途径和渠道。我国高校法律援助工作人员多为在校的法科师生,虽然实践经验没有专职律师丰富,但是既有一定的专业性,又有参与普法教育的公益热情和基本素质,在普法宣传、解答法律咨询方面发挥了独特作用。特别是一些有能力的高校法律援助机构,也提供了案件代理的法律援助服务。

二、高校法律援助组织的历史与发展

法律援助制度起源于15世纪的英国,在西方国家已有500多年的历史。它作为一种司法救济制度,是指政府和社会在社会中的特定群体,由于其权利遭受非法侵害或可能面临法律上的不利后果(例如在刑事诉讼中充当被告),而其又无力支付相关法律服务费用时所实施的一种免费或减费为其提供法律援助的制度。法律援助的提出最早见于马格纳·卡达(Magnd Carya)的经典论述:"对于任何人,我们都不能出卖、拒绝或拖延权利和正义。"而立法对法律援助的规定最早产生于15世纪的英国,当时有关法律援助的规定已经在英王亨利七世所颁布的法案中有所体现。[①]

我国出现真正意义上的高校法律援助机构的时间较晚,但发展十分迅速。这主要是因为,相对于社会团体法律援助机构而言,高校法律援助机构的运作有其独到之处:其一是运行自律性强,在资金上主要依靠学校拨款和社会捐助,拥有较强的独立性;其二是专业性突出,由于其成员主要是来自高等院校的法学教授、专家和学生,因而较之其他法律援助机构拥有更多智力支持,在代理案件和处理专门性法律问题方面作用突出。从我国当前高校法律援助机

---

① 参见张耕:《法律援助比较研究》,法律出版社1997年版,第117页。

构的现状来看,在数量和规模上都呈现出蓬勃向上的趋势。

1984年11月,西北政法学院率先成立学生法律援助机构——法律服务中心。1992年5月,武汉大学"社会弱者权利保护中心"成立,随后1995年北京大学成立了"北京大学法律援助协会",并成立了"北京大学法律学系妇女法律研究与服务中心"。1997年,华东政法学院成立了"华东政法学院法律援助中心"。2002年12月10日,来自中国政法大学、中国人民大学、北京大学、首都经贸大学的法学院系学生社团联合成立了"首都高校法律援助共同体"。

1998年12月3日,南京大学法学院师生本着"以我所学,奉献社会"的精神,依托法学院优秀的师资队伍和人才力量,设立了南京大学法律援助中心。二十年来,不间断地为社会弱势群体提供法律服务。据"江苏省恒爱法律援助与研究中心"的数据统计,截至2018年,江苏省内共有43所开设法学专业,在校本科生和硕士生近80万人,为法律援助事业提供了庞大的人才和智力资源。2015年,江苏多校法学院师生以"江苏高校法律援助联盟"的名义组织开展一系列法律援助公益服务。其后,2018年8月,江苏知名高校的七位法学教授联合律师事务所发起成立"江苏恒爱法律援助与研究中心",该中心属于国内首家依托高校法学资源成立的省属法律援助类民非组织,为江苏高校法学师生搭建了宣传法律援助、提供法律咨询和进行法律援助理论研究的平台。

第二节 高校法律援助队伍

高校法律援助队伍的建设关系到高校法律援助制度的功能发挥与价值实现。如何建设一支高素质、高水平的高校法律援助队伍,需要高校及学生在实践中不断地积累经验、总结方法、明确要求,从而提升队伍的组织性、专业性。高校法律援助队伍的建设应当立足时代需求,积极地回应群众关切,充分展现新时代青年人的责任和担当,更好地服务中国式现代化。

一、高校法律援助队伍的概念及特征

与其他法律援助机构相比,高校法律援助队伍拥有自身的特殊性。正基于此,高校法律援助队伍能够发挥较为独特的作用。为了更好地发挥高校法律援助制度的功能,首先必须厘清高校法律援助队伍的概念及特征。

(一) 高校法律援助队伍的概念

自 1994 年开始,我国司法部就已着手法律援助的试点工作,并于 1996 年建立司法部法律援助中心以推动全国的法律援助工作。高校法律援助队伍与其他法律援助机构组成人员相比既有所区别又有所联系。在相同点上,都是依据相关法律法规、规范性文件为符合条件的公民提供法律援助服务,特别是 2021 年通过的《法律援助法》,将高校学生明确列为法律援助主体。

从各个国家的发展现状看,世界上还没有任何一个国家仅仅依靠政府就能够完全满足社会对法律援助的需求,法律援助还需要更多的社会力量参与。在一些国家,在律师和教师指导下进行工作的大学法学院系学生是提供法律援助服务的主力。高校法学院提供法律援助服务有其独特优势:首先,表现在人力资源丰富,我国许多高校法学院教师理论知识深厚渊博,不仅具有律师执业资格,而且具有独立承办重大疑难案件的经验,法学院部分学生通过司法考试,高校法学院无疑是一支高素质的法律援助力量。其次,服务成本低,质量高。高校法律援助机构中的工作人员以学生为主,他们通过法律援助的实践学习知识、锻炼能力,不收取任何费用,也无须支付工资,能够实现对经济困难的当事人的援助。同时,学生也能够在志愿服务中得到锻炼和成长。

我们可以看出,高校法律援助机构主要是指各个高校基于相关法律规定、教学实践的需求或社会责任感而自发形成的实施法律援助的特定组织形式。而高校法律援助队伍主要是指各个法律院校等利用自身资源提供辅助性法律援助的志愿人员队伍。高校法律援助志愿者是指按照法律法规接受高校法律援助机构的指派,向社会无偿提供法律援助服务的人员。

(二) 高校法律援助队伍的特征

在明确了高校法律援助队伍的主体资格以及人员组成之后,下面重点分析高校法律援助队伍的特征。高校法律援助队伍既具有一般法律援助队伍的特征,又具有自身的特殊性,具体而言,其具有以下几个方面的特征:

1. 援助服务的无偿性

高校法律援助是一种司法救济行为,因此在办理这类案件时,提供的服务是无偿的。《法律援助条例》第二十二条明确规定:"办理法律援助案件的人员,应当遵守职业道德和执业纪律,提供法律援助不得收取任何财物。"如果有收取财物的情形,条例规定由司法行政部门责令退还违法所得。

2. 法律责任的严格性

为保证法律援助工作的依法进行,保障其目的、任务的有效实现,《法律援助条例》专章规定了法律援助人员要严格遵守的法律责任。例如,对收取财物的违法行为,要责令其退还违法所得财物,并可处1倍以上3倍以下的罚款等。《法律援助法》第二十条规定:"法律援助人员应当恪守职业道德和执业纪律,不得向受援人收取任何财物。"

3. 提供法律援助的义务性

每位法律援助人员都应当按照规定承担法律援助义务,尽职尽责,依法为受援人提供符合标准的法律服务,依法维护受援人的合法权益,接受司法行政部门的监督。同时,国家也支持和鼓励社会团体、事业单位等社会组织,利用自身资源为经济困难的公民提供法律援助。

4. 具有法律知识的专业性

法律援助的宗旨是帮助社会弱势群体,而宗旨是通过办案质量反映出来的。法律援助人员的业务素质是案件质量的决定性因素,因此其必须掌握相当水平的法律知识,具备一定的办案经验、深厚的文字功底、流畅的表达能力、敏捷的应变能力和科学的思维模式。此外,由于我国当前民主法治建设处于快速发展阶段,立法速度快,新法数量多,因此,高校法律援助人员只有不断地学习业务知识,才能适应新形势的需要,跟上发展的步伐。

二、高校法律援助队伍的职能

法律援助,就是对需要通过司法途径解决纠纷,但因为各种原因无力承担诉讼费用和获得法律知识的诉讼当事人,由国家以立法形式或者制定政策的办法、规定由特定的人对其提供免费的诉讼代理或者法律咨询服务。从某种意义上讲,建立和实施法律援助制度,不仅是衡量一个国家法治是否健全、司法人权和司法公正是否得到保障的重要标志,也是衡量一个国家文明和进步的尺度。此外,高校法律援助机构的建立,为大学生的教育培养提供了一个良好的平台,有效地促进了教育功能的实现,为法科学生教育的职业化提供了切入点。

厘清高校法律援助机构与人员的职能,对于充分认识高校法律援助定位和重要性,发挥制度功能具有重大意义。其具体表现在以下几个方面:

(一)开展法律援助工作,促进社会法治建设

随着社会进步,法治是否健全成为衡量国家综合实力的重要标准。在世界经济高速发展和法治建设日益完善的今天,法律援助已经成为现代法治国家对本国公民必须承担的一项国家责任,法律援助必将产生深远的影响和重

要的意义。

在现代法治社会,一个国家的所有公民一律平等地受到法律保护,享有法律所认可和赋予的权利。在现实生活中,"打官司难"的现象屡见不鲜,部分公民诉讼存在困难。如果因为经济困难而不能享受较高质量的法律服务,"法律面前人人平等"就难以落到实处。法律援助对于公民的意义,在于维护"公民在法律面前人人平等"的原则,保证这一原则的落实。

(二) 组织实施法律援助职能

为了更好地发挥高校法律援助制度的功能,高校法律援助组织应当积极地制订工作计划,组织师生担任法律援助志愿者,加强对相关人员的管理和监督,使得高校法律援助事业持续向好向善发展。

1. 制订法律援助工作计划

各个高校法律援助机构应当根据本机构的人员和财务状况、工作能力以及所在地区的法律援助需求等情况制订切合实际的工作计划,同时做好以下几项工作:一是摸清所在学校、社区潜在受援人情况,包括贫困人口、特殊人口数量、案件发生率等。二是分析自己占有资源的情况,包括经费、人才资源情况。三是制订中长期和阶段性工作目标及实施计划,如年度工作目标和具体工作量的设定等等。四是阶段性的工作总结、统计分析、工作计划的调整。特别是近年来高校校园贷案件频发,网络诈骗猖獗,高校法律援助机构根据实际调研受援群体需求,可以采取事先预防的普法宣传、事后援助等方式,提供有针对性的法律服务。

2. 指派人员办理法律援助案件

高等院校参与政府法律援助工作,一方面可以减轻政府法律援助工作,另一方面可以促进高等法学教育模式的重新架构,有利于全面提高学生的专业水平和心理素质,是其自身法学教育改革的必然选择,也是社会发展的必然趋势。根据《法律援助条例》规定,法律援助机构可以指派律师,也可以安排本机构的工作人员、社会组织人员办理法律援助案件。高校法律援助机构的人员构成特点,决定了其指派办理法律援助案件的人员主要是法科的在校学生和教师,想要组织实施好法律援助,首先,必须依法组织广大师生履行好法律援助义务,做到指派合理,调动充分,服务到位。其次,应正确认识法律援助的政府责任与高校法律援助工作者义务相结合的性质,协调处理好两者的关系。最后,应当依据《法律援助条例》的规定保护好高校法律援助工作者的权益,并提供合理的办案补贴。

3. 对办理法律援助案件的管理和监督

根据《法律援助条例》相关规定,高校法律援助机构应当负责法律援助工作中的监督管理工作,主要表现在以下几点:一是负责法律援助基金的管理和使用。法律援助经费一般都由各法律援助机构设立专门账户集中管理、使用,主要用于法律援助机构办理法律援助案件的必要开支,法律服务人员承办法律援助案件的补贴,以及法律援助咨询、宣传等费用。二是负责受理、审查和批准法律援助申请。法律援助的申请人往往由于缺乏相关法律知识,并不是很清楚自己的申请能否被受理,因此高校法律援助机构在受理之前必须根据《法律援助条例》进行审查。三是负责组织、指派法律服务机构及法律服务人员办理法律援助事项。四是负责上报法律援助工作信息统计,负责本辖区法律援助案件的档案管理。统计工作是法律援助机构的一项重要工作,司法部法律援助中心从 1997 年开始,对全国的法律援助工作进行各项统计,其统计结果是管理部门指导工作的基本依据。档案管理主要包括案件的归档和保管,应定期将案卷分类装订成册,按年度立卷、归档。

(三)直接提供法律援助服务职能

除了对人员的管理与组织,高校法律援助组织的主要任务是提供法律援助咨询服务,在符合条件的情况下代理法律援助案件。此外,高校法律援助组织还可以因地制宜地开展社区普法、校园普法等活动,充分发挥自身的教育功能,提升群众的法律知识水平。

1. 提供法律援助咨询服务

《法律援助条例》第二十五条规定:"法律援助机构对公民申请的法律咨询服务,应当即时办理;复杂疑难的,可以预约择时办理。"法律援助咨询是法律援助较为常见的形式,各高校法律援助机构的咨询方式主要有以下三种:一是日常接待咨询,绝大多数高校法律援助机构都会设立值班接待室,接待法律援助咨询。二是线上咨询,包括电话咨询、邮箱咨询、公众号咨询等。现在,线上咨询成为各高校法律援助首选和较为普遍的咨询方式,大大拓展了高校法律援助的空间和时间。三是大型法律咨询活动。高校法律援助机构可以定期组织本机构工作人员开展社区法律咨询活动,普法宣传和咨询接待相辅相成,是社区居民喜闻乐见的一种咨询方式。

2. 办理法律援助案件

《法律援助条例》第八条规定:"国家支持和鼓励社会团体、事业单位等社会组织利用自身资源为经济困难的公民提供法律援助。"《司法部关于进一步加强法律援助工作的意见》中明确指出："法律院校的法律专业人才是实施法律援助的重要社会力量,要积极支持和引导社会团体和法律院校参与法律援助工作,发挥他们的积极性,壮大法律援助力量。"我国推行法律援助制度以来,很多高校法律援助机构的工作者和志愿者都积极参与办案,为法律援助工作的迅速发展发挥了积极作用。

(四) 组织开展公共法律教育活动

高校法律援助队伍因地制宜,组织开展一些有声势、有影响的公共法律教育活动。采取灵活多样、喜闻乐见的形式进行法律援助宣传,这些活动形式主要有:(1) 社区、农村和学校巡回流动宣传;(2) 论坛讲演和专题法制教育课;(3) 法制漫画和图片展览;(4) 法治教育片播放;(5) 法治小品等文艺演出;(6) 利用公众号等网络、广播、报刊进行媒体宣传。法律援助志愿者可以充分利用高校法律援助机构这一平台,用所学法律知识为弱势群体做一些力所能及的工作,同时也可以促进公共法律教育与法律援助宣传的结合。在扩大公共法律教育覆盖面的同时,提高法律援助的公众知晓率,节约成本,强化教育效果,提升法律援助机构的社会影响,也为地方的法律援助工作储存了重要的后备资源。

三、高校法律援助队伍的管理

高校法律援助队伍大部分是在校高年级学生,社会经验不足,利用课余时间参与活动,管理较为松散。因此,加强对高校法律援助队伍的管理显得十分重要。提高法律援助机构的管理能力关键在于加强院校平台管理、促进队伍体制机制建设和提升队伍专业水平。

(一) 加强院校平台管理

首先,要始终坚持"以人民为中心"的新发展思想,坚持习近平法治思想,增强"四个意识",做到"两个维护",这是高校法律援助机构必须坚持的理念宗旨和发展方向。高校法律援助队伍依托院校平台,在院校党委、团委及行政部门的指导下开展法律援助工作,加强平台管理是强化队伍法律援助精神、社会责任感的重要保障,也是提高高校法律援助志愿者思想道德修养的必然要求。在一些高校,优秀法律援助志愿者在评奖评优中,可以在社会实践和志愿服务方面得到加分;此外,法律援助志愿者的服务与法学教育职业化课程相挂钩(如法律诊所),援助案件质量直接影响到课程的成绩和学分。这些措施都代表了高校作为高校法律援助队伍开展志愿活动的平台,承担了领导和管理的功能。

(二)促进队伍体制机制建设

高校法律援助队伍不仅在援助案件中需要依法依规,在内部活动中也需要依据机构章程开展活动。对负责人选任、志愿者培养以及机构日常运行建立科学有效的体制机制,有利于加强制约和监督,明确权责,提高法律援助工作效率,建设一支高素质、高水平的高校法律援助志愿者队伍。同时通过激励和惩戒机制提高高校法律援助志愿者的参与积极性和责任心,保障志愿服务队伍拥有源源不断的生机活力。

(三)提升队伍专业化水平

提升队伍专业化水平是促进高校法律援助队伍发展,培养合格的法律援助志愿者的重要环节。首先,要严把进人关,可以由授课老师根据学生的在校学习情况予以推荐,也可以参考该同学平时的学分成绩和操行等等,使专业知识强、社会责任感高的学生进入法律援助队伍。其次,要积极创造条件,采取措施督促、引导现有人员通过专业教育、业务培训、日常自学等多种途径和形式提高业务素质,不断更新专业知识。此外,学生由于社会经验不足,参与法律实践的机会较少,理论联系实践的能力较弱,所以邀请相关领域的法官、律师、资深法律援助从业者等进行实践技能的培训也是必要的。

第三节 高校法律援助多元模式的探索
——以江苏九校法律援助组织调研为例

高校法律援助作为政府法律援助的补充,是促进我国法律援助事业发展的重要力量。近年来,高校积极创新法律援助的模式,极大丰富和拓展了法律援助实践。以江苏九校法律援助组织的调研情况为基础,下文总结了不同高校法律援助模式的优势和特点,以期为其他高校选择适合自己的模式提供有益借鉴。

一、高校法律援助的实践背景

现实的需求呼唤高校法律援助的发展,高校自身的需求也促使其积极地组织法律援助实践。高校汇集着众多法学教师和学生,他们拥有丰富的知识储备和提供法律援助的热情,作为实践平台,高校法律援助机构能够架起连接群众需求与法学实践需要的桥梁,让两者充分对接,实现共同发展。

(一)政府法律援助范围有限

自2003年9月《法律援助条例》正式实施以来,我国各级政府逐步开始设立具有地方性作用的法律援助机制。根据资料显示,截至2016年年底,我国设立的法律援助机构有3700多个,法律援助工作站有6.5万多个,专职的法律援助人员有16000余名,同时还建立了网络法律援助站点,形成了一定规模的社会法律援助体系。调查显示,仅在2009年至2014年间,全国共办理法律援助案件499余万件,受援群众超过558万人,提供法律咨询超过2900万人次。《法律援助法》实施后,截至2024年2月,各地法律援助机构总计设立59万个公共法律服务实体平台、7万个法律援助工作站和33万个法律援助联络点。随着公民权利意识增强,越来越多的人愿意通过用法律的方式维护自身合法权益,而对于经济困难无法聘请律师的群众,法律援助便成为其寻求帮助的最优途径。法律援助案件也以每年14.3%左右的数量增长。

在全面依法治国的背景下,党的十八届四中全会将公共法律服务体系建设作为完善地区经济社会建设的重要内容;党的十九届三中全会提出,要强化、优化政府法律服务职能,促进公共法律服务主体的多元性以及公共法律服务形式的多样性;国务院《"十三五"推进基本公共服务均等化规划》、十三届全国人大一次会议《政府工作报告》等也纷纷明确指出推进与完善公共法律服务体系建设的相关要求。作为公共法律服务实际的主要提供者和倡导者,司法行政部门接连出台相关法律政策。2017年司法部出台的《司法部关于推进公共法律服务平台建设的意见》要求大力加快公共法律服务实体、热线、网络三大服务平台的建设步伐。2018年出台的《司法部关于加快推进司法行政改革的意见》进一步全面、整体地对公共法律服务体系进行了完备的部署。2019年出台的首个全国刑事法律援助服务行业标准《全国刑事法律援助服务规范》将受援人定位为个人,而不是公民,有效保障了外国人、无国籍人依法获得刑事法律援助服务。继2003年国务院发布施行《法律援助条例》以来,2015年6月,中共中央办公厅、国务院办公厅又印发了《关于完善法律援助制度的意见》,其作为今后指导我国法律援助事业发展的纲领性文件,不仅及时弥补了法律援助项目几年来工作指导空缺的漏洞,同时针对具体案件类型和当事人类别提出了具体要求,旨在提高法律援助质量的基础上,进一步扩大民事行政法律援助覆盖面,同时放宽经济困难标准,增加法律援助授权群体,可以真正实现让"每一个公民"得到公平正义。《关于完善法律援助制度的意见》明确提出要实现法律援助咨询服务全覆盖,在线下建设便民服务窗口、法律援助工作站点,线上则打造"12348"法律服务热线等新媒体多元化服务平台。这一文件再次扩大了政府提供法律援助的范围。

然而,群众法律服务需求的日益增长,意味着政府需要承担越来越重的法律服务责任,而现在存在的主要矛盾在于政府日益增长的法律服务责任与政府资助的法律援助机构不足的矛盾。政府部门包括司法行政部门设立的法律援助机构组织,由于人员和资金短缺,提供的法律援助范围有限且普及面较窄。实践中,提供法律服务咨询以及出具法律文书正是实际生活中多数群众所需求的类型,主要原因是受传统的"打官司"观念影响,且考虑时间和金钱成本,大部分人其实不愿意走到法院诉讼这一步,很多来访群众更多的是希望提供法律咨询和代写法律文书。人民群众所需要的法律援助正是政府所需要提供的,这也是政府部门包括司法行政部门设立的法律援助机构组织所短缺的。且法律援助案件的补贴较低,对于律所代理案件动辄上万的市场标准来说相差巨大,这也使得部分兼职法律援助的律师积极性不高。

在目前法律资源分布不均衡的状况下,对于补充法律服务以及援助力量的途径,《关于完善法律援助制度的意见》明确要求加大政府购买法律援助服务力度,吸纳社会工作者参与法律援助,鼓励和支持人民团体、社会组织开展法律援助工作。多渠道解决律师资源短缺地区法律援助工作力量不足问题,充实县区法律援助机构办案人员,在农村注重发挥基层法律服务工作者的作用,加大力度调配优秀律师、大学生志愿者等服务力量支持律师资源短缺地区法律援助工作。通过购买法律服务增加法律服务的范围,主要是以政府法律顾问参与诉讼与法律援助为主。然而,律师所发挥的作用往往存在一定的局限性,只能补充相关法律服务供给。这不仅仅表现在政府购买法律服务中,将重点置于事后服务,对事前、事中控制不足,还表现在律师参与度较低,只能从旁辅助,被动地参与到整个公共法律服务供给中来。许多部门虽然参与到了相关法律服务工作中来,却多流于表面,并无实质上的进展,缺少法律顾问以及法律顾问合同,更不用说法律顾问机制与相关标准规范。因此,在政府法律援助难以满足需求的情况下,引导高校教师以及大学生参与法律服务当中即通过高校法律援助中心的模式参与到法律援助中,将会给政府法律援助提供新鲜的血液和有效的补充。

（二）群众需要便利有效的高校法援解决法律纠纷

高校法律援助是指，由高校具有法律专业知识的师生，为本校师生和社会弱势群体提供无偿法律服务，一般在综合性高校的法学院和政法专业院校开展，目前主要有法律诊所、法律援助中心和学生公益法律服务组织三种类型。高校法学院和政法专业院校有系统的法律人才队伍，有能力提供法律援助；同时它们具有社会职能，应当为社会提供服务。推动高校法律援助机构的建设，一方面能够促进高校法学院将法学理论与实践教学相结合，提高教学质量，另一方面服务于社会，有助于校地合作共赢。

高校汇集着大量的法律专业人才，且法律实践教学作为培养优秀法科生的重要手段，众多高校也在不断开展和推动法律援助工作。高校法律援助作为政府法律援助的补充，是促进我国法律援助事业发展的重要力量，它的设立有利于促进社会矛盾的顺利解决，更是高校主动承担社会公益服务责任的重要体现。

为了更好地了解群众对于高校法律援助的需求，本调研组线上发放了"高校法律援助实践情况调查问卷"，共回收有效调查问卷140份，问卷填写者中有60.71%为学生，35.01%为有固定职业者，3.57%为无固定职业者，0.71%为无业者。年龄层次如图2-1所示。

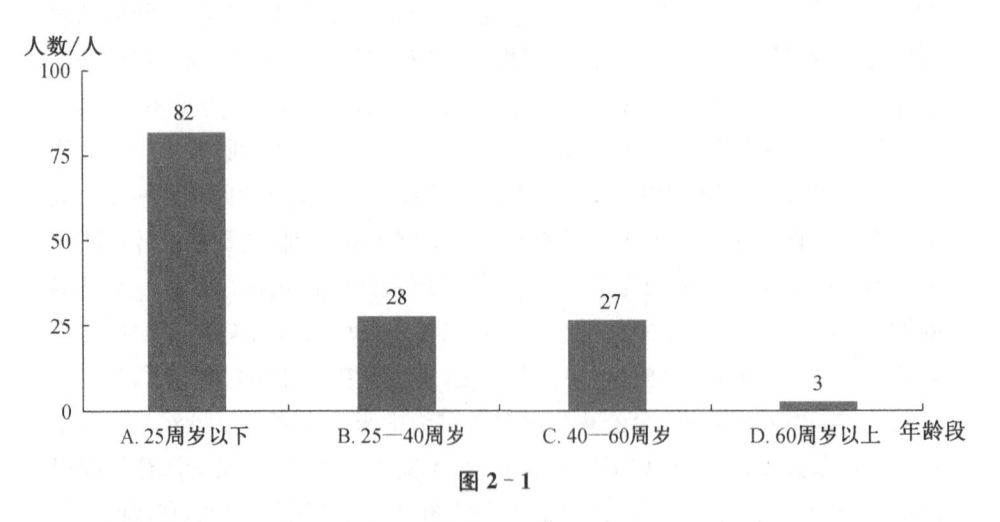

图 2-1

从问卷情况看，目前民众在遇到法律问题时，寻求咨询的途径主要有咨询亲戚朋友、律师法律援助机构、政府部门等。但仅有少部分人接受过法律援助（含法律咨询），大多数人不了解法律援助，也不知道寻求法律援助的渠道。调查数据显示,39.29%的受访者没有接受过法律援助但了解有相关的渠道,5.71%的受访者没听说过法律援助,48.57%的受访者没有接受过法律援助,6.43%的受访者接受过法律援助。而了解高校法律援助的人数则更少了,仅有7.86%的受访者接受过高校法律援助,27.86%的受访者了解高校法律援助的渠道但是没有接受过援助,27.86%的受访者没听说过高校法律援助,36.42%的受访者听说过高校法律援助。由此可见,约64%的人不了解高校法律援助。有高达92.86%的受访者表示如果高校提供法律援助的话,他们更愿意寻求高校法律援助。

目前,高校法律援助形式主要是提供案件咨询、代写法律文书、案件代理、法治宣传、纠纷调解等。在本次调查中,受访者需求较多的援助形式依次为:法律咨询、普法宣传、纠纷调解、文书代写、法制讲座、出庭诉讼(详见图2-2)。

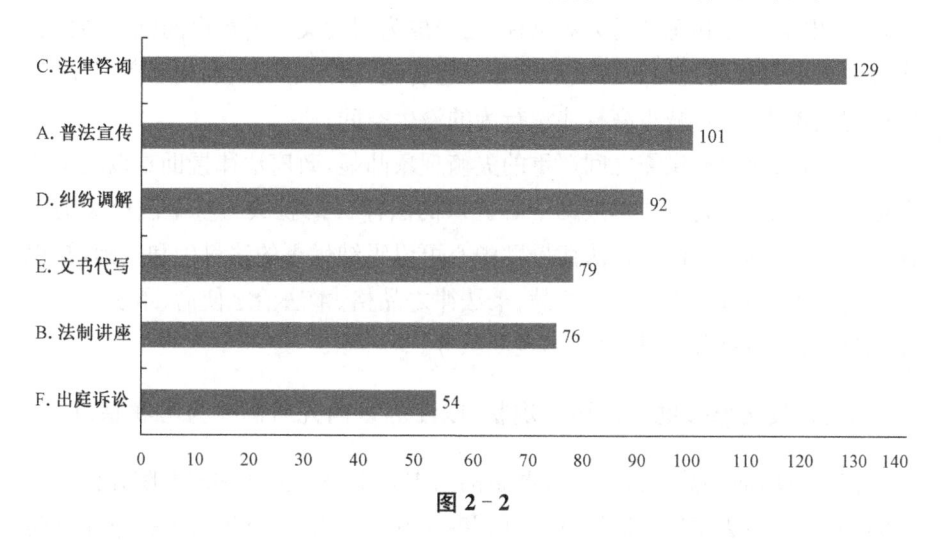

类别	数量
C.法律咨询	129
A.普法宣传	101
D.纠纷调解	92
E.文书代写	79
B.法制讲座	76
F.出庭诉讼	54

图2-2

高校法援由于学生学业等各方面因素,一般对于援助案件的类型有不同的限制,如南京大学法律援助中心主要代理符合援助条件的民事一审案件等,对于刑事案件及行政案件一般不提供法律援助。但实践中,民事纠纷占据大多数,行政纠纷的数量也很多。涉行政纠纷的当事人希望高校法援既能提供法律咨询和文书代写,还能帮助他们代理案件解决纠纷,这实际上就产生了援助需求与援助范围的冲突。学生由于缺乏实践经验,对于一些比较复杂的案件也不能完全把握,这也可能导致群众的需求无法得到满足。

调查数据显示,志愿者的专业水平、咨询渠道的便利性以及接待室的硬件条件均会影响当事人对高校法律援助志愿服务的选择。其中,有高达

86.43%的受访者表示志愿者的专业水平会影响其对高校法律援助的选择。因此,如何在高校法援开展的背景下更好地满足群众对于法律援助的需求是对高校法律援助模式的一个考验。

此外,校内学生也有法律服务的需求,尤其是非法学专业的学生。现代大学生正处于融入社会的快速成长时期,他们渴望接触社会,但是心理不够成熟,法律知识掌握不足,易出现法律问题。校内学生的法律服务需求主要集中在两个方面。一是创业创新支持。我国在2014年掀起"大众创业,万众创新"的热潮,大学生创业创新随之如火如荼地开展。大学生创业创新涉及专利、合同等领域的法律问题,如果能得到高校法律援助机构的有力支持,将在一定程度上促进其创业活动的顺利开展,降低学生创业创新团队的投资成本,减少工作中可能遇到的法律风险。二是违法行为防范。近年来在高校频发的校园贷、电信诈骗和恶性暴力等事件,已经成为引发关注的社会问题。高校法律援助组织可以通过组织普法活动和专题咨询,引导学生识别和远离"陷阱",理性解决矛盾纠纷,减少高校违法行为的滋生空间。

综上,法律服务供需之间严重的失衡现象凸显,政府法律援助难以满足群众迫切的需求,而高校法律援助中心提供的法律援助就成为整个法律援助工作中的重要组成部分,高校法律援助中心可以吸纳优秀的法科生和教师,知识力量的支撑更充足,以法学之智慧、秉法律之品格、奉法治之使命、承法权之事业,更加关注弱势群体,提供法律援助服务。

二、高校法律援助机构运行现状:以江苏省内九所高校为考察基点

在政策层面,无论是《法律援助条例》、中共中央办公厅和国务院办公厅印发的《关于完善法律援助制度的意见》和《关于加快推进公共法律服务体系建设的意见》,还是《法律援助法》,都明确国家支持和鼓励社会组织利用自身资源为经济困难的公民提供法律援助,引导并吸纳符合条件的高校法律援助机构加入法律援助队伍中去。实际上,高校法援的实践探索要早于政策层面的引导,以南京大学法律援助中心为代表的一些高校法援机构早在20世纪90年代就开展了这方面的有益探索。

经过20多年的发展,高校法律援助机构数量大大增加,援助模式的样态也逐渐丰富多样化,取得一定的援助成果。本部分拟以江苏省内运行较为完备的九所高校法援组织为考察基点,探究具有代表性的高校法援运行现状并总结其运行过程中遇到的一些问题。

（一）南京大学法律援助中心

南京大学法律援助中心（以下简称"南大法援"）成立于1998年12月3日，是国内首家高校教师与学生共同参与的、规模较大的常设性法律援助社会公益机构。自创立以来，中心已持续运营超过20年。在一届又一届志愿者的努力下，形成了"专注法律咨询、专精援助代理"的南大法援品牌，受援群体由江苏省辐射至周边各省，涉及南京各法院。

南大法援下设四个部门，志愿者管理部主要负责志愿者的招募、管理与考评，实践部主要负责法援中心常规的普法宣传活动以及与外部机构的合作共建，宣传部负责法援微信公众号（NJULAA）的运营，案件代理部负责当事人申请法律援助的初步审查和代理过程中的风险管控。南大法援每期招募志愿者60人左右，主要是大三以上的本科生和研究生，形成了本科生、研究生相互补充，法律硕士、法学硕士相互学习的梯队式结构。在本硕结合、以老带新的值班模式之外，南大法援每期由5至10名资深志愿者组成中心负责人工作团队，负责中心的日常管理和与指导老师的沟通交流。中心成立以来，以"高起点、规范化、制度化"为原则，通过长期实践的经验累积，建立了完整的受理、代理、结案制度，完备的管理制度和独立的财会制度，科学的志愿者选聘、培训、表彰制度。

近年来，与江苏省司法厅在公共法律服务领域开展合作，派驻志愿者参与12348中国法律服务网的线上咨询解答工作，仅2019上半年回复线上咨询就超过1500件。于是，线上公共法律咨询解答成为南大法援的工作重心，南大法援也在不断探索服务新模式以适应新形势和新挑战。

（二）东南大学法律援助中心

东南大学法律援助中心（以下简称"东大法援"）于2013年12月4日成立。根据东大法援的组织章程，东大法援经全体成员大会选举产生一名主任、两名副主任，负责中心的日常工作。法援中心下设事务部、宣传部、网络部、业务拓展部以及研究发展部五个部门。东大法援目前以本科生志愿者为主，由一名指导老师负责法援的总体运行。其主要的工作是通过"青语倾言"微信公众号开展普法工作，目前未设置固定的值班咨询点和法律咨询业务。"青语倾言"始于东大法援2016年开始的社会实践项目，目前已被东大法援打造成一个具有一定影响力的普法公众号平台。

东大法援的援助形式只有线上，且以普法宣传为主。这既和东大法援的地理位置有关,也和其志愿者的组成有关。东大法援位于东大的九龙湖校区,地处偏远,定点值班的客观条件还不成熟。同时,东大法援志愿者以本科生为主,本科生面临学业压力大、知识储备不足的客观限制,难以提供专业性较强的法律援助。为此,一方面,东大法援不断进行志愿服务形式的创新,在缺乏校外案源的情况下,服务好有法律援助需求的在校学生;另一方面,"青语倾言"公众号也在志愿者的努力运营下日趋成熟,以线上普法宣传作为现阶段的着力点和突破口。

(三)河海大学法律援助中心

河海大学法律援助中心(以下简称"河海法援")位于河海大学江宁校区,由本科生部和研究生部共同组成。本科生部下设外联部和组织部,负责联系对外合作以及日常的财务管理,研究生部下设普法部和咨询代理部,负责河海法援的普法宣传和案件咨询代理,指导老师作为河海法援的执行主任,主持法援中心的日常管理。

河海法援的主要工作是举办法学院的巡回讲座以及开展普法活动,同时开展法律咨询。巡回讲座的主题包括大学生防诈骗、消费安全宣传、宪法日系列活动等,普法活动主要和社区、小学等组织合作进行。河海法援也在突破发展中遇到一些瓶颈:第一,组织定位不明。河海法援属于学生社团,承办法律类社团活动,在专业援助服务上精力不足。第二,地处偏僻,案源有限。在案件咨询与代理方面,河海法援目前以"指导老师+志愿者"的小组模式进行,这既保证了案件代理的专业性,也提高了志愿者的参与度。如将这一模式探索推广,应该是对高校法援代理模式的极大创新。

(四)南京财经大学法律援助中心

南京财经大学法律援助中心(以下简称"南财法援")原隶属于学生会,2017年独立为社团,招收全校范围内的志愿者,2018年下学期又新增设研究生部,属于南京地区发展较好的新兴高校法援组织。南财法援每期招收志愿者60人左右,其中法学院志愿者50人,另有其他学院的志愿者10人左右,下设实践部、业务部、秘书处、外联部四个部门。

南财法援以普法宣传为主要任务,线上线下同步发力,普法宣传形式丰富多样,有公众号宣传、情景剧、讲座、发放普法传单、法律有奖问答等形式。南财法援重视普法宣传的实际效果,注重双向沟通交流了解和满足切实法律需求。此外,南财法援也在探索和更新服务形式,避免普法活动的模式化和单一化，提高普法成效。

（五）南京师范大学法律援助中心

南京师范大学法律援助中心（以下简称"南师法援"）创立于2004年，共有研究生及本科生志愿者80人左右，属于南京地区创办较早、运行比较成熟的高校法律援助组织之一。南师法援下设事务部、宣传部两个事务部门以及劳动部、消费者权益保护部、婚姻家庭部、合同部、物权侵权部五个业务部门。有一名研究生主任，三名本科生副主任负责法援的日常管理。

南师法援的日常活动既包括参与社区、学校、司法局、消协的法治宣传活动，也提供法律咨询和案件代理援助服务。在案件代理程序上，由法学院老师带领，研究生主要负责代理，本科生为组员参与案情讨论。2019年度共代理案件数十件。南师法援有着较为成熟的制度支撑和经验支持，提供更高水平和更精细化的援助服务是其发展目标。比如，解决纠纷的质量和效率，志愿队伍的稳定和延续等等。在坚持案件代理咨询为工作重点的基础上，不断扩大法援影响力，寻求组织发展的良性循环。

（六）江苏师范大学法律援助中心

江苏师范大学法律援助中心（以下简称"苏师法援"）成立于2000年，经徐州市司法局批准并备案，在江苏省法律援助中心法律援助基金会支持下，面向社会弱势群体提供专业的法律咨询和法律服务。

苏师法援每学期以面试和笔试两轮的方式筛选40到50名志愿者，志愿队伍组成以大二、大三的本科生为主。江苏师范法援设有法务部门，民商部门、行政诉讼部门、妇女权益保护部门。每个部的部长由法学专业教师担任，执行部长由学生担任。

苏师法援以案件代理援助为主要服务方式。其程序为，由徐州市司法局法律援助中心出具援助公函，法援中心与当事人签署援助协议和授权委托书，然后进行案件代理活动。年均代理案件10余件，主要以劳动类和侵权类案件为主。此外，苏师法援与泉山区人民法院和云龙区人民法院开展密切合作，派驻学生担任导诉志愿者。提高服务水平是苏师法援持之以恒的目标。一方面，苏师法援通过进行志愿者培训、"以老带新"的方式提高志愿者的专业水平，锻炼实践能力。另一方面，注重打造师大法律援助中心的品牌，坚持以代理案件与解答咨询为工作重点。

(七) 中国矿业大学法律援助中心

中国矿业大学大学生法律援助中心(以下简称"矿大法援")成立于1996年。1998年,经徐州市司法局批准,矿大法援成为徐州市第一个由学生组成的具备法人资格的事业团体。矿大法援设有维权部、研习部、拓展部、活动部、培训部、宣传部、办公室、视频组、辩论队九个部门;每学期招收60人,全部为本科生。

矿大法援以组织承办校内外公益普法活动为主,如进行普法宣传,举办演讲比赛、辩论赛等。通过微信公众号开展固定栏目普法,如"十日谈""法律大事件"等,每月末推出中心月刊。

矿大法援在成立的前十年与校外联系紧密,1999年至2004年五年间,矿大法援处理了100余宗案件,受援群众范围广泛,先后多次被《扬子晚报》《徐州日报》《彭城晚报》《经济新闻报》等多家省市级报刊进行宣传报道,徐州电视台、徐州有线电视台、徐州教育电视台等多家电台做了现场报道。同时,矿大法援还被徐州市奎山敬老院、徐州市福利院、侯山窝居委会、中国矿业大学爆破技术有限公司等多家社会单位聘为顾问单位。矿大法援被徐州市司法局、徐州市法律援助中心连续两年评为"法律援助先进单位",2004年矿大法援被评为"江苏省十佳社团"。如今,矿大法援的性质已向"校内社团"的方向发展,解决经费问题是矿大法援发展的重要议题。

(八) 苏州大学法律援助中心

苏州大学王健法学院法律援助中心(以下简称"苏大法援")是苏州大学王健法学院于2003年9月申请并经苏州市司法局审批,于2004年初成立的一所高校法律援助机构,坐落于苏州大学王健法学院内。苏大法援依职能分设七个部门,分别是主任处、秘书处、项目部、文化建设部、义工服务部、合作发展中心和诉讼代理部。每期招募40名左右志愿者轮班受理咨询并在社区、妇联等校外合作单位设有值班点。

苏大法援有一些具有特色的做法。一是"微光计划"乡村普法活动,通过舞台剧向村民普及法律知识,并设置流动咨询点解答村民的法律问题。二是建立咨询QQ群,咨询者可以在QQ群中寻求线上帮助。三是律师助手制度,志愿者作为助手,协助政府法援律师处理案件。"律师助手制度"是苏大法援与社区法援交流的特色产物。合作社区的法援律师将受理案件告知市、区司法局,由司法局发送通告通知高校法援,法援中心招募志愿者参与案件。整个过程较为烦琐,倘若中间某一环节交流不畅,案件处理即受到影响。苏大法援正在探索改良该制度的方法,比如,联系苏州本地律所,参与律所受理的法律援助案件,落实律师助手制度。

(九) 扬州大学婚姻家庭法律诊所

2005年,扬州大学法学院建立了扬州大学婚姻家庭法律诊所(以下简称"扬大法诊")。扬大的"法律诊所"既是高校法律援助机构,也是一门法学实践教育课程。课程内容包括互动式授课、接待咨询、案件代理等。互动式授课内容包括模拟法庭、情景剧、法律专家与当事人讲案例等。值班地点包括校内的法诊办公室及校外的社区、法院、妇联、派出所实践基地。同时,志愿者在中心负责老师的指导下参与调解、庭审及仲裁。

扬大法诊在妇女维权方面作出了巨大贡献,将反家暴知识、婚姻法律知识等通过丰富多彩的普法形式带入周边社区。值得一提的是,扬大法诊设计制作了颇具特色的"应急包",该应急包中有衬衫、亲子T恤、食物、雨衣、护理卫生用品、医药用品等满足受家暴妇女外出求助的应急生活需求。在坚持特色发展的道路上,扬大法诊持之以恒,不断探索。

三、未来展望:建立回应型高校法律援助

通过对江苏范围内较有影响的高校法律援助组织的调研走访,我们在此基础上整理总结出了各高校法律援助机构的发展现状、主要制约因素和未来展望。在分析上述资料信息后,我们认为目前江苏范围内的高校法律援助机构,虽然名义上被称为"法律援助",在实际运行中仍具有浓厚的在校学生公益社团的属性,形成此等"名不符实"现象的原因既有该类组织在专精度和专业性方面的先天性不足,也有组织经费不足、缺乏高层次领导机制的后天制约。综合各方面条件客观评价,当前高校法律援助组织在发展中普遍遭遇的瓶颈现象从内外两方面都是较难克服的,因此,高校法律援助组织应当综合考虑自身能力从实际出发,在力所能及的范围内整合创新,多开展形式多样、实用性强、社会反响良好、与法律援助联系较为紧密的公益活动,具体而论,建议以普法宣传和法律咨询作为高校法律援助的主要的、一般的形式,有条件的学校可以酌情提供案件代理援助。

(一) 发挥高校在普法宣传中的优势作用

考虑到高校法律援助组织的特点,普法宣传可以成为高校开展法律援助活动的主要形式和载体。高校在普法宣传活动中具备独特的优势，借助这一优势，高校可以在法律援助实践中找到适合自身的定位，有针对性地开展活动，创新普法宣传的形式，形成更广泛的影响力。除此之外，高校可以不断拓展对外合作的方式和途径，加强与周边社区、学校的互动，扩大法律援助的覆盖面，让法律援助的成果惠及更多群众。

1. 宣传活动是高校法律援助的最广泛形式

本次调研中发现，受访的所有高校法律援助组织都承担了普法宣传的职能。高校法援组织开展的普法宣传活动具有以下特点：参与者多，受众面向学生群体，具有经常性和周期性。这些特点体现了高校法援普法的优势：第一，高校法学生人数多且有参与普法宣传的热情，南京大学、南京师范大学等多校都曾单独或联合举办过"百人普法"等大型普法活动；第二，高校法援的普法宣传的侧重点在校内师生，如苏州大学法律援助中心每年都在校内举办院系巡回新生防诈骗讲座，多所学校的法援组织都会举办以"3·15"消费维权、就业创业、校园欺凌等主题的普法活动，这些活动对大学生走出校门，进入社会，预防违法行为，维护自身权益是必要的也是重要的；第三，高校法援的普法活动多在节日或特定时间节点举办，十分频繁；第四，各高校在当地普遍享有很高的社会声誉，普法活动的受众对高校法律援助组织和志愿学生常常具有先天的好感和信任感，更愿意参加相关的法律公益活动。作为一股稳定的、持续的普法力量，高校法援发挥了独特的作用。

2. 创新高校法援普法的形式

与其他普法主体相比，高校法学生更有时间、有热情、有创造力和想象力。除了传统的发放宣传页和定点法律咨询，在本次调研中我们了解到各个学校在普法活动的形式和内容方面都有自己的独门特色，比如普法情景剧、法律小品、公益讲座、知识竞赛、法治漫画宣传册等多种形式的普法。这些丰富多彩的活动凝聚了高校法援志愿者的心血，充分展示了志愿学生的智慧和才华，不光改变了原先普法形式在人们心中单一和死板的既有印象，受到了各方一致好评，取得了良好的社会反响，也大大提高了普法活动的宣传效果，让普法宣传的内容和精神更加深入人心，提高了高校法律援助组织的公众评价和知名度。

3. 拓展对外合作的方式和途径

除校内师生群体，面对社会群众对于学法、用法、守法、护法日益增长的需求，高校法援的普法范围可以扩大至周边邻里社区。本次调研对象普遍反映，在以往的校外普法宣传中,学校周边社区的街道居委会和普通群众对于高校的普法活动普遍态度热情、反响热烈,同时居民社区人口密集,群众法律援助的需求量较大,适合建立长期定点的合作普法机制。苏州大学法援中心、扬州大学法律诊所等高校法援组织都与当地社区建立了类似的长期合作关系,在街道或居委会设立普法与咨询值班点。南京大学法律援助中心走进拉萨路小学,开展"防治校园欺凌"小课堂,志愿者生动形象、深入浅出的授课方式获得了师生的一致好评。江苏师范大学法律援助中心选择与当地的基层法院合作,定期选派志愿者到基层法院立案大厅的导诉台提供志愿服务,通过与当地法院的合作,一方面给志愿者提供了高水平的实践机会,帮助他们提高服务能力和专业素养,同时利用法院的平台给高校法律援助组织做了有效的推广宣传。

(二)开展以校内师生和周边居民为主的法律咨询

高校法学院拥有雄厚的师资力量和充足的人才资源,作为法学生,我们在象牙塔里励学求真,梦想着为社会扶危济困,以我所学,服务社会可以从身边做起。当同学、老师权益受到侵害,由优秀法学生组成的高校法律援助队伍就是全校师生最坚实的后盾。校园贷、消费纠纷、就业创业、诈骗陷阱,当高校的学生和老师遇到这些法律问题时往往并不愿意雇佣律师通过烦琐的法律程序解决问题,但是自身能力和专业知识经验又有所缺乏,而学校内部的法律援助组织是他们寻求专业建议和周密指导最便捷、最可靠的渠道。在校内师生之外,学校周边一般是居民区聚集的地方,附近的小区居民也是各高校法援组织理想的案件咨询目标人群,高校法律援助组织可以充分利用地理条件的便利,在学校周边地区提高援助组织的知名度和影响力,首先将周围小区的居民发展为自己的"忠实客户",再通过亲切的服务态度、专业的咨询解答打造高质量的法援品牌的口碑,逐步扩大法援组织咨询服务的声誉辐射半径,从而吸引更多的案件咨询。

(三)开展力所能及的案件代理援助

在本次暑期调研实践走访的九所高校中,仅有三所高校提供案件代理援助,只有总数的三分之一。制约志愿者开展案件代理活动的因素集中于自身专业水平不足、时间精力限制,缺乏风险承担机制和代理资质等方面。在本次调研中,我们选取了 80 位过去一年中曾经受到南大法援援助的对象进行电话回访,回访内容包括受援服务类型、满意度、对法援中心的建议等,记录有效回访67份(受援时间跨度2018年3月至2019年5月)。该67名受访人均接受过南京大学法律援助中心提供的法律咨询服务,其中有25人接受过本中心提供的文书代写服务,6人接受过中心提供的出庭诉讼服务。对于本中心提供的法律援助服务,满意度达88.1%(59/67)。近38.8%的受访者表示,希望高校法律援助能够提供出庭代理服务。对于高校法律援助的发展,有的受访者建议:"高校法援应该提供帮助更多、更实际一点的帮助,现在对当事人的帮助太少了,不能解决当事人的实际问题。"也有受访者指出,高校法援在选拔志愿者的时候,要着重对志愿者的法学素养进行考察,多选拔一些高年级、法律素质更强、经验更加丰富的志愿者。还有的受访者希望,本法援中心能对再审案件也提供代理帮助,以及有的受援人表示希望中心能够在寒暑假派学生志愿者值班,更好地帮助群众解决问题。

尽管在相关的问卷调查和电话回访中,多数受访者表达了希望高校法律援助组织提供代理案件服务的需求,我们认为,相比于一般性的普法宣传、法律咨询等公益活动,案件代理机制具有专业性强、风险系数大、综合能力要求高、操作不当容易引起严重后果,甚至危及整个法律援助组织的特征。因此我们建议高校法律援助组织设置案件代理机制需要量力而行,需要全面审慎地评价组织能力、人员素质、风险应对准备、主管机构的态度等诸多因素,三思而后行。在高校法律援助组织开展的案件代理机制方面,我们也对开展类似的援助活动提出如下建议:

1. 配备专业的指导老师

《法律援助法》第十七条第二款对"法律援助志愿者"的规定为:"高等院校、科研机构可以组织从事法学教育、研究工作的人员和法学专业学生作为法律援助志愿者,在司法行政部门指导下,为当事人提供法律咨询、代拟法律文书等法律援助。"专业的指导老师可以对代理案件实行"案前审核、案中指导、案后监督",对学生援助案件代理的全过程施行动态的跟踪指导,防止学生志愿者因专业能力和实践经验不足造成错误和疏忽,可以有效地降低代理风险的发生,提高案件代理的胜诉成功率,打造高校法律援助案件代理的品牌口碑。

2. 以高年级本科生和研究生组成代理小组

在我们的调研中,招募的志愿者多分布在大一、大二年级。一方面,低年级的志愿者专业知识学习尚不充分,许多重要的部门法还没有经过系统学习;另一方面,低年级的志愿者学业压力比较重,难以抽出足够的时间投入法律援助工作中来。低年级志愿者在接待法律咨询时有时会出现"边学边做"的局面，容易导致受援人的不信任，在我们走访的高校中出现过当事人问清接待志愿者是低年级学生时转身就走的尴尬局面。如果说一般性的普法宣传或者法律咨询，低年级的志愿者还可以通过提前培训满足工作要求，那么如果遇到需要案件代理的情况，低年级志愿者由于专业能力和时间精力不足就难以胜任了。高年级本科生和研究生团体显然更具优势，尤其考虑到部分高年级本科生和研究生具备专业实习的实务经验，吸收这部分学生群体负责受理的案件代理工作较为适宜。

3. 建立完善的案件代理管控机制

案件代理援助的开展需要援助组织建立一整套完善的控制与管理机制，主要由两个大的方面组成：案件代理的流程管理机制与风险控制机制。案件代理的流程控制机制：在案件代理之前需要负责的志愿者代理团队提交详细的案件代理建议书与审查报告，由组织内主要负责人讨论通过之后报指导老师审查批准；在案件代理过程中应当分阶段定期反馈案件代理的进展情况；在案件代理结束之后，需要做好案件代理相关资料的总结、整理、归档，有条件的应当组织相应的研讨会就案件代理的经验教训做分享交流。案件代理的风险控制机制：在案件代理之前需要严格审查案件的类型、性质、复杂程度、败诉可能性以及原告和被告当事人背景资料等，避免被卷入牵涉广、案情重、法律关系杂、时间久远或属于非法律问题、敏感事件、历史遗留问题等"问题案件"中；在代理过程中如果遇到事先未曾预料到的变数风险，应当及时反馈汇报共同商讨解决方案，必要时可以请指导老师、主管机构介入即时处置风险情况；在案件结束后需要做到案了事毕，一次性稳妥处理完毕相关的收尾工作，防止结案不彻底引发的一系列后续纠纷。

4. 限定案件代理的范围

在代理案件的范围上，高校法律援助组织可以依据自身具体情况加以选择，既可以专门选定一个部门法领域集中力量打造具有特色的法律援助品牌，也可以在排除部分不代理的案件类型后，提供范围较广的案件类型的代理服务。采用前者的高校法律援助组织主要基于指导老师所研究的专业领域的优势，例如扬州大学婚姻家事法律诊所，主要提供妇女、儿童权益保护方面的法律援助服务，指导老师还会定期组织代理案例课堂研习和法官、律师实务案例分享讲座等活动帮助志愿者学生学以致用、知行相长。江苏师范大学法律援助中心则专注于行政诉讼案件的代理服务，并利用学院在该法律领域的优势资源打造行政案件诉讼的特色专长，在学校所在地区具有相当的知名度和影响力。南京大学法律援助中心则采取了第二种策略，通过中心制定的案件代理规定将二审、再审案件、行政案件、刑事案件排除在可提供案件代理的范围之外，通过反向排除的方式明确该组织可以代理案件的范围和类型。高校法律援助组织可以在两种划定案件代理范围的方式中根据自身条件和需求选择适合自己的方式。

四、结语

高校学生法律援助组织兼具了校内学生社团和社会公益组织的双重属性，在将学生身份与社会法律援助事业有机结合的同时，我们也看到这两种不同的组织属性在机构运行中体现出的矛盾和冲突，学生社团的本质是组织利用学生的课余时间，开展以丰富校园生活、彰显自身价值、充实素质学习为主要目的的活动，其出发点根本上具有补充性、普遍性和自利性。而法律援助组织是以服务社会弱势群体、提供法律援助、实现社会公正和法律精神为宗旨的社会公益组织，具有专业性、制度化、利他性的特征。因此当高校法律援助组织在普遍度过组织成立初期的普通学生社团的阶段，希望向更高水平、深层次、宽领域的社会公益组织的角色过渡变革时，两重属性之间的矛盾便逐渐尖锐，角色的过渡和转换意味着更高的专业素质要求，更多的资源和时间的投入，主管机构更大力度的支持和更严格、规范的组织内部建设和管理，而这些要求对于普通在校学生而言是不可承受之重。因此，当下高校法律援助组织面对的难题便是如何在这两种互不相容的角色属性之间寻找到恰当的平衡点，如何在活动形式、人员构成、服务范围、组织架构的改良和创新中上寻到恰到好处的突破口。这些问题都需要各高校法律援助组织贡献智慧与实践。

本章作者：第二十届南大法援工作组

第三章 高校法律援助的时代价值

法律援助指的是政府或者司法行政部门设立的相关机构工作人员,为家庭经济困难的当事人提供免费法律服务的保障机制。法律援助不仅是行政机关的重要公共职能之一,也是全面依法治国的时代背景下保障和改善民生的重要举措。高校参与法律援助是社会公平正义的重要保证,无论是对于实现高校的育人目标还是对于实现高校法律援助的社会价值都有着至关重要的作用。

第一节 高校法律援助的司法价值

从1979年《刑事诉讼法》规定的指定辩护条款以来,法律援助工作已经在我国开展了40多年。2003年的《法律援助条例》又开创了我国法律援助立法的先河。2021年8月,第十三届全国人大常委会第三十次会议通过了《法律援助法》,并已于2022年1月1日起施行。伴随着社会的不断发展和社会主要矛盾的变化,《法律援助法》积极回应了新时代下人民群众在民主、法治、公平、正义等方面的新的需求,对法律援助的渠道、形式、程序、保障和范围等方面均作出了更为明确的规定,也为今后进一步扩展法律援助的范围预留了一定的空间。

一、高校法律援助参与民事诉讼的司法价值

民事诉讼中的援助,作为法律援助的一部分,是国家在保障每个人的合法民事权益,于司法制度运行的各个环节和层次上,对因经济困难或其他因素而

难以通过一般意义上的法律救济手段保障自身权益的社会弱者,减免收费、提供法律帮助的一项法律保障制度。① 与刑事诉讼和行政诉讼不同,民事诉讼"民告民"的结构使之成为一种主要是维护"私权"和私人利益的法律行动。因此,民事诉讼中的法律援助具有以下鲜明的特征。

第一,在理念上,倾向于保护特定人群的法律救济权。与刑事司法援助对基本人权的保护不同,民事诉讼是平等主体之间的私权诉争,故而民事法律援助的理念倾向于保障多数人法律上救济权利充分、平等地实现,是针对特定人或特定群体私人利益的保护,社会利益是其实现的客观结果而非本身动因。所以,相对应的法律援助所依据的理论倾向亦有此差异。

第二,在国家责任上,民事法律援助中国家承担的是有限责任。与国家必须在刑事法律援助中承担全权责任不同,民事案件是平等主体之间的争议,尽管原被告之间在人身和财产争议上可能是经济地位的不平等造成的享有权利的不平等,但相对于刑事案件中公民个体与国家公权力之间的悬殊差距而言,这种不平等要小得多。因此,国家在民事法律援助制度中,承担的是一种有限责任。但即使是有限责任,作为国家责任也必须是明确的、具体的、实在的。

第三,在程序运行上,民事法律援助在程序的启动、条件的限定、案件的范围等方面的审查均要严格一些。比如在程序的启动上,目前仅限于符合援助条件的申请人的直接申请,而刑事法律援助的程序启动则由公检法机关指派与符合条件的申请人申请并存。在援助条件的限定上,我国民事法律援助案件的受理须符合案件类型以及困难标准的双重条件要求,而刑事法律援助一般而言对指派案件是不审查经济困难标准的,仅是对依当事人申请的案件进行经济条件的审查。而在援助案件的范围层面,由于目前我国的民事法律援助是完全无偿的,故而对民事援助案件的范围限制较大,《法律援助条例》仅规定了三种可以申请民事法律援助的案件类型,虽然各地方在后来相关法规和政策的指引下对各地方可受理民事法律援助案件的范围有相应的扩大,但也均是围绕与公民最基本的生存权利相关的民事事项,而我国刑事法律援助则对依申请的案件不设案件类型的限制。

这些特征都表明,民事诉讼中的法律援助应当是有限度的,正如丹宁勋爵所担忧的,民事诉讼中的法律援助存在着被滥用的风险;而且即使不被滥用,由于得到法律援助的一方事实上处于无比优越的地位,而使另一方同时陷入

---

① 张耕:《法律援助制度比较》,法律出版社1997年版,第4页。

窘境。现实中经常发生的情况是：如果没有法律援助，诉讼可能根本不会提起或者本应该很快了结。而那些得到法律援助的人，并非总是存在需要法律维护的实体权利，或许他错误地理解了法律，或许他是应该受到谴责的一方。就国家而言，无论谁是谁非，通过施予法律援助确实可以消弭善意运用这一制度的当事人心中的不满，和平地解决争端而消灭治理的风险。这个结局对国家有利，代价却常常由无辜的另一方来承担。丹宁勋爵甚至列举了大量案例来说明，在法律援助成为公民社会保障权利的英国，究竟有多少多余的诉讼在由纳税人支付费用。他认为，因为低收入者能得到法律援助而使中产阶层受到困扰已经成为一个社会问题。

与作为公共权力机关的国家不同，作为社会组织、基于慈善目的和道义基础提供法律援助的高校并没有根据社会契约提供平等保护的义务，因而高校就是否给予法律援助拥有更大的自主选择权。另外，对于提供法律援助而造成非受援方的诉讼负担的指责，基于经费来源和大学自治的缘由，高校有充分的理由可以回应。当然，在社会管理创新的背景之下，国内不少地区在尝试以项目打包的形式将公共服务外包。由此，受到资助开展法律援助的高校执行项目时在是否给予某一案件以法律援助的选择权上会受到限制，但是经过高校的道德过滤和一系列的技术性安排，可以在一定程度上削弱其负面影响。

二、高校法律援助参与刑事诉讼的司法价值

由于刑事诉讼事关犯罪嫌疑人的生命权和自由权等重要权利，《宪法》和《刑事诉讼法》中也明文规定了"国家尊重和保障人权"，刑事诉讼法律援助相对民事诉讼而言具备了更多的专业性，《律师法》和《法律援助法》也对刑事诉讼法律援助律师的勤勉义务有了更高要求。虽然《刑事诉讼法》对刑事诉讼辩护人的资格没有特别的限制，但是《法律援助法》第二十六条明确了对于可能判处无期徒刑、死刑的人和死刑复核案件的被告人，应当指派具有三年以上相关执业经历的律师担任辩护人，以此确保在重型刑事案件中的法律援助质量，避免出现指定辩护容易产生的流于形式、质量不高等问题。2023年11月出台的《法律援助法实施工作办法》在两个条文中对刑事案件涉及的法律援助问题进行了规定。例如，根据第六条第三项，人民法院、人民检察院和公安机关应当对符合《法律援助法》规定的应当通知辩护情形的刑事案件嫌疑人、被告人通知法律援助机构符合条件的律师担任辩护人。根据第二十条，公安机关、检察院、法院有将法律文书副本或复印件送达刑事法律援助案件律师的职责。

在现行法律规定制度框架内,虽然高校法律援助机构与政府法律工作者和律师相比在某些权利行使层面存在缺失和障碍,导致了高校法律援助以民事诉讼法律援助和普法宣传等形式为主。但是,这种限制与障碍并非根本性的,可以借鉴发达国家的成功经验,以期在法律援助制度的立法和实践完善进程中得到最终解决。而《法律援助法》第三十条规定的值班律师制度为此提供了一种新的探索。值班律师制度并非《法律援助法》首创,而是参照了《刑事诉讼法》和《法律援助值班律师工作办法》中对值班律师的规定,明确了值班律师提供法律帮助的类型。

高校法律援助在参与刑事诉讼方面有其独特的优势。

第一,高校法律援助具有"双师型"导师指导的优势。"师徒型"的法律援助模式具有独一无二的创新型特质,主要体现在能够有效弥补法律援助专业人才缺口现状,有利于优化人才选任路径和值班律师的法律援助质量,有利于创设中国特色刑事法律援助新模式。[①] 当前,高校法学专业在校学生人数众多,数量充足且具备过硬的专业素质,这些都构成了刑事诉讼法律援助发挥实效的人力保障。如将值班律师的选任范围扩大至已经通过国家统一法律职业资格考试的在校学生或者有刑事诉讼执业经历的在职研究生,能够有效缓解刑事案件的发案量和刑事法律援助律师数量不匹配的困境。此外,"双师型"的高校法律援助机构模式为法学在校生配备了高校教师和社会律师等专兼职导师,不仅具有丰富的刑事诉讼执业经验,而且具备较高的理论水平,由导师作为刑事案件承办人,高校法律援助中心作为接办机构,带领高校法律援助志愿者参与案件情况简单、犯罪情节轻微且嫌疑人认罪认罚的速裁程序,能够缓解目前值班律师队伍不足的现状,节省司法资源,减轻办案压力。

第二,有利于保障刑事案件犯罪嫌疑人的合法权益。在以审判为中心的语境下,刑事司法改革的顶层设计渐趋以庭审实质化和精准适用法律来维护当事人合法权利。"审判中心"与正当程序、司法公正等理念密切相关。[②] 高校法律援助中心参与刑事诉讼案件辩护有利于保障犯罪嫌疑人辩护权的落实。特别是在嫌疑人认罪认罚的速裁程序案件中,基于嫌疑人、被告人已经了解了认罪认罚从宽处理的相关法律规定,往往在案件侦查阶段就已经认罪,在

---

① 参见李祥金、杨晓静:《我国值班律师制度"师徒型"社会公益援助模式新探》,载《山东社会科学》2023年第1期,第168页。

② 参见李永升、张素敏:《审判中心语境下刑事二审的问题研判与路径优化——以Z市中级人民法院近5年二审庭审运行实践为分析样本》,载《齐鲁学刊》2022年第2期,第96页。

之后的诉讼阶段便不再委托辩护律师。尤其因为法律规定轻罪案件不需要强制指派辩护律师,值班律师制度就成为其认罪认罚的基础权利保障途径,需要依托值班律师的专业性、实质性法律援助帮助其认知自身行为是否构成犯罪,是否存在其他有利于嫌疑人、被告人的量刑情节,起诉罪名是否适当等问题。

第三,高校法律援助参与刑事诉讼有利于实现刑事司法正义。法律援助不仅仅是要保障经济困难公民的诉讼权利,而且以实现实体层面的平等权利为根本目的。① 法律援助实施过程中,实现刑事司法的公平正义往往是优先关注的价值聚焦。2004 年,"尊重和保障人权"被写入我国宪法,成为一项重要的宪法原则,2012 年又同样被写入《刑事诉讼法》,成为我国刑事诉讼制度的重要原则。作为现代法律体系的理论基础和最终目标,人权保障也体现在法律援助法中。"以人民为中心"是法律援助的价值"底色"。② 刑事诉讼相关规定事关公民的生命权和自由权这两项基本权利,特别是犯罪嫌疑人、被告人的合法权利保障程度,体现了国家在打击犯罪时对公民基本权利的司法关怀。高校法律援助参与刑事诉讼,是对国家责任、政府职责的有效社会补充,有利于强化刑事法律援助对刑事司法人权保障的"基底"角色与"兜底"功能,也为刑事法律援助制度的发展奠定了基础。

三、高校法律援助参与行政诉讼的司法价值

行政诉讼中的法律援助是对没有经济能力的行政相对人提供法律帮助的制度,它在本质上体现的是国家的主体性以及责任性,它需要国家组织或者聘请法律方面的专业人士来提供法律服务。实践中,高校法律援助中心参与的行政诉讼案件较少,以民事案件为主,但是高校法律援助参与行政诉讼具有其独特的司法价值。早前,就有学者提出,鉴于行政相对人所处的劣势地位,需从程序法和实体法两个维度为其提供法律帮助,因此支持将"民告官"的行政诉讼案件纳入高校法律援助范畴。③

行政案件法律援助对象与民事案件、刑事案件法律援助对象既有共性又

---

① 参见樊崇义:《我国法律援助立法与实践的哲理思维》,载《江西社会科学》2021 年第 6 期,第 172 页。
② 樊崇义、孙道萃:《推进实施法律援助法的新机遇与新方向》,载《人民检察》2023 年第 3 期,第 14 页。
③ 莫洪宪:《为了社会的公平与正义——法律援助实践之探索》,载《武汉大学学报(社会科学版)》2005 年第 3 期,第 336 页。

有差异性。行政案件法律援助、民事案件法律援助、刑事案件法律援助的对象都是经济条件比较困难且无力聘请律师的当事人。而行政案件法律援助所针对的对象具有特定性,其所针对的是行政相对人,行政相对人在与行政机关的对抗中,往往不具备相应的法律知识素养,不具备一定的诉讼技巧,这与行政机关作为国家机关的地位和背景相比,差距很大。同时,行政相对人会产生一定的心理差距,一是经济条件的差距,二是诉讼所面临的风险,所以行政相对人就会选择与行政机关非理性对抗。即使行政相对人选择诉讼途径解决问题,面对强大的行政机关,由于文化素质、法律素养相对较低,所以其承受着比较大的心理压力,在庭审过程中可能会表现得很紧张。相比民事案件、刑事案件,行政案件中行政相对人的弱势地位相当明显。

在行政诉讼案件法律援助过程中,援助律师与行政相对人一起与国家行政机关"抗衡"。法律援助机构主要受司法行政部门监管,机构中的法律援助律师往往是具有公务员、参公人员或者事业编制人员身份的律师,他们呈现出的是"行政性"特征,主要表现为该类律师的人事调动、工资级别都受到所属司法行政机关或者地方政府的控制,因此其办案的中立性容易受到干扰,从而导致行政相对人对法律援助不信任。同时法律援助机构作为司法行政机关的内设机构,受制于当地政府或者司法行政部门对其的重视程度,无论在财政还是人事方面都没有自主权,无法抵抗来自地方政府或者其他行政机关的干预,这也是各地受理行政法律援助案件比较少的原因之一。

因此,行政诉讼案件中,公权力机关作为争讼一方,导致无论何种形式的政府法律援助都不排除会陷入利益冲突,从而导致法律援助律师等法律援助工作者身处尴尬的境地。行政诉讼原告也可能由于无法排除对赋予自身的司法福利的合理怀疑而削弱法律援助效果。[①] 而高校作为法律援助机构,行政化色彩相对较少,通常情况下与被告不会存在直接的行政管理关系,因此既能保障案件过程的公正透明,节约法律援助的成本,又有利于保护当事人的权益,更容易获得行政相对人的信任。高校法律援助中心可以不受行政区域的限制,在其承受范围内跨行政区域为受援人提供行政诉讼法律援助服务,也在一定意义上防止了利益冲突。

---

① 参见谭志福:《高校参与法律援助的价值分析》,载《政法论坛》2014年第3期,第180页。

第二节 高校法律援助的育人价值

习近平总书记在中国政法大学考察时强调,要立德树人,德法兼修,抓好法治人才培养。因此"立德树人、德法兼修"就是新时代对法治人才培养提出的要求。法学教育应当将法治人才的思想道德教育作为重中之重,一名合格的法律人不仅应当具备一般的法律职业伦理,而且要具备社会公众的一般道德认知以及法律职业共同体共同遵循的内部伦理准则,理解社会一般公众普遍认同的常理、常识和常情。[①] 高校法学教育不应仅仅局限于理论知识和法律思维的传授,还要针对法律实践能力、法律职业伦理和思想道德品行等方面展开教育。因此,高校法律援助工作对提升大学生的法律实践能力、塑造大学生的法律职业道德和培养大学生的志愿服务精神有独特的价值。

高校法律援助组织在工作中不仅仅具备法律援助价值,同时也承担着法学教育的职能。法学是一门实践性学科,不仅是法学理论知识的传授,而且是法律实践技能的教育。而法律援助能够有效实现二者之间的融合,实现教书与育人相结合。因此,高校法律援助以培养法治意识和法律素养、培养公民意识和社会责任、培养实践能力和职业素养为目标和任务。

一、提升学生的法律实践能力

习近平总书记在中国政法大学考察时指出,建设法治国家、法治政府、法治社会,实现科学立法、严格执法、公正司法、全民守法,都离不开一支高素质的法治工作队伍。法治人才培养上不去,法治领域不能人才辈出,全面依法治国就不可能做好。[②]注重实践是高等学校对法学专业学生教育的必然要求。法律援助作为一种能够有效衔接理论和实践的教育方式,是提升法学专业学生实践能力的重要模式。

第一,通过在高校法律援助中心的实践,学生能够熟悉、掌握与当事人沟

---

① 参见付子堂:《探索政法高校法治人才培养新机制》,载《中国高校社会科学》2017年第4期,第15页。

② 黄进:《为全面依法治国贡献力量——深入学习贯彻习近平同志在中国政法大学考察时的重要讲话精神》,共产党员网,https://news.12371.cn/2017/07/18/ARTI1500326139414257.shtml?from=groupmessage&isappinstalled=0,2023年8月26日访问。

通的技巧,在为受援人提供法律咨询的过程中,还能够直观地学习如何证明案件事实,如何收集证据,如何撰写各种类型的法律文书,并且对诉讼程序的全过程有更深入的了解。"法律的生命不在于逻辑,而在于经验。"[①]只有从解决问题、分析问题、调查问题、检索法律、沟通咨询、纠纷解决等多个方面综合进行培养和锻炼,才能切实提升法律实践能力。尽管与政府法律援助机构相比,高校法律援助组织参与的法律援助案件标的额较小,案情事实也较为简单,但是涉及的内容十分丰富,涵盖了遗产继承、医疗纠纷、劳动争议、工伤事故、消费维权等多个方面,这些"接地气"的案子虽然看似"鸡毛蒜皮",但是对解决基层百姓的实际问题必不可少,也是法学专业学生在学习中践行实务、在实务中增长才干的宝贵资源。

第二,高校法律援助中心作为教学实践平台,能够促进以卓越法律人才为培养目标的法学教育变革。随着我国高校法学教育的发展,教育教学体系不断完善,理念不断更新,我国培养了大批法律人才。但是,囿于传统法学教育模式的保守性和单一性,课堂教学以知识的传授为主要内容,学生在实践中如何运用法律思维分析、处理问题的能力仍然有较大欠缺。随着卓越法律人才教育培养基地建设计划的不断推进,为了推进专业学位研究生的培养质量提升,2017年国务院学位办修订了《法律硕士专业学位研究生指导性培养方案》,将法律硕士研究生的培养目标明确为"培养立法、司法、行政执法和法律服务以及各行业领域德才兼备的高层次的专门型、应用型法治人才"[②]。高校参与法律援助能够促进法学教育方式变革,培养堪当推进中国法治进程重任的法律人才。

第三,高校参与法律援助是健全法学教学体系、建设以马克思主义为指导的法学学科体系的重要渠道。近年来,随着我国高水平对外开放的不断推进,国家高度重视涉外法治人才培养。习近平总书记强调,坚持立德树人、德法兼修,加强学科建设,办好法学教育,完善以实践为导向的培养机制,早日培养出一批政治立场坚定、专业素质过硬、通晓国际规则、精通涉外法律实务的涉外

---

① [美]奥列弗·文德尔·霍姆斯:《普通法》,冉昊译,中国政法大学出版社2006年版,第11页。
② 参见《关于转发〈法律硕士专业学位研究生指导性培养方案〉的通知》,教育部政府门户网站,http://www.moe.gov.cn/s78/A22/A22_zcwj/201708/t20170821_311503.html,2024年2月13日访问。

法治人才。① 2023年中共中央办公厅、国务院印发的《关于加强新时代法学教育和法学理论研究的意见》中强调要"强化法学实践教学，深化协同育人，推动法学院校与法治工作部门在人才培养方案制定、课程建设、教材建设、学生实习实训等环节深度衔接"②。这也要求必须完善以实践为导向的培养机制，除了要求学生全面掌握国际法、比较法等涉外理论知识之外，还要求强化涉外法学的实践教育，才能在不断探索和互联互通中培养真正精通涉外法律事务的涉外法治人才。高校法律援助中心也恰恰承担了作为高校涉外法治人才培养的前沿阵地使命，能够充分运用法学学科体系全、师资密集等优势，以协同育人、校地合作完善实践教学课程建设，以实践智慧破解教学、学科体系建设难点。

二、塑造学生的法律职业道德

法律职业道德是法学教学体系不可或缺的内在要求，也是维护法律职业共同体社会地位和职业尊严的重要内核。2023年中共中央办公厅、国务院印发的《关于加强新时代法学教育和法学理论研究的意见》中强调要"注重思想道德素养培育，结合社会实践，积极开展理想信念教育、中华优秀传统法律文化教育，大力弘扬社会主义法治精神，健全法律职业伦理和职业操守教育机制，培育学生崇尚法治、捍卫公正、恪守良知的职业品格"③。这一要求也对我们法学教育中法律职业道德的培养和塑造提出了要求。

高校法律援助有助于培养法学专业学生的社会责任感，提升学生的思想道德素养。有学者曾指出，法律人才的三个要件包括法律学问、社会常识和法律道德。如果仅仅具备法律学问和社会常识而欠缺法律道德，不能为公众谋利益，那么不能被称为法律人才，而容易沦落为腐化的官僚政客。④ 法学专业

---

① 《习近平在中共中央政治局第十次集体学习时强调 加强涉外法制建设 营造有利法治条件和外部环境》，求是网，http://www.qstheory.cn/yaowen/2023-11/28/c_1129997027.htm，2024年2月13日访问。

② 《中共中央办公厅 国务院办公厅印发〈关于加强新时代法学教育和法学理论研究的意见〉》，中国政府网，https://www.gov.cn/zhengce/2023-02/26/content_5743383.htm，2024年2月13日访问。

③ 《中共中央办公厅 国务院办公厅印发〈关于加强新时代法学教育和法学理论研究的意见〉》，中国政府网，https://www.gov.cn/zhengce/2023-02/26/content_5743383.htm，2024年2月13日访问。

④ 参见孙晓楼：《法律教育》，商务印书馆2015年版，第7—9页。

学生参与法律援助工作中，无偿为社会弱势群体提供法律专业知识的帮助，不存在任何经济收益或者利害关系的影响，有助于培养社会责任感和法律职业道德，本身就是一种法律职业伦理教育。这样的教育方式比单纯的课堂讲授更生动、直观。

高校法律援助有助于将良好的法律职业道德潜移默化地内化于心、外化于行。法学专业学生通过参与真实的案件，对社会中形形色色的纠纷和弱势群体的法律诉求有了更为直观的认识，有助于了解社会疾苦、培养人道主义精神，也能够通过运用专业法律知识帮助弱势群体，以自身的努力付出和无私奉献为维护社会公平正义贡献力量。以南京大学法律援助中心为例，作为我国首批依托高等院校成立的法律援助机构，秉承"以我所学，奉献社会"的精神，开展各类法律援助实践、理论研究、法学实践教学活动。成立以来，中心的法律援助工作得到来访群众的一致好评和各级政府的多次表彰，围绕"法律援助"开展的教学和研究活动也硕果累累。一届又一届的法学专业学生在法律援助工作中明晰了未来职业生涯的方向，坚持德法并举和德法交融，将法律职业道德内化于心。

高校法律援助开拓了法律人才思想道德修养培育的新模式，充分回应了新文科建设的创新性要求。高校法律援助是我国公共法律服务体系的重要力量，也是培育"德法兼修"的卓越法律人才、锻造法律职业共同体伦理的重要实体平台。新文科建设对高校法学教育提出了新的发展方向并且提供了深厚的思想资源，也对高校法律援助提出了更高的要求。高校法律援助有助于实现法律人才培养"价值塑造、知识传授、能力培养的三位一体的效果"。[①]

三、培养学生的志愿服务精神

《法律援助法》第十七条规定了法律援助志愿服务的内容，并明确法律援助志愿者的具体管理办法由国务院有关部门规定。在过去一段时间里，由于没有具体的法律援助志愿者管理规定，国务院颁布的《志愿服务条例》是规范志愿者服务的行政法规，各级行政机关以此为依据履行管理职责。2021年底，司法部、中央文明办关于印发了《法律援助志愿者管理办法》，规定了法律援助志愿服务的提供主体和主要职责，明确法律援助机构负责组织实施法律

[①] 韩桂君、万石安：《新文科背景下高校法律援助发展困境及对策》，载《湖北警官学院学报》2022年第4期，第145页。

援助志愿服务活动,可以委托事业单位、社会组织招募法律援助志愿者,开展法律援助志愿服务活动。高等院校、科研机构可以组织从事法学教育、研究工作的人员和法学专业学生作为法律援助志愿者,依法为经济困难公民和符合法定条件的其他当事人提供法律咨询、代拟法律文书、案件代理、劳动争议调解与仲裁代理服务。工会、共产主义青年团、妇女联合会、残疾人联合会等群团组织自行组织招募的,应当接受法律援助机构的业务指导,引导志愿者落实法律援助服务标准,对有关工作进行备案登记。

志愿服务是高校学生履行社会责任、实现自我发展的重要途径,也是高校思政教育实践育人的重要载体。志愿服务精神的核心要素包括奉献、友爱、互助和进步,它体现了社会主义核心价值观的核心组成部分。中华优秀传统文化中的"恻隐之心""兼济天下""积德行善"等内容构成了志愿服务精神的思想文化基础,有助于厚植情怀、抵达人心。[①] 这种精神以自愿参与为原则,以无偿奉献为前提,鼓励人们去做志愿服务工作,以此推动人与社会的和谐共生。志愿服务精神中的奉献精神体现在志愿者愿意无偿地付出自己的时间、精力、知识和技能,为社会和他人提供帮助和服务。友爱精神强调志愿者之间、志愿者与服务对象之间要相互尊重、理解、关心和支持,营造一种温馨、和谐的人际关系。互助精神倡导志愿者通过相互帮助、助人自助的方式,共同面对和解决问题,实现个人和社会的共同进步。而进步精神则鼓励志愿者在参与志愿服务的过程中,不断提升自己的能力和素质,同时也促进社会的进步和发展。

高校法律援助机构相对其他法律援助机构而言,具有一些独特的性质。例如,高校法律援助体现了服务型与公益性、教育性的有机结合。高校法律援助机构的设立目标是为社会弱势群体提供无偿、专业的法律服务,其公益性吸引了诸多怀揣无私奉献精神的法律援助志愿者参与其中。"让人民群众在每一个司法案件中感受到公平正义"的责任感,也与志愿服务精神的内涵不谋而合。高校法律援助活动作为一种志愿服务形式,可以很好地培养学生的志愿服务精神。通过参与法律援助活动,学生可以亲身感受到志愿服务精神的内涵和价值,锻炼自己的法律实践能力,培养奉献社会、关爱他人的精神品质。同时,高校法律援助活动也有助于提高学生的法律素养和培养他们解决问题的能力,为他们未来的职业发展和社会参与打下坚实的基础。

[①] 参见田荫、马建青:《党建引领下高校志愿服务育人工作的提升进路》,载《学校党建与思想教育》2023年第22期,第67页。

第三节 高校法律援助的社会价值

作为连接法律专业知识与社会实际需求的重要桥梁,高校法律援助在培养法治意识、推动法律变革以及参与社会治理方面具有重要意义。

一、培养法治意识

《法律援助法》第十七条通过立法的形式对法律援助的社会责任进行了明确,规定了高校和科研机构提供法律援助的内容。[1] 同时,在其第一款中也明确了法律援助的"国家+社会"的双重责任格局。[2] 特别是在第十七条第二款中,从三个方面规定了法律援助社会服务的主体、要求和业务范围。在主体层面,高校、科研机构的教师、研究工作人员以及法学专业学生都可作为法律援助的志愿服务参与者。为了保障法律援助的质量,法学专业的在读学生应当在专业教师和研究工作人员指导下开展法律援助志愿服务。在要求层面,法援志愿者应当在当地司法行政部门的指导下从事法律援助志愿服务活动。这里的"指导"不仅仅是行政级别意义上司法行政部门对高校法律援助组织的"领导",更重要的是业务上的指导,确保高校的所有法律援助活动都能依法依规进行,为受援者提供专业、精准的法律援助服务。在业务层面,规定了法律援助志愿者能够为当事人提供的法律援助内容包括法律咨询以及代拟法律文书等。在第三款中规定了法律援助志愿者的管理条款,明确由国务院有关部门规定具体的管理办法。例如,国务院已在2017年出台《志愿服务条例》,用以保障志愿者、志愿服务组织、志愿服务对象的合法权益,鼓励和规范志愿服务。

作为"国家+社会"双重责任格局的重要组成部分,高校法律援助是社会组织参与法律援助的必要补充。也正是在多元化主体共同参与政府法律援助

---

[1] 《法律援助法》第十七条规定:国家鼓励和规范法律援助志愿服务;支持符合条件的个人作为法律援助志愿者,依法提供法律援助。高等院校、科研机构可以组织从事法学教育、研究工作的人员和法学专业学生作为法律援助志愿者,在司法行政部门指导下,为当事人提供法律咨询、代拟法律文书等法律援助。法律援助志愿者具体管理办法由国务院有关部门规定。

[2] 参见江必新、夏道虎主编:《中华人民共和国法律援助法条文解读与法律适用》,中国法制出版社2022年版,第42页。

的背景之下，高校法律援助应运而生。高校法律援助组织的常态化设置和交互式、双向性、针对性的特征决定了其在社会法治意识和法律素养方面具有更好的效果。[①] 与律所相比，高校法律援助组织独有的公益性质更有利于普法工作的开展。囿于司法行政主管部门以及司法机关工作的属性，其开展的普法活动较为集中于传统的社区答疑、媒体宣传、法律课堂以及资料印发等，宣传方式较为单一。而高校法律援助组织具有高校、学生以及社会之间交互合作的活力，更有利于形成社会法治意识培养的良性循环。

二、推动法律变革

立德树人是高校的根本任务，高校作为社会组织，承担着培养人才、发展科技、服务社会的重要使命。中国特色社会主义进入新时代，高等教育到了更加注重内涵发展的新阶段。作为高等院校法学院立德树人重要载体的高校法律援助机构也承载着推动法律变革的重要社会价值。

高校法律援助对健全师生权益保护救济机制具有促进作用。随着中国特色社会主义教育制度体系的不断完善，推进高等学校治理体系和治理能力现代化，进一步加强高等学校法治工作，全面推进依法治教、依法办学、依法治校也成了法律变革的重要关注领域。2020年出台的《教育部关于进一步加强高等学校法治工作的意见》就明确指出要"探索设立师生法律服务或援助机构，为师生依法维护权益提供咨询和服务"[②]。高校法律援助的服务对象除了社会公众，还包含在校师生。探索设立能够为在校师生提供法律咨询和服务的高质量高校法律援助机构，能够帮助建立校内救济与行政救济、司法救济有效衔接机制，保障教师、学生救济渠道的畅通。

高校法律援助在公益诉讼中反馈的普遍性问题更容易得到公众关注，从而更容易引发相关职能部门的重视。法律援助的本质是为接受援助的个体或者组织提供公益法律服务，确保通过法治途径定分止争以实现个案正义。倘若制度本身具有缺陷，那么这样的个案正义极其容易沦为正义的对立面。高校法律援助在参与公益诉讼案件过程中，可以充分发挥"双师型"导师队伍的专业指导优势，将专家意见、在校学生的公益热情相结合，为社会公益背书，从

[①] 参见浙江省义乌市法律援助中心：《法律援助和公众法律教育》，载贾午光主编：《法律援助考察报告及理论研讨会论文集》，中国方正出版社2008年版，第403—408页。
[②] 《教育部关于进一步加强高等学校法治工作的意见（教政法〔2020〕8号）》，中国政府网，https://www.gov.cn/gongbao/content/2020/content_5541498.htm，2024年2月11日访问。

而提出更为客观、专业的解决方法。这一得天独厚的优势一方面可以迅速使得类似的公益诉讼案件成为舆论和相关部门的关注焦点,另一方面也能够有效避免来自利益相关部门的阻力。同时,有人通过对 144 起高校法律援助组织参与的诉讼案件进行研究,发现从裁判结果来看,高校法律援助机构提出的诉讼请求也更容易被法院采纳。[①] 这与高校法律援助具备的高度公益性和专业性有很大关联。

高校法律援助往往集理论研究与实践于一体,对特定案件进行前瞻性研究,也能更好地推动法律制度变革。以南京大学法律援助中心为例,1998 年成立之初挂靠于江苏省法律援助中心,由江苏省法律援助中心每年拨款三万元办案补贴,建立起一个校园法治学习宣传、公益服务、案例教学等功能的平台。常态化围绕劳动、婚姻、交通、拆迁补偿等专题进行诉讼案件代理和普法宣传工作,代理的案件得到了相关部门的关注,并先后获得了全省法律援助工作先进集体、江苏省青年志愿者服务基地等荣誉称号。2021 年,南京市秦淮区某酒吧的保洁员因被拖欠工资前往江苏恒爱法律援助与研究中心申请法律援助。该中心随即指派南京大学、南京师范大学、南京财经大学、河海大学、金陵科技学院五所高校分别代理五位原告的案件。[②] 类似的法律援助工作有效弥补了行政机关经费有限的短板,为做到"应援尽援"提供了有效补充。此外,高校法律援助所具有的独特的志愿服务精神中蕴含的社会责任也呈现出超越普通法律援助的价值。这样的价值因其独立性、公益性,有效弥补了政府法律援助的不足之处,并成功激励了政府提供法律援助,以此助推法律变革。

三、参与社会治理

早在 2005 年,时任浙江省委书记的习近平同志在视察安吉县法律援助中心时就指出,"法律援助创造了公平的法律环境,让弱势群体打得起官司"。2016 年《关于印发国务院 2016 年立法工作计划的通知》中,将"法律援助法"的起草列入"有关保障和改善民生,加强和创新社会治理的立法项目"[③]。法

---

① 参见仲威、吴树义:《高校法律援助组织参与诉讼行为研究——基于 144 份裁判文书》,载《湖北警官学院学报》2020 年第 6 期,第 85 页。
② 周艳、董浩然:《高校法援齐助力 法院办案暖人"薪"》,澎湃新闻网,http://news.jstv.com/a/20220310/2c3116a9f0c94185883616b4a5b7a2f5.shtml,2024 年 2 月 11 日访问。
③ 《国务院办公厅关于印发国务院 2016 年立法工作计划的通知(国办发〔2016〕16 号)》,中国政府网,https://www.gov.cn/zhengce/content/2016-04/13/content_5063670.htm,2024 年 2 月 12 日访问。

律援助工作的开展与营造公平的法律环境、实现社会公平正义之间存在密切关系。《法律援助法》的实质不仅包含了国家的责任和政府的职责,而且包含了公民的权利和社会公众的参与,这也是《法律援助法》的重点和要害。① 倘若在整个社会治理的层面进行成本效益分析,相对政府介入的较大成本,高校法律援助带来的正面收益是相当可观的。

法律援助制度是社会保障制度的一种,是对我国法律制度在维护公民合法权益方面的补充和完善,也是维护社会和谐稳定、实现社会公平正义的重要司法救济制度。高校法律援助为群众维护自身权益提供便捷,能够有效降低社会治理成本。以劳动法律援助为例,有学者以 1767 个农民工法律援助案件为研究样本,总结出对农民工进行法律援助能够帮助实现依法治国、诉讼权利保障和社会和谐三大原则,预防和减少社会冲突,最大限度调度、盘活社会资源。② 南京大学法律援助中心劳动法律援助项目就将针对农民工的法律宣传普及、课堂讲授、模拟仲裁、维权经验分享作为向广大劳动者传播法律知识、提升自身司法救济能力的重要途径。对案件情况和诉求较为简单、正义标的额不大的案件,指导帮助受援人与用人单位展开和解、协商和调解。不仅提高了受援人解决劳动争议的知识水平和能力,而且成功以较为平和的方式处理争议,有效参与了社会治理。

高校法律援助是坚持和发展新时代"枫桥经验"的重要方式。以采取工作联动机制,通过间接效力赋予调解以实效性的组织。"枫桥经验"蕴含了丰富的社会共治理念,不仅仅是广大人民群众智慧的结晶,也对多元主体协同、以善治为目标引领的理论与实践发展起到了推动作用。③ 新时代条件下,人民群众对民主、法治、公平、正义等方面的要求日益增长,对法律服务的需求呈现多元化趋势。例如,南京大学法律援助中心在长期的实践中探索出了一条"走出去"的道路,走入社区街头开展普法、法律咨询解答等多层次的品牌项目,让人民群众的多元需求得到满足。积极创新线上普法形式,以短视频、推文等方式对《民法典》《法律援助法》《保障农民工工资支付条例》等多部法律中的重要内容进行解读,受到社会公众的一致好评。同时,与社会组织、政府机构等开

---

① 参见樊崇义:《〈法律援助法〉的学习、理解和实施》,载《中国检察官》2021 年第 19 期,第 4 页。
② 参见陈宜、张涛:《接近正义:农民工法律援助生态分析及路径建构——以 1767 个农民工法律援助案件为样本》,载《学习论坛》2017 年第 9 期,第 69—74 页。
③ 参见房保国、邢文清、陈秋旺:《"枫桥经验"视角中调解协作机制的困境和完善——基于 S 省实践的研究》,载《中国法治》2023 年第 8 期,第 93 页。

展广泛交流合作,致力于妥善处理矛盾纠纷,确保矛盾不上交,为参与社会治理贡献力量。

案情简介

2022年6月8日14时31分,A女士在B咖啡App下单了一杯由B咖啡门店制作的拿铁,里面含有冰块、牛奶等。A女士喝到一半后,透过透明塑料杯壳,发现杯内存在一黑色异物,后掀开杯盖发现黑色异物为一只小飞虫。同日17时许,A女士去制作门店反映,希望门店给予价款十倍赔偿。门店店长口头表示愿意重做一杯,双方未能协商一致。门店店长遂联系经理,店长及经理拒绝按照《食品安全法》第一百四十八条给予赔偿,要求A女士联系B客服。A女士随后按照门店要求,联系B客服反映问题,并提交了相关证据。B客服后续两次回电,均表示只能补偿A女士三张B消费券,只字未提赔偿事宜。之后,A女士联系H校法律援助中心志愿者寻求法律援助。承办志愿者拟定了从平等协商到寻求行政救济再到寻求司法救济的方式与策略。在A女士与B咖啡交涉的过程中,志愿者全程陪同,但是后续客服解决问题态度不积极,且解决方案没有诚信。因此,志愿者决定向J区市场监督管理局寻求行政救济,同时A也通过12345平台对此进行了反映。然而,后续行政机关反馈检查时该门店的运营管理未发现存在问题,并未解决当事人的诉求。

《民事诉讼法》第六十一条规定,当事人、法定代理人可以委托一至二人作为诉讼代理人。下列人员可以被委托为诉讼代理人:(一)律师、基层法律服务工作者;(二)当事人的近亲属或者工作人员;(三)当事人所在社区、单位以及有关社会团体推荐的公民。因此,承办志愿者通过学院出具推荐函的方式,获得了本案公民代理的资格。考虑到如将B咖啡总部列为被告,管辖对原告方不利。因此最终决定将B咖啡(南京)有限责任公司(B总部在南京的子公司,拥有独立的诉讼地位)作为被告。同时将门店、C餐饮有限公司(与门店存在挂靠关系)列为共同被告。最终,在调解员的主持下,双方经过2个小时的调解,就赔偿方案达成了一致,由被告B赔偿原告30张价值35元的消费券,承担本案诉讼费25元,并支付原告为诉讼支出的各项费用合计50元。[①]

[①] 参见杨文旭:《杨文旭同学成功代理一起民事案件》,"河海法援"公众号 https://mp.weixin.qq.com/s/ttT58DNANaO42-NEmUPLFQ,访问日期2024年3月10日。

案例评析

在本次法律援助案件办结之后,承办志愿者深刻体会到了保存实物证据的重要性。志愿者提到,在最初前往门店协商的时候,由于疏忽,在两分钟内小飞虫便被门店工作人员销毁,导致在后续进程中由于缺乏实物证据而较为被动。同时,在案件诉讼过程中,志愿者通过亲身实践,了解到诉讼并不是仅仅需要一份诉状和一份证据就能进行,还需要提供当事人身份证明、授权委托书、送达地址确认书、诚信诉讼承诺书等材料。在此基础上还了解到,部分诉讼材料直接打印即可,部分材料还需当事人手写签名,这些具体办理中的细节都为志愿者日后的法律执业道路提供了宝贵的经验。

在经历了平等协商、行政救济无果后,本案选择了司法途径解决,最终以调解结案。除了在调解过程中双方达成了合意,还有一个重要的原因便是考虑到诉讼的时间成本较高且判决结果具有不确定性,最终权衡利弊选择了调解结案。这也为志愿者们提供了另一个视角的收获:判决并不是唯一的解决方式,在具体实践过程中还需要权衡多方面因素决定最终的处理路径和思路。

志愿者在案件代理结束后提道:"通过这次诉讼,我是真的受益匪浅,这也坚定了我从事法律职业的信念与决心!在这里,我第一次将书本上的知识运用到现实的生活中,感受到了法学这个学科的魅力,感受到了法律条文背后照顾弱势群体的人文关怀,感受到了努力让人民群众在每一个司法案件中感受到公平正义背后的司法追求!"在参与法律援助的过程中,志愿者们将理论知识与实践相结合,不仅提升了个人的法律实践能力,同时收获了法学专业的学科自信以及志愿服务精神,这对他们今后的法律职业道路有非常重要的意义。

本章作者:唐赟

第四章 高校法律援助的范围

第一节 高校法律援助范围概述

高校法律援助组织与政府及其他社会团体的法律援助组织一样,是法律援助体系的有机组成部分,在实际运行过程中,同样面临法律援助的范围问题,即高校法律援助组织应对满足何种条件的群众提供多大程度的法律援助。

布莱克法律词典将"法律援助"(legal aid)分为两种情况:一种是政府通过设立一系列组织为穷人提供的法律服务;一种是为不能负担诉讼费用的当事人提供免费或者在其能承受价格范围内的法律服务。[1] 从文义来看,法律援助的主体主要是政府及其设立的机构,法律援助的对象是穷人和不能负担诉讼费用的当事人,法律援助的内容是免费或者低价的法律服务;但对法律援助的范围,没有具体的规定。换言之,就"法律援助"的定义而言,仅通过文义理解解决不了法律援助范围的问题,因此,需要通过其他文本或者法律适用进一步解读。

法律具有天然的滞后性,但社会发展日新月异,"法律的滞后性决定了,再完备的立法,随着时间的推移,都难免出现法律漏洞"[2]。《法律援助条例》规定的法律援助范围在立法时就与现实法律援助需求存在较大的脱节,随着社会的发展与变化,这一问题就愈加明显了。

---

[1] Bryan A. Garner, *Black's Law Dictionary*, Thomson Reuters Press, 2014, p. 1030.
[2] 刘平:《行政执法原理与技巧》,上海人民出版社 2015 年版,第 315 页。

第四章　高校法律援助的范围

2021年8月20日通过并于2022年1月1日正式施行的《中华人民共和国法律援助法》(以下简称《法律援助法》)在中国法律援助史上,具有里程碑式的意义。一方面,它把《法律援助条例》自施行以来的法律援助成熟经验和做法转化成了法律,是对二十多年来法律援助制度发展的总结;另一方面,《法律援助法》基于社会发展的需求,对现行制度进行了补充和完善,其中值得一提的就是,《法律援助法》从审议稿开始,就多次聚焦第三章,进一步扩大了法律援助的范围。同时,第二十二条的兜底条款也"为今后通过立法或者制定行政法规、地方性法规等扩大法律援助范围提供依据"[①]。此外,2021年12月31日,司法部和中央文明办联合印发了规范我国法律援助志愿服务工作第一个规范性文件——《法律援助志愿者管理办法》(以下简称《办法》),《办法》中也对法律援助的范围进行了规定,尽可能地满足社会发展对法律援助制度带来的现实需求。

表 4-1　法律援助的范围

《法律援助条例》	《法律援助法》	《法律援助志愿者管理办法》
第二章　法律援助范围 【第十条】 公民对下列需要代理的事项,因经济困难没有委托代理人的,可以向法律援助机构申请法律援助: (一)依法请求国家赔偿的; (二)请求给予社会保险待遇或者最低生活保障待遇的; (三)请求发给抚恤金、救济金的; (四)请求给付赡养费、抚养费、扶养费的;	第三章　形式和范围 【第二十二条】 法律援助机构可以组织法律援助人员依法提供下列形式的法律援助服务: (一)法律咨询; (二)代拟法律文书; (三)刑事辩护与代理; (四)民事案件、行政案件、国家赔偿案件的诉讼代理及非诉讼代理; (五)值班律师法律帮助; (六)劳动争议调解与仲裁代理; (七)法律、法规、规章规定的其他形式。 【第二十三条】 法律援助机构应当通过服务	第二章　服务范围和申请条件 【第七条】 根据自身专业知识和技能情况,法律援助志愿者可以提供下列服务: (一)法律咨询、代拟法律文书、刑事辩护与代理、民事案件、行政案件、国家赔偿案件的诉讼代理及非诉讼代理、值班律师法律帮助、劳动争议调解与仲裁代理等法律援助服务; (二)为受援人提供外语、少数民族语言翻译、心理疏导等相关服务;

---

① 2021年1月20日在第十三届全国人民代表大会常务委员会第二十五次会议上,全国人大监察和司法委员会副主任委员张苏军关于《中华人民共和国法律援助法(草案)》的说明,中国人大网,http://www.npc.gov.cn/c2/c30834/202108/t20210820_313100.html,2024年3月5日访问。

(续表)

《法律援助条例》	《法律援助法》	《法律援助志愿者管理办法》
（五）请求支付劳动报酬的； （六）主张因见义勇为行为产生的民事权益的。 省、自治区、直辖市人民政府可以对前款规定以外的法律援助事项作出补充规定。 公民可以就本条第一款、第二款规定的事项向法律援助机构申请法律咨询。 【第十一条】 刑事诉讼中有下列情形之一的，公民可以向法律援助机构申请法律援助： （一）犯罪嫌疑人在被侦查机关第一次讯问后或者采取强制措施之日起，因经济困难没有聘请律师的； （二）公诉案件中的被害人及其法定代理人或者近亲属，自案件移送审查起诉之日起，因经济困难没有委托诉讼代理人的； （三）自诉案件的自诉人及其法定代理人，自案件被人民法院受理之日起，因经济困难没有委托诉讼代理人的。 【第十二条】 公诉人出庭公诉的案件，被告人因经济困难或者其他原因没有委托辩护人，人民法	窗口、电话、网络等多种方式提供法律咨询服务；提示当事人享有依法申请法律援助的权利，并告知申请法律援助的条件和程序。 【第二十四条】 刑事案件的犯罪嫌疑人、被告人因经济困难或者其他原因没有委托辩护人的，本人及其近亲属可以向法律援助机构申请法律援助。 【第二十五条】 刑事案件的犯罪嫌疑人、被告人属于下列人员之一，没有委托辩护人的，人民法院、人民检察院、公安机关应当通知法律援助机构指派律师担任辩护人： （一）未成年人； （二）视力、听力、言语残疾人； （三）不能完全辨认自己行为的成年人； （四）可能被判处无期徒刑、死刑的人； （五）申请法律援助的死刑复核案件被告人； （六）缺席审判案件的被告人； （七）法律法规规定的其他人员。 其他适用普通程序审理的刑事案件，被告人没有委托辩护人的，人民法院可以通知法律援助机构指派律师担任辩护人。 【第二十六条】 对可能被判处无期徒刑、死刑的人，以及死刑复核案件的被告人，法律援助机构收到人民法院、人民检察院、公安机关通知后，应当指派具有三年以上相关执业经历的律师担任辩护人。 【第二十七条】 人民法院、人民检察院、公安机关通知法律援助机构指派律师担任辩护人时，不得限制或者损害	（三）为有需要的残疾受援人提供盲文、手语翻译等无障碍服务； （四）为法律援助经费筹集提供支持，参与法律援助的宣传、培训、理论研究、案件质量评估等工作。 【第八条】 公民申请成为法律援助志愿者，应当年满18周岁，具有奉献精神，遵纪守法，热爱法律援助和志愿服务事业。 【第九条】 申请提供刑事辩护与代理和值班律师法律帮助的法律援助志愿者，应当提供律师执业证书。 申请提供心理疏导、翻译服务的法律援助志愿者，一般需提供职业资格证书或学历学位证书。 【第十条】 有下列情形之一的，法律援助机构等招募单位不得审核其成为法律援助志愿者： （一）无民事行为能力或者限制民事行为能力的； （二）因故意犯罪受过刑事处罚的； （三）被吊销律师、公证员执业证书的； （四）因违法违规被取消法律援助志愿者身份的。

(续表)

《法律援助条例》	《法律援助法》	《法律援助志愿者管理办法》
院为被告人指定辩护时,法律援助机构应当提供法律援助。 被告人是盲、聋、哑人或者未成年人而没有委托辩护人的,或者被告人可能被判处死刑而没有委托辩护人的,人民法院为被告人指定辩护时,法律援助机构应当提供法律援助,无须对被告人进行经济状况的审查。 【第十三条】 本条例所称公民经济困难的标准,由省、自治区、直辖市人民政府根据本行政区域经济发展状况和法律援助事业的需要规定。 申请人住所地的经济困难标准与受理申请的法律援助机构所在地的经济困难标准不一致的,按照受理申请的法律援助机构所在地的经济困难标准执行。	犯罪嫌疑人、被告人委托辩护人的权利。 【第二十八条】 强制医疗案件的被申请人或者被告人没有委托诉讼代理人的,人民法院应当通知法律援助机构指派律师为其提供法律援助。 【第二十九条】 刑事公诉案件的被害人及其法定代理人或者近亲属,刑事自诉案件的自诉人及其法定代理人,刑事附带民事诉讼案件的原告人及其法定代理人,因经济困难没有委托诉讼代理人的,可以向法律援助机构申请法律援助。 【第三十条】 值班律师应当依法为没有辩护人的犯罪嫌疑人、被告人提供法律咨询、程序选择建议、申请变更强制措施、对案件处理提出意见等法律帮助。 【第三十一条】 下列事项的当事人,因经济困难没有委托代理人的,可以向法律援助机构申请法律援助: (一)依法请求国家赔偿; (二)请求给予社会保险待遇或者社会救助; (三)请求发给抚恤金; (四)请求给付赡养费、抚养费、扶养费; (五)请求确认劳动关系或者支付劳动报酬; (六)请求认定公民无民事行为能力或者限制民事行为能力; (七)请求工伤事故、交通事故、食品药品安全事故、医疗事故人身损害赔偿; (八)请求环境污染、生态破坏损害赔偿;	

(续表)

《法律援助条例》	《法律援助法》	《法律援助志愿者管理办法》
	（九）法律、法规、规章规定的其他情形。 【第三十二条】 　　有下列情形之一，当事人申请法律援助的，不受经济困难条件的限制： 　　（一）英雄烈士近亲属为维护英雄烈士的人格权益； 　　（二）因见义勇为行为主张相关民事权益； 　　（三）再审改判无罪请求国家赔偿； 　　（四）遭受虐待、遗弃或者家庭暴力的受害人主张相关权益； 　　（五）法律、法规、规章规定的其他情形。 【第三十三条】 　　当事人不服司法机关生效裁判或者决定提出申诉或者申请再审，人民法院决定、裁定再审或者人民检察院提出抗诉，因经济困难没有委托辩护人或者诉讼代理人的，本人及其近亲属可以向法律援助机构申请法律援助。 【第三十四条】 　　经济困难的标准，由省、自治区、直辖市人民政府根据本行政区域经济发展状况和法律援助工作需要确定，并实行动态调整。	

　　作为我国法律援助制度的基本法律，《法律援助法》不可能对每一个组织或团体的法律援助范围进行一一规定。相较于政府及其他社会团体，高校不仅具有一个组织的属性特征，还承担着教育和学术自由的社会责任，因此，高校法律援助组织的法律援助范围不能一味地从《法律援助条例》或者《法律援助法》中照抄照搬，高校法律援助组织的法律援助范围既要符合上位法的要求，又应根据自身特点予以确定，具体来说，面对现实的法律援助需求，对高校法律援助组织的援助范围要求应当更为精细化。法律法规对现实需求的满足程度越低，其脱节概率越大，落实效果越差。对于高校而言，只有法律援助范

围切实且明确,才能有效落实援助不脱节,发挥高校法律援助的最大作用。因此,厘清高校法律援助组织的援助范围,对法律援助体系的构建具有十分重要的意义。

不仅如此,从理论上来说,高校法律援助组织援助范围的合理确定是实现"应援尽援"的必然要求,可以规范高校法律援助工作,促进我国法律援助体系的健全与发展。从立法上来说,高校法律援助组织援助范围的合理确定,可以填补我国相关立法上的空白。一方面,我国在2003年的《法律援助条例》中对法律援助的范围作的是概括性规定,因此,2019年司法部发布《全国民事行政法律援助服务规范》指导全国民事行政法律援助工作的组织实施和监督管理。但各省市自治区在实际落实过程中,可以根据各省市自治区的实际情况通过行政规章等方式确定不同的标准。此外,尽管2022年施行的《法律援助法》第十七条为高校法律援助组织的设立提供了立法依据,《法律援助法(草案)》第二次审议中也强调"明确鼓励和支持群团组织、事业单位、社会组织依法提供法律援助",但高校法律援助范围在立法上仍然处于一片空白。另一方面,《法律援助条例》更贴近法律的次级规则,缺少初级规则的指导和评价,立法空白的填补难上加难,而新施行的《法律援助法》虽然肯定了高校法律援助组织的主体合法性,但对高校法律援助组织提供法律援助的范围并没有特别规定,因此,无论是法律还是其次级规则,对高校法律援助范围的规定都尚付阙如。对于高校法律援助组织而言,这种情况既可以说是给高校在法律援助工作中赋予了较大的灵活性,但同时也会导致高校法律援助组织缺乏明确的管理与制度的支撑。

在这种情况下,高校援助范围过于狭隘或者援助泛化的问题,都有可能出现。"当援未援,与失事同罪",抑或"尺足加二"、过犹不及,都是不可取的。为了减少法律援助案件的随意性,有效规范高校法律援助范围,高校法律援助组织的自治尤为重要,因此,很多高校法律援助组织会根据自身实际情况,通过章程、规章等形式确立自己的援助范围与援助标准。从实践层面来说,面对一个法律咨询或者案件,高校法律援助组织首先应当进行的就是法律援助的审查,这一审查的前提就是法律援助范围的确定性。

一、法律援助的对象与范围

法律援助的审查必须以已经确立的标准为前提,遵循及时、便民、统一的原则,明确法律援助的对象和范围,以保障审查的高效性和后续援助的具体落实。

从受援人的角度来看,法律援助的范围,指的是人们在实际生活中,遇到符合有关法律规定的法律困难和法律问题时,可以向法律援助组织申请法律援助。从法律援助组织的角度来看,法律援助的范围可以表述为:法律援助组织向需要援助的对象提供救济或帮助,解决与受援人的利益息息相关的各种法律困难和法律问题。① 而从国家的角度来看,法律援助范围,是国家规定的法律援助组织可以提供法律援助的范围,也就是国家规定的对于何种范围内的申请或由人民法院指定,可以给予请求人以法律援助。

党中央、国务院对法律援助工作高度重视,党的十八届三中、四中全会就明确提出,要"完善法律援助制度,扩大援助范围"。"2015 年 4 月 21 日,习近平总书记对法律援助制度作出重要指示:要在不断扩大法律援助范围的基础上,紧紧围绕经济社会发展的实际需要,注重提高法律援助的质量,努力做好公共法律服务体系建设。"② 2015 年 7 月 29 日,中共中央办公厅、国务院办公厅印发《关于完善法律援助制度的意见》指出,"法律援助是国家建立的保障经济困难公民和特殊案件当事人获得必要的法律咨询、代理、刑事辩护等无偿法律服务,维护当事人合法权益、维护法律正确实施、维护社会公平正义的一项重要法律制度"。

有学者认为,我国法律援助制度萌芽于清末,民国时期的《公设辩护人条例》已经在一定程度上具备了法律援助制度的初步形态。③ 也有学者认为我国法律援助制度萌芽于 1954 年《宪法》和相关法律就辩护制度的规定。④ 此后法律援助制度基本处于停滞状态,新中国成立后,法律援助的相关条文散见于《律师法》《刑事诉讼法》等。2003 年国务院颁布《法律援助条例》后,各地纷纷出台各自的法律援助条例,我国法律援助制度的法律框架基本形成。

2003 年颁布的《法律援助条例》建立了比较完善的初步法律援助制度,⑤

---

① 李建波主编:《中国法律援助制度》,中国检察出版社 2004 年版,第 145 页。
② 黄永维:《改革司法体制 建设法治中国——学习习近平总书记关于司法改革的重要论述》,载《人民法院报》2017 年 07 月 31 日 A2 版, http://rmfyb.chinacourt.org/paper/html/2017-07/31/content_128421.htm,2024 年 3 月 5 日访问。
③ 梁高峰:《农村法律援助体系的创新和发展研究》,法律出版社 2019 年版,第 3 页。
④ 程衍:《法律援助体系研究》,法律出版社 2023 年版,第 120 页。
⑤ 《法律援助条例》是我国第一部全国性的法律援助专门法规,它系统规定了法律援助的基本原则、法律范围制度、申请和审查制度、实施制度以及监督管理制度。法律援助制度以及体现这种制度的《法律援助条例》建立在以往立法和法律援助实践的基础之上。

它的颁布实施标志着中国已经基本构建起具有中国特色的法律援助制度。[1]制度适用的范围是制度构建不可或缺的一部分，《法律援助条例》第二章从适格对象和案件类型两个方面规定了法律援助的范围，2012年颁布的《办理法律援助案件程序规定》第十条和第十五条细化了适格对象的规定，2022年施行的《法律援助法》尽管第三章名为"形式与范围"，但实质仍然是对适格对象和案件类型两个方面的规定，换言之，就法律援助的范围而言，《法律援助法》仍然是对《法律援助条例》的承继与拓展，并不是另起炉灶。

探讨法律援助的范围主要是探讨符合何种条件的当事人可以就何种法律困难或法律问题向法律援助组织申请援助。高校法律援助是法律援助事业的重要组成部分，同时也是一种"开放式的法学实践教学方式"[2]。正是基于高校的特殊性，高校法律援助范围的确定，应当在符合一般法律援助范围的同时，将视线聚焦高校法律援助组织的特殊性上，探讨符合何种条件的当事人可以就何种法律困难或法律问题向高校法律援助组织申请援助。

二、高校法律援助范围构成要件

（一）法律援助范围的构成要件

《法律援助条例》第二章和《法律援助法》第三章都规定了法律援助的范围，即当事人获得法律援助的途径主要有两类：一是申请援助，二是指定辩护。

1. 申请援助的范围

法律援助的范围是法定的，《法律援助法》第二十二条、三十一条和《法律援助条例》第十条都是通过"列举＋兜底"的方式，规定了在申请程序下法律援助的一般范围。根据《法律援助条例》第十条，申请获得法律援助的范围包括了对象范围和事项范围，且适格对象和适格事项这两个构成要件在逻辑关系上是并列的，而非择一的。换言之，一个人如果属于"法律援助的对象"，但他所申请的事项不属于第十条规定的"法律援助事项"，那么他不属于法律援助的适格对象，不在援助范围之内；类似地，一个人如果申请的事项属于"法律援助事项"但并非"因经济困难而没有委托代理人"的情形，那么他也不属于法律

---

[1] 佟丽华：《中国民间法律援助组织发展的几个问题》，引自贾午光主编：《法律援助考察报告及理论研讨论文集》，中国方正出版社2008年版，第71页。

[2] 谭庆453：《高校法律援助的困境与出路》，引自刘定华、孙昌军主编：《法学教育研究 第1辑》，知识产权出版社2014年版，第371页。

援助的适格对象。

《法律援助法》以法律援助机构为主体,公布机构能够提供的所有法律援助的服务范围。以第二十二条、第二十三条为例,第二十二条规定了"法律援助机构可以组织法律援助人员依法提供下列形式的法律援助服务",第二十三条规定了"法律援助机构应当通过服务窗口、电话、网络等多种方式提供法律咨询服务;提示当事人享有依法申请法律援助的权利,并告知申请法律援助的条件和程序"。从文义解读可知,《法律援助法》并没有明确排除普通公民接受法律援助机构提供的多种形式的法律咨询服务,并且,法律援助机构在发现咨询者是适格的法律援助对象时,有提示的义务。生活中有公民在求助法律援助机构的时候,并不清楚自己是否符合法律援助的要求,而法律援助机构由于资源的紧缺性,也可能会忽略一些非典型的需要法律援助的公民,在这种意义上,在《法律援助法》与《法律援助条例》中,以合格受援人为主体的立法模式比以法律援助机构为主体的立法模式,更突出了法律援助的服务意识,更能扩大法律援助的服务范围。

(1)受援对象的界定

关于受援对象,《法律援助条例》规定的是"经济困难的公民",《法律援助法》第二条中也明确是"经济困难公民和符合法定条件的其他当事人",因此申请法律援助的对象分为两类:一类是必须具备两个条件的公民——申请人必须是"公民"和申请人需要获得必要的法律服务但经济困难;另一类是符合法定条件的当事人。

就第一类受援对象而言,法人或其他组织能否获得法律援助在理论界和法律援助实践中一直存在分歧:一种观点认为,中华人民共和国的公民和法人凡是因经济困难无力支付诉讼费用和法律服务费用的,只要是出于维护自身合法权益的需要,都应属于法律援助对象;另一种观点认为,法律援助的对象不应包括法人。[1] 公民是随着国家和法律产生而形成的名词,[2]从国际视野来看,将法人作为法律援助的对象是各国的普遍做法。公民是指具有一国国籍,并根据该国宪法和法律的规定,享有权利并承担义务的一切社会成员。在我国,凡是具有中华人民共和国国籍,并依据我国宪法和法律的规定,享有一定的权利,承担一定义务的自然人,就是中华人民共和国的公民。从严格的文义

---

[1] 严军兴:《法律援助制度理论与实务》,法律出版社1999年版,第85页。
[2] [英]唐·库比特:《信仰之海》,朱彩红译,宗教文化出版社2015年版,第155页。

解释角度来看,法律援助的对象不应当包括法人,但在我国实践中,由于这类案件往往涉及社会稳定的问题,某些经济上有严重困难的国有或集体企业还是成为法律援助的对象。就高校法律援助组织而言,其援助对象是法人或者组织的情况实属罕见,一方面是此类法律援助案件本身数量就较少,另一方面,此类案件需要调动的不仅仅是法律人才,还有多种社会资源,高校的资源不足以独立完成此类案件的援助,但高校法律援助组织不应排斥此类企业作为法人,或者其法定代表人、负责人作为自然人要求法律援助的请求,在属于高校援助范围内的事项,仍应做到"应援尽援"。

"需要获得必要的法律服务但经济困难"这一条件实际包含了两个要素。其一需要判断该事项所需的法律服务是否属于必要的法律服务。比如邻里日常口角纠纷,若当事人想要据此提起诉讼,则不属于法律援助的法律服务范畴;又比如一些历史遗留问题,当事人要求提供行政诉讼法律服务,亦不属于法律援助的服务范畴。其二是对经济困难的判断。是否属于必要的法律服务可以通过受援事项的具体规定判断,对经济困难的判断也有具体明确的判断标准,由于各地经济发展不同,因此一般根据案件受理地所在的省、自治区、直辖市人民政府的规定执行,以低收入家庭人均可支配收入或最低生活保障标准为参照。

就第二类受援对象而言,《法律援助法》第三十二条规定:"当事人申请法律援助的,不受经济困难条件的限制:(一)英雄烈士近亲属为维护英雄烈士的人格权益;(二)因见义勇为行为主张相关民事权益;(三)再审改判无罪请求国家赔偿;(四)遭受虐待、遗弃或者家庭暴力的受害人主张相关权益;(五)法律、法规、规章规定的其他情形。"

(2)受援事项的范围

根据《法律援助法》《法律援助条例》《刑事诉讼法》等法律、法规和规章规定,申请法律援助的事项范围主要有以下十八类:① 依法请求国家赔偿的;② 请求给予社会保险待遇或者最低生活保障待遇的;③ 请求发给抚恤金、救济金的;④ 请求给付赡养费、抚养费、扶养费的;⑤ 请求确认劳动关系或者支付劳动报酬的;⑥ 请求认定公民无民事行为能力或者限制民事行为能力的;⑦ 主张见义勇为行为产生的民事权益的;⑧ 英雄烈士近亲属为维护英雄烈士的人格权益的;⑨ 因劳动用工纠纷,主张权利的;⑩ 在签订、履行、变更、解除和终止劳动合同过程中受到损害,主张权利的;⑪ 因工伤、交通事故、食品药品安全事故、医疗事故受到人身损害,主张权利的;⑫ 因医患纠纷,请求赔偿的;⑬因遭受家庭暴力、虐待、遗弃,合法权益受到损害,主张权利的;⑭请求环境污染、生态破坏损害赔偿的;⑮刑事附带民事诉讼案件的原告人及其法定代理人,因经济困难没有委托诉讼代理人的;⑯犯罪嫌疑人在被侦查机关第一次讯问后或者采取强制措施之日起,因经济困难没有聘请律师的;⑰刑事公诉案件中的被害人及其法定代理人或者近亲属,自案件移送审查起诉之日起,因经济困难没有委托诉讼代理人的;⑱自诉案件的自诉人及其法定代理人,自案件被人民法院受理之日起,因经济困难没有委托诉讼代理人的。

法律明确规定了这些案件的当事人可以获得法律援助,对于"其他类型的案件当事人是否可以获得法律援助"这一问题,立法机关通过立法技术,以兜底条款的方式,给地方开了口子。实践中,各省、市、区等都因地制宜,在规章制度中对法律援助的范围进行了不同程度的扩大或完善。

根据我国第一部法律援助蓝皮书《中国法律援助蓝皮书 中国法律援助制度发展报告 No.1(2019)》报告,在范围上,"各地逐步将涉及劳动保障、婚姻家庭、食品药品、教育医疗等民生紧密相关的事项纳入法律援助补充事项";在对象上,各地"进一步放宽经济困难标准,使得法律援助惠及更多困难群众"。"2018年共批准办理法律援助案件1452534件,比上年增长11.2%。"[①]"据不完全统计,2020年,全国法律援助机构共办结法律援助案件近140万件,受援人达216万余人次,接待群众咨询近1500万人次。"[②]法律援助的范围之广、对象之多、规模之大可见一斑。随着社会经济的发展,人民群众对法律援助的需求也与日俱增,扩大法律援助的范围成为大势所趋、民心所向。但在不断扩大援助范围的趋势下如何把握法律援助的范围,才能有效避免法律援助的过度泛化问题,也应当是本章节内容的题中之义。

2. 指定辩护的范围

我国宪法规定了对公民基本权利的保障,其中,"对人身自由的保障,都体现在逮捕、拘留、搜查这些限制人身自措施需要遵循严格的法律程序上"[③],为

---

① 司法部公共法律服务管理局、中国政法大学国家法律援助研究院:《中国法律援助制度发展报告》,樊崇义、施汉生主编:《中国法律援助蓝皮书 中国法律援助制度发展报告 No.1(2019)》,社会科学文献出版社·社会政法分社2019年版,第10—11页。

② 司法部官网:《维护受援群众权益 促进社会公平正义》,http://www.moj.gov.cn/pub/sfbgw/jgsz/jgszjgtj/ggflfwglj/ggflfwgljtjxw/202103/t20210301_349654.html,2024年3月5日访问。

③ 王广辉等:《中国公民基本权利发展研究》,湖北人民出版社2015年版,第53页。

了保障当事人在诉讼中的基本权利,捍卫每个人说话的权利,尤其是涉及限制人身自由的案件中,除了当事人申请法律援助,我国法律援助还包括了法院指定辩护下的法律援助。《法律援助条例》第十二条通过完全列举的方式,规定在指定辩护下,法律援助机构的援助范围是:(1)公诉人出庭公诉而被告人因经济困难或者其他原因没有委托辩护人的;(2)被告人是盲、聋、哑人或者未成年人而没有委托辩护人的;(3)被告人可能被判处死刑而没有委托辩护人的。但《法律援助法》第二十五条进一步扩大了指定辩护的范围,新增了不能完全辨认自己行为的成年人、被告人可能被判处无期徒刑而没有委托辩护人的、申请法律援助的死刑复核案件被告人三种类型,并增加了"法律法规规定的其他人员"这一兜底性规定。可以说,法律援助制度,尤其是刑事法律援助制度的扩大和完善,在指定辩护的范围的确定上,有了鲜明的体现。

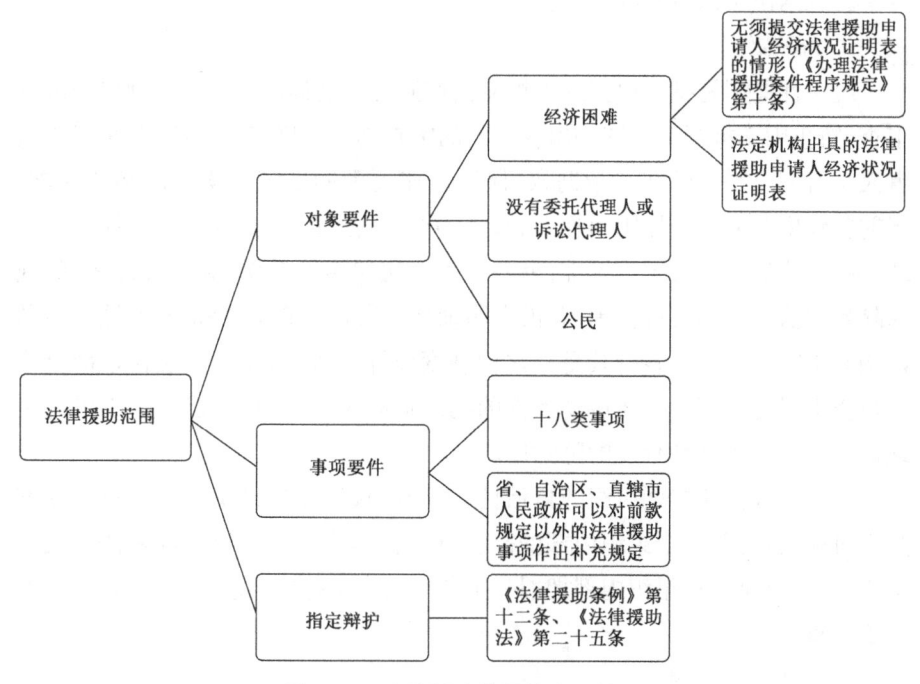

图 4-1 法律援助范围构成要件图

(二)审查的一般标准

理论上,高校法律援助范围的构成要件在立法技术上与政府设立的法律援助机构以及社会团体设立的法律援助组织其是一致的。尽管高校法律援助机构在法律援助事业中扮演的角色日渐重要,但其法律定位并不明晰。时至今日,我国现行的有关法律援助的法律法规,仍没有对高校法律援助机构的法律性质、法律地位等进行明确规定。

与政府法律援助机构相比,高校法律援助机构依托的资源和平台具有一定的局限性,主要依靠地方高校法学院的师生资源,具有高度的地域依赖性和志愿人员的局限性(主要指志愿人员数量上的有限性和志愿人员的高流动性);与民间法律援助机构相比,高校法律援助机构里都是专业领域内的教师和学生,且有固定的值班模式,具有相对较高的专业性和稳定性。由于缺乏明确的法律定位,高校法律援助组织对自身的发展方向和发展模式都没有明确的目标,也没有办法进行有效参照,甚至在法律援助的过程中也时常会遇到机构适格性问题。

为有效落实高校法律援助范围的具体要件要求,严格的审查标准是关键。有学者总结出了以下几种原则:①

1. 统一性原则

统一性原则是指法律援助组织应当按照统一的标准对法律援助申请进行审查,防止因掌握标准不统一出现不同的审查结果。坚持这一原则,是保障当事人享有完全平等的法律帮助权、保证法律援助制度统一实施的必然要求。当前实践中落实这一原则面临困难。一方面,《法律援助条例》并未规定全国统一的法律援助经济困难标准;另一方面,《法律援助条例》和地方性法规、规章除规定法律援助案件范围,并没有明确规定案情审查标准和原则,法律援助机构对于案情审查也各行其是。这种制度设计的现状,赋予了法律援助机构在审查中对是否符合法律援助条件的判断拥有更多的自由裁量权,不可避免地造成审查行为某种程度的随意性。

由于高校法律援助组织的自治性,各个高校法律援助机构统一审查标准是不可能的,但是一个组织内部的高度统一性是必然的。对于高校法律援助组织而言,就是要在组织内部把握一个统一的审查标准,建立书面化可操作的明确的审查细则。

2. 客观公正原则

客观公正原则是指法律援助机构的审查行为要做到客观全面,审查的结果要公正。对材料不全或不清楚,不足以作出充分判断的,要进行调查核实。在全面真实地了解申请人情况之后再作出是否提供法律援助的决定。不少地

---

① 高贞:《法律援助审查中的若干问题探讨》,载《中国司法》2008年第2期,第78—82页。

方规定了法律援助审查中的回避,如《广东省法律援助条例》第三十五条规定,负责审查和批准法律援助申请的法律援助机构工作人员是法律援助事项的申请人或者申请人的近亲属或者与申请法律援助事项有直接利害关系的,应当回避。这种规定是避免审查人员因主观原因导致审查不公正的重要措施之一。实践中还需要从完善审查程序、规范审查行为、建立监督机制等方面对这一原则加以落实。

对于高校法律援助组织而言,如果申请材料不全或不清楚,不足以让审查人员作出充分判断时,审查人员要进行调查核实,全面了解申请人的情况。

3. 及时性原则

及时性原则是指法律援助机构要按照规定的时限完成审查工作,不得拖拉或延误。与诉讼时效规定相对应,法律援助从申请到实施都应当有时效的规定,以保证在有效的期限内维护公民合法权益。《法律援助条例》并未规定法律援助机构完成法律援助审查的时限。但多数地方的条例或办法对此作出了明确的规定。比如:法律援助机构应当自收到法律援助申请及相关证明材料之日起五个工作日内进行审查并作出决定(山东等),也有规定七个工作日(山西、江苏、浙江等)或十个工作日(上海等)。《广东省法律援助条例》第二十九条还具体规定:"法律援助机构应当自收到法律援助申请材料之日起七日内进行审查。对免予核查经济困难状况和不受经济困难条件限制的法律援助申请,法律援助机构应当自收到申请材料之日起五日内进行审查。申请人提供补充材料、作出说明和法律援助机构请求异地法律援助机构协作核查的时间,不计入审查决定期限。"

对于高校法律援助组织而言,按照及时性原则要求,其应当在其章程或者工作守则中对审查的时间有明确规定,并应当按规定的时限完成审查工作;如果没有明确规定,至少应当考虑法律诉讼时效的要求,在合理的期限内完成审查工作。如果因为审查时间把握不当导致申请人申请事项超过诉讼时效,法律援助机构应当承担相应责任。

4. 便民原则

便民原则是法律援助机构的审查程序、审查行为等都要让申请人感觉方便快捷。为受援人提供满意的服务是法律援助制度的宗旨和目标,在整个法律援助工作程序中都要贯穿便民原则。在审查过程中落实便民原则,主要体现为以下内容:一次性告知补充相关材料等注意事项;特殊情况下简化程序,对于能够进行形式审查的申请快速办理;由法律援助机构向有关单位调查取证,避免申请人往返取证;特殊情况(有明文规定的情况)和紧急状况下的免审查;将审查结果明白无误通知申请人等。

对于高校法律援助组织而言,为受援人提供满意的服务是高校法律援助组织的宗旨和目标,在整个高校法律援助工作程序中都要贯穿便民原则。

(三) 不宜予以援助的案件[①]

近年来,完善与扩大法律援助范围是建设中国特色社会主义法治体系的方向之一,但并不意味着所有的法律问题都应当予以援助。对于高校法律援助组织而言,由于其独立性、机构的自治性以及学生的热情性,一部分高校法律援助组织,往往是敞开大门,来者不拒。当然,这在很大程度上可以缓解我国法律援助中出现的供求矛盾,起到以民间力量参与法律援助的应有作用,但从长远发展来看,如果不加筛选,对不合适的案件也提供法律援助,容易造成法律援助质量下滑的现象,最终影响高校法律援助组织的长远规划。

1. 不属法律范畴或法院不予受理的事项

首先对法律援助机构应该有个正确的定位,它不是解决所有矛盾的场所,它是解决法律问题的地方,在整个法律体系的架构内,法律援助只是其中一个小小的分支,因此它的作用是有限的。《法律援助条例》第一条规定得很清楚,它是为了保障经济困难的公民获得"必要的法律服务"。如果所申请事项不适于用法律途径解决,或法院不予受理,予以法律援助是毫无意义的。因为申请人最终能否实际取得法律上的权益,还要取决于法院的判决。高校法律援助组织不是社区居委会,不是所有的问题提交到高校法律援助组织就必须给出法律援助,对于有些不宜通过法律途径解决的争议,最好还是通过寻求其他途径解决。

2. 明显没有胜诉机会的案件

对没有法律依据,或证据难以收集,或案件明显超过诉讼时效等导致案件基本上没有胜诉可能的案件,高校法律援助组织不应予以法律援助。法律援助机构应该有别于社会慈善机构,维护的是法律正义,而不是道德正义,所以援助的"有理"应该是法律上"有理",而不单单是道义上"有理"。

有一种观点认为,案件未经法庭审判和判决之前,谁都无权判定它是赢是输,所以一定要经过诉讼程序确认。但法律援助机构作为专业机构,以专业人员所应具备的法律常识,可以作出基本正确的判断。而且法律援助机构设有

---

① 周凤琴:《关于法律援助的范围与条件的思考》,载《中国司法》2007年第8期,第95—97页。

重大疑难案件讨论制度,对不予受理的案件会反复讨论,慎重决定,而非草率作出不予援助的决定。

3. 审慎对待过错方求援

法律援助的宗旨,是保障弱势群体的合法权益,保障经济困难的公民获得必要的法律服务。由于诉讼需要成本,所以在一般情况下,有钱的一方相对经济困难的一方是强势,因此经济困难的一方可以获得法律援助。但弱势和强势并不是绝对的,而是可以转化的。贫困一方并非真的是弱势一方,比如,在人身伤害案中,伤害他人人身的一方可能经济贫困,被打伤的则经济条件较好,当伤者起诉加害者要求赔偿时,被告方经济上属于弱势方,但并非法律事实中的被害方,此时高校法律援助组织是否应该援助?

一般来讲,主动进入法律程序的一方,总是有合法权益受到损害,需要利用法律手段去维护属于自己的权利,法律援助机构援助的案件当事人也多数是这一类型。但被动进入诉讼程序的另一方,也可能是经济困难需要援助的对象。当被告也因经济困难无法应对诉讼而申请法律援助的话,他应不应该得到援助?法律援助对象应该是"有理没钱",被告作为侵权人,虽然是被动进入诉讼程序,但由于自己的过错引起诉讼,属"没理没钱"的一方,与前面"明显没有胜诉机会的案件"相对应,同样不应该得到援助。

国家有责任保障公平与正义的实现,如果存在过错就不应得到法律援助,无论那些人是主动还是被动介入司法程序,他们都失去了被捍卫的说话的权利,这无疑违背了"法律面前人人平等"的正义,也违背了诉讼程序中控辩双方博弈的初衷。过错方应当为自己的过错承担相应的责任,但如果过错成为受害方不当得利的理由,那么,在符合条件的情况下,法律援助组织应当予以适当的法律援助。

三、高校法律援助的类型

法律援助制度的构建离不开法律规则体系的建立,由于法律援助的广泛性、复杂性和多样性,在实践中,依照不同的标准,法律援助的分类也不同。根据法律援助组织的主体,可以将法律援助分为:

(1)政府法律援助。政府法律援助是指由政府设置专门机构,利用行政职权组织公证员、律师或基层法律工作者为经济困难等其他社会弱势群体免费提供法律服务,或者由政府履行行政职责购买私人法律服务,免费向经济困难者以及特殊刑事案件中的当事人等其他弱势群体提供法律帮助和服务。①

（2）社会法律援助。社会法律援助组织有的与政府有着密切的关系，接受政府的资金扶持，有的则独立于政府。社会法律援助是政府法律援助的有益补充，社会法律援助是指除政府以外的其他社会团体或私人组织，通过设立社团法律援助组织或私人法律援助组织，利用法律援助志愿者进行法律援助，主要有三种类型：一是各级工会、残联、妇联等社会组织或公益团体成立的法律援助机构；二是高校法学院设立的法律援助组织，以高校法学院的师生为主；三是自发成立的民间组织，提供法律援助等公益服务。

高校法律援助作为政府法律援助的有益补充，是法律援助制度的有机部分，是并集与交集的关系，因此在逻辑体系上与一般法律援助组织一脉相承，同时又在某些分类上与政府法律援助互斥。

第一，根据法律援助的案件性质，可以将高校法律援助分为：

（1）民事案件法律援助。民事案件是涉及公民人身权利和财产权利的案件。民事法律关系与每一个人都息息相关，因此在高校法律援助中的诉讼和非诉案件中，民事案件的法律咨询都占据了重要的地位。

（2）刑事案件法律援助。刑事案件是指确有犯罪事实，需要追究行为人的刑事责任，而由公安机关、国家安全机关和其他司法机关立案侦查的案件。刑事案件法律援助的范围有一定的特殊性，在诉讼案件中，被告人是盲、聋、哑人或者未成年人而没有委托辩护人的以及被告人可能被判处死刑而没有委托辩护人的，不需要考虑其是不是因为"经济困难"或者其他原因，都应当予以法律援助。

（3）行政案件法律援助。行政案件是指行政机关在执行职务过程中，与其他国家机关、企业事业单位、社会团体和公民之间发生争议，产生权利义务纠纷的案件。依法请求国家行政赔偿的当事人如果符合法律援助的相关规定，可以申请法律援助。

第二，根据法律援助是否进入诉讼程序为标准，可以将法律援助分为：

（1）诉讼程序中的法律援助。诉讼程序中的法律援助业务，是指公民据以申请法律援助的事项，必须诉之于法院，经过法院依法审理和判决才能解决。② 对于诉讼程序中的法律援助业务，还可以进一步分为：刑事诉讼中的法

---

① 梁高峰：《农村法律援助体系的创新和发展研究》，法律出版社 2019 年版，第 6 页。
② 严军兴：《法律援助制度理论与实务》，法律出版社 1999 年版，第 92 页。

律援助业务、民事诉讼中的法律援助业务、行政诉讼中的法律援助业务。

（2）非诉讼程序中的法律援助。非诉讼程序中的法律援助业务，是指公民据以申请法律援助的法律问题，不需要诉之于法院即可解决的，比如法律咨询业务、非诉讼文书代写业务、纠纷调解业务、公证法律援助等。受援案件随着案情的进展，进入的阶段不同，相应所需的法律援助也不相同。比如，案件伊始只是简单咨询，属于非诉讼程序中的法律援助，后来随着案情发展，需要参与诉讼和进行代理，就属于诉讼程序中的法律援助。

我们可以更深地领悟到，正因为援助事项非限于诉讼领域，且社会波及面在加大，所以受援助的对象不可能再局限于穷人或平民。[①] 法律援助范围的不断扩大不仅仅是社会经济发展的需求，也是法律援助内涵与外延的必然趋势。因此，理解诉讼程序和非诉讼程序中法律援助范围，有助于我们进一步理解法律援助范围的内涵与外延。

第二节 诉讼类型的高校法律援助

一、高校法律援助组织参与诉讼行为的理论

诉讼行为，是指在民事诉讼、刑事诉讼或行政诉讼中，当事人可以委托律师或其他合法的公民作为诉讼代理人或辩护人参与诉讼活动的行为。无论是传统型诉讼还是现代型诉讼，本质上必有共通之处，诉讼主体、客体和内容，是讨论诉讼行为话题绕不过去的一个点。对于参与诉讼行为的主体，不同的诉讼法都有明文规定。高校法律援助组织参与诉讼行为的要求也应当符合法律法规的规定。

《民事诉讼法》第六十一条规定："当事人、法定代理人可以委托一至二人作为诉讼代理人。下列人员可以被委托为诉讼代理人：（一）律师、基层法律服务工作者；（二）当事人的近亲属或者工作人员；（三）当事人所在社区、单位以及有关社会团体推荐的公民。"

《刑事诉讼法》第三十三条规定："犯罪嫌疑人、被告人除自己行使辩护权以外，还可以委托一至二人作为辩护人。下列的人可以被委托为辩护人：

[①] 虞政平：《关于法律援助的正确理解》，载《中国律师》1997年第4期，第35页。

(一)律师;(二)人民团体或者犯罪嫌疑人、被告人所在单位推荐的人;(三)犯罪嫌疑人、被告人的监护人、亲友。"第四十七条规定:"委托诉讼代理人,参照本法第三十三条的规定执行。"

《行政诉讼法》第三十一条规定:"当事人、法定代理人,可以委托一至二人作为诉讼代理人。下列人员可以被委托为诉讼代理人:(一)律师、基层法律服务工作者;(二)当事人的近亲属或者工作人员;(三)当事人所在社区、单位以及有关社会团体推荐的公民。"

由此观之,高校法律援助组织参与诉讼的方式,是作为人民团体或者社会团体推荐适格的公民参与诉讼行为,承办人一般为高校法律援助组织的师生。大部分高校法律援助组织已经形成了较为稳定的组织运营架构,部分高校也已经实现了从浅层次参与法律援助,如普法宣传、法律咨询等,到深度参与法律援助的转变,如参与民事诉讼、代写法律文书等服务。[1] 尽管立法上对于高校法律援助组织参与诉讼并没有明确的限制,但通过裁判文书网检索[2]不难发现,高校法律援助组织参与诉讼的实证案件在整个法律援助案件中体量仍然较小。

二、高校法律援助组织参与诉讼行为的立法

根据案件的类型,可以将高校法律援助组织参与诉讼行为在诉讼程序中的法律援助指标下,进一步划分为以下三种类型:民事诉讼中的法律援助、刑事诉讼中的法律援助和行政诉讼中的法律援助。

(一)民事诉讼中的法律援助

从法律援助制度在各国的实施情况来看,不论是立法状况还是资金获取,各国都毫不例外地将关注视线投向了刑事法律援助,民事法律援助并未得到应有的重视。作为对公民人权保障问题加以明确确认的国际性法律文件,联合国《公民权利和政治权利国际公约》并未对民事法律援助制度加以明确规

---

[1] 仲威、吴树义:《高校法律援助组织参与诉讼行为研究——基于144份裁判文书》,载《湖北警官学院学报》,2020年第6期,第83页。

[2] 根据全国高校法律援助组织研讨会名录发现,高校法律援助组织一般以"'高校名称+法律援助'组织/中心/部门"的方式命名,因此以"学法律援助"为关键词,通过全文检索的方式,在"中国裁判文书网"检索高校法律援助组织参与诉讼的实证案例,最后检索日期:2021年8月12日。检索发现,在全国十二个省份都有案例,其中湖北省、江苏省和四川省案件位居前三,主要参与诉讼的高校有武汉大学、中南财经政法大学、南京大学、西南科技大学等,且以民事案件居多。

定,只对公民有权获得刑事法律援助的权利加以规定。[1] 但在高校法律援助中,大量的案件是民事诉讼法律援助,以南京大学法律援助中心为例,2018—2020年三年间代理的诉讼案件,民事案件占比高达94%。

民事诉讼中的法律援助主要参考《法律援助条例》的相关内容。虽然《民事诉讼法》中并没有明确关于"法律援助"的规定,但2005年最高人民法院印发的《最高人民法院关于对经济确有困难的当事人提供司法救助的规定》指出,对符合条例规定的经济困难的当事人,实行诉讼费用的缓交、减交、免交。2015年,最高人民法院、司法部发布了《民事诉讼法律援助工作的规定》,其中规定:"公民可以就《法律援助条例》第十条规定的民事权益事项要求诉讼代理的,可以按照《法律援助条例》第十四条的规定向有关法律援助机构申请法律援助。"

此外,高校法律援助组织的章程,是高校法律援助组织处理民事诉讼案的主要依据。南京大学法律援助中心结合国务院《法律援助条例》《江苏省法律援助条例》和《南京市法律援助条例》的规定,在章程中规定:本中心的案件受理范围限于民事案件一审和劳动争议仲裁的案件。

(二) 刑事诉讼中的法律援助

刑事诉讼法律援助,是指在刑事法律诉讼中,依照法律规定为贫穷的、无力支付法律服务费用或其他符合法定条件的案件当事人,免费提供辩护或代理的制度。[2]

几乎所有国家都承认需要向经济困难的刑事案件被告人提供法律援助,但各国的刑事法律援助制度由于法律制度的不同也有所不同。美国的刑事法律援助是指在刑事案件有法律规定的特定情形时,被告人的经济条件不足以聘请律师,法院应当从地方律师事务所的律师和领取政府工资的公社辩护人中为他提供辩护律师。[3] 英格兰的刑事法律援助由法院系统所属的六个法律援助队(按巡回审判区域划分)负责,指派被告人提名或委派律师辩护,安排值班律师提供法律咨询。[4] 意大利的刑事法律援助是指由法官、公诉人和司法警察对未任命辩护人的被告人或者没有辩护人的被告人提供一名指派辩护人

---

[1] 宫晓冰:《各国法律援助理论研究》,中国方正出版社1999年版,第96页。
[2] 李建波主编:《中国法律援助制度》,中国检察出版社2004年版,第148页。
[3] 王以真:《外国刑事诉讼法》,北京大学出版社2004年版,第351页。
[4] 宫晓冰主编:《外国法律援助制度简介》,中国检察出版社2003年版,第2页。

的帮助。① 日本的刑事法律援助是指被告人因贫困等不能选任辩护人时,国家根据其请求提供辩护人,称为国选辩护。对犯罪嫌疑人,法律没有规定国选辩护,为弥补立法上的不足,在诉讼实务中,日本律师界开展了值班律师制度,以帮助嫌疑人进行辩护。②

对法律援助制度的探索,我国一开始也是从刑事案件法律援助切入的。立法上,早在1996年,《刑事诉讼法》就确定了"法院指定法律援助律师"的义务,《律师法》中独立成编,规定了律师"法律援助"的义务;2003年,《法律援助条例》实施,通过明确列举的方式,规定了刑事诉讼中提供法律援助的条件;2022年施行的《法律援助法》进一步扩大了刑事案件中法律援助的范围。

对于高校法律援助组织而言,刑事诉讼案件当然属于其法律援助的范围。但从实践来看,刑事诉讼案件援助在高校法律援助中可谓寥寥无几,究其原因,主要有以下三个方面:第一,高校法律援助组织的参与主体主要是在校学生,缺乏丰富的生活经验,涉世未深,不足以把握严峻的刑事案件具体情况;第二,为了有效保障被告人的辩护权,我国《刑事诉讼法》关于指定辩护的规定中,指定这类法律援助提供者需要是专业的律师,留给非律师的志愿者的案件较少;第三,刑事案件在实体和程序上,相较于民事案件,更为严谨,高校学生的专业能力和风险承担能力与专业律师相比,仍有一定差距。因此,对高校而言,尽管理论上可以提供刑事诉讼程序中的法律援助,但在实践中实属罕见。

(三) 行政诉讼法律援助

行政诉讼法律援助,指的是在行政诉讼中,法律援助机关按照法律援助规定为需要法律援助的行政相对人提供免费代理的制度。在我国现行立法中,对于行政诉讼法律援助的范围主要是《法律援助条例》第十条规定的"依法请求国家赔偿的;请求给予社会保险待遇或者最低生活保障待遇的;请求发给抚恤金、救济金的"这三种情形。对于一般的行政案件,法律并没有明确的规定。

西方行政诉讼制度有大陆法和普通法两大传统,分别以英国和法国为开端。③ 但两国在法律援助制度建立伊始,主要规定的是民事诉讼法律援助和刑事诉讼法律援助相关内容,随着法律援助制度的不断发展,才陆续将法律援助制度从民事领域、刑事领域扩大到行政领域,从诉讼领域扩大到非诉讼领

---

① 《意大利刑事诉讼法典》,黄风译,中国政法大学出版社1994年版,第97页。
② 王以真:《外国刑事诉讼法》,北京大学出版社2004年版,第437页。
③ 何海波:《行政诉讼法(第二版)》,法律出版社2019年版,第3页。

域,甚至更为广泛的"得到法律上的帮助"。① 我国法律虽然规定了行政诉讼制度,但在政府侵害了老百姓合法权益后,老百姓敢于用法律维护自己合法权益的却寥寥无几。② 在行政案件中设立法律援助制度,不仅仅是保护原告合法权益的具体要求,也是对行政主体行政管理行为进行监督的一种有效办法。

为进一步帮助老百姓维护自己的合法权利,提高政府行政行为的规范性,2020年,江苏省法院、司法厅联合印发《关于开展行政诉讼法律援助试点的通知》,围绕扩大行政法律援助覆盖面,对行政诉讼法律援助试点实施范围以及工作流程、机制、保障等作出明确规定。这次试点是一次大胆而又积极的尝试,取消了行政法律援助事项范围限制,将涉及土地房屋、劳动保障、城乡规划、公安、食品药品、环境资源等与民生紧密相关事项纳入行政诉讼法律援助事项范围,有效扩大了行政诉讼法律援助的覆盖范围。

但对于高校法律援助组织而言,行政诉讼本身就具有"官告民"的性质,高校是社会法人,尤其在高校法律援助组织通常纳入学生工作部门或校团委管理的制度下,高校法律援助组织代理行政诉讼类案件受到一定的掣肘。此外,行政诉讼案件一般具有诉讼周期长、案件难度大、代理风险高的特点,对承办人的时间和能力都是巨大的考验,而高校法律援助组织的承办人大部分是在校学生,一般采用的是以学期为单位的值班制提供法律援助服务,情况复杂、耗时较长的案件对于高校法律援助组织的志愿者来说,是一个巨大的挑战。因此,相对于民事案件的法律援助,行政案件的法律援助数量仍是相形见绌。

(四)不宜代理诉讼的案件③

1. 标的额过小的案件

制度的运行需要资金的启动与维持,尽管对于受援人来说,几乎没有成本的支出,但是对于法律援助机构或者政府而言,从法律援助机构的办公成本到法律援助机构的人员维系以及诉讼中常规项目支出等,一件援助案件的成本是比较大的。高校法律援助组织的资金来源有限,如果一个案件的标的额过小,一方面花费巨大的资源去获取微小的收益,不符合经济原则,另一方面也是对高校法律援助资源的滥用与浪费。但不宜代理诉讼案件并不等于不给予法律援助,在符合条件的情况下,法律咨询、代写文书、指导诉讼等方式都可以

---

① 宫晓冰主编:《外国法律援助制度简介》,中国检查出版社2003年版,第19页。
② 河北省法律援助中心编著:《法律援助实用指南》,河北教育出版社,2005年版,第320页。
③ 周凤琴:《关于法律援助的范围与条件的思考》,载《中国司法》2007年第8期,第96—97页。

帮助当事人。

南京大学法律援助中心有过类似援助经验：据当事人张某的讲述，其曾购买苏果超市有限公司与大众书局联合推出的"书果卡"。张某使用一年之后，在卡内仍有金额的情况下，无法继续使用。张某陈述，苏果超市的收银员声称该卡的有效期为一年，逾期作废。于是张某提出将卡内余额转入自己的其他消费卡，华润苏果的工作人员回复为：只能在有效期间内，该卡内金额才可转入其他消费卡。在接待当事人后，南京大学法律援助中心的案件承办人针对其描述的情况进行了进一步的询问了解，查看了其所持有的预付卡及其他涉案证明内容。了解到该预付卡上明确标明使用期限，但未标明"过期无效"字样以告知消费者过期后果。在了解到基本的事实情况，并明确了当事人的基本诉求后，承办人对该案情作出分析，检索相关的合同法、消费者权益保护法、预付卡规定等法律法规，以确定案涉的基本法律问题，同时进行了类案检索，明确相关案件在司法实践中裁判情况。

承办人认为，双方成立预付卡合同关系。然而，碍于当下预付卡立法仍处于起步状态，多以地方性法规呈现，且南京地区欠缺法律依据，因此难以以此作为突破口实现当事人的诉求。但仍可能援引《民法总则》中关于格式条款相关规定，来维护当事人权益，但相比直接相关预付卡规定与《消费者权益保护法》来说，风险较大。考虑到提起诉讼的成本和"书果卡"内余额，当事人在接受了法律咨询意见后表示接受相关建议，放弃启动诉讼程序。

2. 无法执行的案件

这类案件比较普遍的情况是受到人身伤害的刑事附带民事诉讼人要求致害人赔偿，由于致害人被判刑入狱，没有赔偿能力，执行根本就是一纸空文。这里谈的不是有钱不还，有财产不执行的情况，主要是针对明知被告方是家徒四壁，分文皆无，根本就没有执行能力的情形。甚至有的被告本身已处于贫困保障线以下，因为要保障他的生存权，再要他承担经济赔偿责任，是不太可能的。

还有一种是被告不明或者不知去向，需要公告送达的，被告既不可能到庭答辩，也没有可能执行判决。如，行人刘某被一辆二轮摩托车撞伤，司机逃逸，经查，摩托车无号牌，无法找到肇事人，事故责任认定为无名氏负全责。刘某来到法律援助处申请援助，要求追讨医药费。这种无法执行也是一种诉讼风险。在风险太大的情况下，如果是当事人自己负责费用的话，很多人会考虑放弃。但申请法律援助不需要金钱上的成本，申请人没有任何风险，是不会主动放弃诉讼的。但对于高校法律援助组织来说,案件的承办人大部分是学生,其能调动的资源有限,调查取证需要比当事人和律师付出更多的时间成本和金钱成本,此时法律援助机构就应该充当过滤器的角色,该放弃的要放弃。

3. 当事人有能力自己处理的案件

在申请强制执行案件中,如果确知被申请执行人的财产状况,基本上无须高深的专业知识,也无须什么调查取证手续,只需向法院递交申请执行书和相关材料立案即可,申请人完全可以凭自己的能力完成。对于这类情况简单、事实明确的案件,只要当事人有能力自己去处理,高校法律援助组织可以提供代书、指导的方式进行法律援助,如果当事人强行要求提起诉讼或者代理案件,法律援助组织可以向当事人释明并拒绝。

三、高校法律援助组织参与诉讼行为的实践

近三年来,裁判文书网中可检索到的关于高校法律援助组织参与诉讼的案件,每年不足百例,可见高校法律援助组织参与诉讼行为的实践仍在摸索之中。高校法律援助组织参与诉讼的案件类型,与政府法律援助机构的案件类型恰好相反。各国政府法律援助机构都将对刑事案件的法律援助作为法律援助的重点,我国亦如是。作为政府法律援助的有益补充和民间法律援助的典型代表,高校法律援助组织参与诉讼的案件多以民事案件为主,行政案件和刑事案件较少。

此外,有法官还通过实证研究归纳总结出高校法律援助组织参与诉讼行为的以下特点:从案件发生的地区来看,绝大多数案件发生在高校法律援助组织所处的行政区域。从诉讼标的金额来看,高校法律援助组织参与的案件多数为标的额较少的案件。从参与的诉讼程序来看,高校法律援助组织参与的案件多数为一审案件。从裁判结果来看,高校法律援助组织提出的诉讼请求或答辩意见较容易被法院所采纳。[1]

(一)民事诉讼案件

高校法律援助组织参与民事诉讼案件较多,涉及案由包括但不限于债务纠纷、房屋租赁合同纠纷、劳动合同纠纷、侵权纠纷、交通事故纠纷等。

---

[1] 仲威、吴树义:《高校法律援助组织参与诉讼行为研究——基于144份裁判文书》,载《湖北警官学院学报》2020年第6期,第85页。

以中南财经政法大学法律援助与保护中心承办的民间借贷案①为例。何某系学生,陈某以其曾系何某老师的身份向何某借款,何某出于对老师的信任而根据陈某提供的支付方式陆续转账两万余元,陈某在微信聊天中承诺部分借款的偿还期限,但逾期未偿还借款。

中南财经政法大学法律援助与保护中心承办人在了解案情后分析,虽何某没有取得陈某书写的借条或借条原件,但有转账凭证和陈某在微信聊天中作出的借款意思表示和陈某通过微信传送的相应借条,足以证明该款均系被告向何某的借款,双方间的借贷关系成立,陈某应承担逾期清偿借款的民事责任。因此在承办人的代理下,何某提起了诉讼并得到了法院的支持。

以南京大学法律援助中心承办的侵权纠纷案②为例。李某在路边垃圾桶存放点整理垃圾,驾驶电动三轮车至垃圾桶存放点,胡某与李某双方为其中一个垃圾桶的归属发生争吵,继而双方相互拉扯,并争夺涉案垃圾桶。胡某用右手打了李某脸部一下,胡某夺下垃圾桶后又拿起垃圾桶砸向李某,垃圾桶被李某踢翻在地,双方继续发生争吵,胡某右手指着李某,李某用手挡开,并踢了胡某一下,后胡某从电动三轮车上拿起一根木棍,用木棍指着李某,并拿木棍追向李某,李某遂躲离。后双方又回至事发现场,继续争吵,胡某继续拿着木棍。胡某拖起垃圾桶至停车处,并将垃圾桶放置电动三轮车上,双方继续争吵后胡某坐上电动三轮车,并启动车辆。李某拉住电动三轮车车把手,并将垃圾桶拉下车,胡某遂下车去拿木棍,李某见状迅速躲离,胡某拿着木棍追向李某,并将木棍砸向李某,但没有砸到。胡某继续追李某,李某捡起地上的木棍准备打胡某,被胡某及旁人拦住,双方发生了肢体接触,胡某倒地。李某被旁人拉开后,胡某从地上爬起准备继续找李某,但被旁人拉住,后胡某坐在地上。当日,胡某进入南京中西医结合医院治疗,住院 8 天,出院诊断为:1. 脑震荡;2. 多处软组织挫伤。之后,胡某求助至南京大学法律援助中心,在承办人的帮助下诉至法院。

诚然,本案受援人胡某对损害结果的发生存在过错,但高校法律援助中心并不能够因受援人存在过错而一棒子打死,对其一概不予法律援助。受害人因侵权受伤及遭受财产损失的,赔偿义务人应当赔偿。被侵权人对损害结果的发生也有过错的,可以减轻侵权人的责任,受害人有权就侵权人过错部分获

---

① 湖北省武汉市蔡甸区人民法院民事判决书(2021)鄂 0114 民初 796 号。
② 江苏省南京市江宁区人民法院民事判决书(2019)苏 0115 民初 14973 号。

得赔偿,因此南京大学法律援助中心在审慎考虑后,接受了胡某的委托,对其进行了法律援助。

以南京大学法律援助中心承办的民间借贷案为例。王某跟李某说想要创业,问李某借款 40 万元并签署了借条,约定借期一年整,借款年利率为 10%—15%。后来,因为李某家中出现重大变故,急需要用钱,所以要求王某提前还款。王某先后偿还 5 万元及利息 1000 元、20 万元及利息 11760 元。一年后,债务到期,王某跟李某说,自己投资没有办法收回,因此不能按照约定偿还李某剩余借款及其利息,此后,王某就拒绝接听李某电话并拒收李某信息。李某在多次与王某沟通无果后,将王某诉至法院,要求王某偿还本金 15 万元及其利息,年利率按 15%计算。一审法院判决,王某应偿还李某本金 15 万元及其利息,年利率按 15%计算。但王某不服一审判决,上诉至中院,李某因家中变故,难以承担诉累,又急需用钱,想要尽快拿回本金,因此求助至南京大学法律援助中心。

南京大学法律援助中心在详细了解情况以后,接受了李某的委托。本案是典型的民间借贷案件,事实认定清晰,王某无法正常收回投资钱款,不能成为自己逾期偿还借款的理由。为了有效帮助李某解决困难,承办人与李某充分沟通,告知利弊以后,李某在二审选择调解结案,王某在调解后十五日内偿还李某偿还本金 15 万元,且该部分借款以年利率 12.5%计息。

(二) 行政诉讼案件

不可否认,与专业的律师相比,高校法律援助组织的专业性仍有待提高,但"从裁判结果来看,高校法律援助组织提出的诉讼请求或答辩意见较容易被法院所采纳",因此,高校法律援助组织参与诉讼的一大优势是其专业性。

南京大学法律援助中心曾代理过"冯某行政诉讼案",该案当事人经历了两次行政诉讼的失败,志愿者指导当事人转换诉讼思路,赢得胜诉判决,收到了良好的法律效果和社会效果。

原 Y 室为南京市 A 区房产经营公司管理的公有住房,登记承租人为王某。自 1990 年起,由于王某离开原单位,同为该单位职工的冯某承租涉案房屋,房租及水、电费从冯某工资中扣除,其家庭户口均在涉案房屋内。并且,王某书写《申请报告》载明:原 Y 室户主王某现将原 Y 室小套房转让过户冯某,今特申请有关部门给予办理过户手续。2015 年 6 月 15 日,王某再向冯某书写证明,载明:鉴于冯某无住房,我将 Y 室转让给冯某居住和继承,Y 室房租费一直由冯某支付,所以现 Y 室房产权属冯某继承和所有。冯某对涉案房屋的房租交至 2005 年左右,后因维修问题未缴纳租金,因为欠缴租金不能签订拆迁合同,2008 年至 2015 年期间的租金由王某补缴。

2015 年 12 月 19 日,南京市 A 区拆迁管理中心与房产经营公司、王某签订了《城市房屋征收补偿协议》,并在补充协议第 5 条载明家庭内部有纠纷,此协议最后产权所属依据法院判决书或家庭调解协商一致后生效。涉案房屋现已被拆除。

2016 年,冯某提起行政诉讼要求判令:撤销王某签订的征收补偿协议,拆迁管理中心与冯某另行签订协议,涉案房屋的拆迁利益归冯某所有。一、二审均裁定驳回冯某的起诉。

援助过程:2017 年下半年,冯某妻子多次到法援中心咨询,中心志愿者帮助当事人撰写起诉状。一审判决认定冯某为实际承租人,享有涉案房屋的拆迁利益。原审被告提起上诉。2018 年 10 月,南京市中院立案,当事人冯某到法援中心申请代理,11 月,志愿者至南京市中级人民法院出庭代理。2019 年 4 月 21 日,当事人收到胜诉判决。

当事人以为行政诉讼两审终审后不能再次提起诉讼,南京大学法律援助中心的承办人在了解案情后分析认为,本案的争议焦点为冯某与王某谁是 Y 室的实际承租人?实际承租人和名义承租人谁有资格获得拆迁利益?对于实际承租人的认定是冯某与王某平等主体间的民事法律关系的认定,应当适用民事诉讼法而非行政诉讼法,在此基础上确认拆迁利益的归属。因此,中心建议当事人转换诉讼思路,重新提起民事诉讼。

二审中,上诉人提出在先的行政诉讼与本案构成重复起诉的上诉理由属于本案的焦点。根据《最高人民法院关于适用〈中华人民共和国民事诉讼法〉的解释》第二百四十七条,由于前诉的行政诉讼属于非平等主体之间的诉讼,且诉讼标的是行政机关的具体行政行为,诉讼请求是撤销具体行政行为,而后诉属于平等主体之间的诉讼,诉讼标的是民事法律关系,诉讼请求是返还拆迁利益,所以两诉不构成重复起诉。

此外,由于案涉房屋属于公有房屋,拆迁利益原则上归属于公有房屋承租人,但公有房屋的租赁关系认定起来较为复杂。本案中,一、二审法院均遵循了"实质重于形式"的裁判思路,即不以涉案房屋登记的承租人为唯一的判断依据,当实际居住房屋且缴纳租金的实际承租人和登记承租人不一致时,法院仍然认定拆迁利益归属于实际承租人。总体来看,根据单位福利分房的政策精神,法院会着重考虑公房的实际居住情况,将租金缴纳和户口状况考虑在内,保证实际需要、实际居住房屋的承租人在拆迁时享有拆迁利益。

在案情事实清楚,证据较为充分的情况下,面对此类符合要求的行政诉讼案件,即便当事人两次行政诉讼都没有达到目的,法律援助组织也不应拒之门外,因此在转换思路的方法下,高校法律援助组织帮助当事人合理地运用法律武器维权,起到了良好的社会反响,实现了法律援助的目的。

第三节 非诉讼类型的高校法律援助

法律援助的目的是帮助当事人解决法律问题,就高校法律援助的实际工作而言,很多问题并不一定是要通过诉讼、仲裁之类的程序才可以解决,因此,非诉讼型法律援助案件的数量普遍高于诉讼型。一方面,如果仅仅是听当事人"倒苦水"、为当事人提供情感需求和心理安慰,这些都不属于非诉讼型高校法律援助的范围;另一方面,高校法律援助的目的永远都不是提供诉讼帮助,而是提供援助,帮助当事人解决问题。因此,需要确定高校非诉讼类型的法律援助范围,这样既能厘清高校法律组织的具体权责范围,又能进一步强化高校法律援助组织的定位。

一、高校非诉讼型法律援助的理论

非诉讼法律援助是以诉讼、仲裁程序以外的方法,为经济困难的当事人提供免费法律帮助的一种法律援助方式,主要针对的是无争议的法律事实或者不需要司法审判机构介入即可解决的法律问题。它为受援人提供法律援助时注重运用低成本非诉讼方式解决纠纷,对于节约司法资源、构建和谐社会具有十分重要的现实意义。

现实生活中,有的案件因为无法进入诉讼程序而必须以非诉讼方式办理,而有的案件虽然能进入诉讼程序,但程序进行过程前后仍可以进行非诉讼的操作,故而非诉讼法律援助呈现不同的类型。这主要包括以下两类:

一是无法进入诉讼程序的案件。这类案件主要有两种:(1)已过诉讼时效的案件:由于有证据显示案件已过诉讼时效,无必要进入诉讼程序,但实际上当事人的权利确实存在,且有法律上的依据和证据支持,受当事人的请求,可以提供非诉讼法律援助,作非诉讼调解的努力寻求解决方案,以最大限度地保护弱势群体的权益。(2)目前尚无法进入诉讼程序的案件:由于缺少必要的证据,案件目前无法进入诉讼程序,取得相关的证据后才可进入诉讼程序。因此必须提供法律援助,以帮助当事人做好调查取证等案前准备工作。如工伤事故发生后,当事人无法提供和用人单位存在劳动关系的书面证明,因而事故无法被认定为工伤,进而导致案件不能进入劳动仲裁及以后的诉讼程序,这时非诉讼法律援助的参与显得尤为必要,当事人可以在援助代理人的帮助下做好相关的前期准备工作。

二是能进入诉讼程序的案件。诉讼程序之前和之后都可以进行非诉讼法律援助,诉讼程序之前主要是开展诉前调解,诉讼程序之后主要是后期调解:(1)诉前调解,由于法律援助代理人与受援人之间不是报酬关系,而是履行政府对公民的法律援助职能,因而能够比较客观、公正、合理地提出解决纷争的意见和方案。法律援助代理人的这种特殊的角色地位,也容易得到对方当事人的接受和信任,法律援助代理人促成受援人与对方当事人之间达成调解协议的可能性,往往比有偿服务的诉讼代理人会更高一些。因此,法律援助代理人应当尽可能地利用这一角色优势,争取以调解方式解决纠纷,在诉讼之前进行调解,减少进入诉讼程序的案件数量。(2)后期调解,是法律援助结束后的"后期调解",主要是法律援助案件裁决生效后的权益履行问题。一般而言,像赡养纠纷、工伤事故纠纷等具有长期给付内容的援助案件,裁决胜诉并不代表一劳永逸,法律援助代理人反而更要继续跟踪服务以确保当事人权益如期实现,这期间需要做一系列后期调解工作。

二、高校非诉讼型法律援助的立法

不同于高校法律援助工作的局部性情况,在整个法律援助体系中,诉讼法律援助在我国法律援助业务办理中占较大比重。这一情况反映了我国法律援助资源的有限性,也反映出我国法律援助业务办理的单一性。"相比其他法律援助业务(咨询、代理、调解、仲裁等),诉讼法律援助业务更受到了法律援助部门的重视,使我国许多学者认为法律援助主要从事的是民事、行政诉讼代理、刑事辩护等,范围局限于诉讼法律援助,这与国际上积极探索非诉讼法律援助的普遍趋势存在很多认识上的差异。"[①]通过非诉方式解决实际问题近年来引起社会广泛关注,法院在多元纠纷解决机制中,也对非诉调解等方法着墨颇多。司法裁判的目的是"定分止争",因此如果一个案件不需要进入司法程序

---

① 梁高峰:《农村法律援助体系的创新和发展研究》,法律出版社2019年版,第48页。

也能达到"息事宁人"的效果,就可以节省大量司法资源。

《法律援助条例》第二条和《法律援助法》第二十二条都规定了受援人可以获得法律咨询、代理、刑事辩护等诉讼或非诉讼类型的法律援助,为非诉讼法律援助提供了法律依据。相比于诉讼业务,非诉法律援助实践更为丰富。非诉讼案件法律援助主要有法律咨询、代写法律文书、参与调解、组织和解等非诉讼代理和普法教育、法律宣讲等。在实践中,法律咨询是法律援助机构对外受理案件、对内分流案件的窗口,法律援助机构针对受理的咨询案件,提供法律意见或者案件代理等。有需求的当事人可以在法律援助中心、司法所、公共法律服务中心(工作站、工作室)、法律服务网以及"12348"公共法律服务热线等线上线下途径寻求法律咨询,获得法律解答咨询的方式包括但不限于当面回复、电话回复、信函回复、网络回复等。

三、高校非诉讼型法律援助的实践

建立和完善高校非诉讼型法律援助,规范和提高高校非诉讼型法律援助工作,对构建高校法律援助体系有十分重要的意义。依托高校资源的法律援助组织既具有法律援助组织的公益性和无偿性,也承担着高校的教育功能和科普功能,因此,高校法律援助组织不仅仅是法律问题咨询与解答的窗口,也是法治教育的重要阵地。

以南京大学法律援助中心非诉讼性法律援助实践为例,2018—2020年,累计接待咨询8292人次,参与市、区级普法活动6次。高校承担着教育的社会责任,依托高校资源的法律援助中心在普法宣传和教育方面,相较其他法律援助机构,更具有优势。主要体现在以下几个方面:

(一)紧抓中小学法治教育

2020年11月,习近平在中央全面依法治国工作会议上强调:"要推进严格规范公正文明执法,提高司法公信力。普法工作要在针对性和实效性上下功夫,特别是要加强青少年法治教育,不断提升全体公民法治意识和法治素养。"[1]法治教育是实现中国特色社会主义法治体系的必然要求,青少年的法治教育是全民法治教育的重要环节,因此,中小学纷纷建立和完善校园普法课程体系。普法教育主题丰富,内容庞杂,在中小学资源有限的情况下,其经常

---

[1] 《习近平在中央全面依法治国工作会议上发表重要讲话》,中华人民共和国中央人民政府官网,https://www.gov.cn/xinwen/2020-11/17/content_5562085.htm,2024年3月5日访问。

与法院、检察院、律所、高校等联合开展普法进校园活动,高校法学院和法律援助机构在这一过程中,发挥着重要作用。南京大学法律援助中心多次在南京市拉萨路小学、南京市赤壁路小学和南京市汉口路小学开展普法宣传活动,从道德与法治到宪法与民法典,从防拐防骗到校园暴力,从普法宣讲到校园情景剧,形式多样,寓教于乐,取得了较好的普法宣传效果。

(二)聚焦校园贷等高校诈骗手段

高校法律援助组织扎根于高校,社会上承担普法的教育责任。就高校自身而言,法律援助组织也是高校普法教育的中流砥柱。高校法律援助组织可以结合高校学生的特点,就普遍多数案件进行针对性普法宣传,比如,近年来,校园电信网络诈骗案件呈爆发式增长,校园贷案件层出不穷,高校的学生并非都是法学院的学生,缺乏一定的法律意识,即便是法学院的学生,也可能因为缺乏生活经验和审慎意识而上当受骗。高校法律援助组织不仅仅要对这些学生进行法律援助,更要对不特定的学生进行普法宣传与教育,以减少潜在的校园案件的风险。此外,网购是当代大学生的爱好也是趋势,尤其是在平台权利不断扩张的今天,如何在网络消费中维权是一个难题,作为高校法律援助组织,不仅要畅通大学生对外求助法律援助的渠道,也要科普大学生如何利用平台机制维护自身的合法权益。

(三)扩大社区普法影响力

与社区相比,高校法律援助组织凭借专业的法律资源和丰富的志愿者平台。一般来说,高校法律援助组织与社区开展普法活动的模式有两种:一是就社区居民普遍关注的主题,比如财产纠纷、婚姻纠纷、遗产分配等内容开展专题宣讲;二是与社区合作,定点提供法律援助咨询服务。全国各大高校法律援助组织几乎都与社区合作,开展普法活动,但考虑到交通便利性,一般社区普法的对象都是高校周边的社区。南京大学法律援助中心办公室位于南京市鼓楼区,靠近鼓楼区青岛路社区,因此南京大学法律援助中心与青岛路社区开展定点法律援助,定期定点为社区居民提供法律援助服务。

(四)推进后脱贫时代的法律宣讲

习近平总书记指出:"全面依法治国是一个系统工程,要整体谋划,更加注重系统性、整体性、协同性。"①高校法律援助作为其中一分子,不仅承担起法律援助组织的责任、高校教育的责任,还承担着时代的使命。2020年,在习近平总书记和党中央的领导下,我国如期完成了新时代脱贫攻坚目标任务,历经多年脱贫攻坚行动,我国脱贫事业取得了举世瞩目的成绩,为打通全民普法教育的"最后一公里",高校法律援助应当承担更多的社会责任和时代责任,在常规化推进社区普法活动的同时,也应当关注高校所依托发展的城市的具体问题,比如进城务工人员人身权益保护、劳动报酬纠纷等问题,增加相关内容的法治宣讲,无疑会为中国特色社会主义法治体系"最后一公里"的建设加油提速。

案情简介

南京大学法律援助中心常年在各个社区开展普法宣传和法律咨询活动,随着老龄化问题的普及,社区也同样面临养老问题。通过走访,南京大学法律援助中心了解到,目前在社区居住和生活的老人们比较关心赡养问题和遗产分配问题。

王某曾在一次社区普法活动中,就遗产分配问题咨询过南京大学法律援助中心的志愿者。王某是一位退休教师,在南京有一套房子,所有权人是王某,目前就王某及其孙居住。王某和其丈夫育有二子一女,王某丈夫已经去世,子女们都已经成家且工作稳定。目前王某的收入来源是个人退休金,退休金不仅能够满足王某的日常养老,且有盈余。由于王某次子曾离异,次子与其前妻育有一子,为王某之孙,后次子再婚,孙与王某一起生活,老人怕该孙长大后无所依靠,想要把自己的存款留给该孙,由于房子价值较大,王某恐其他子女有意见,因此想要子女继承房屋所有权但不能买卖,以便孙儿能够一直居住下去。如果该处房屋被拆迁,那么该房屋作价的金额由三家子女平分。

老人接收信息的渠道相对单一,解决矛盾的途径也比较有限,王某害怕影响自己与子女之间的感情,并不想当面跟三个子女明说上述安排,因此咨询志愿者,她可以通过什么样的法律手段,既能保障她和孙儿的权益,又不影响她与子女之间的感情。

---

① 《习近平在中央全面依法治国工作会议上发表重要讲话》,中华人民共和国中央人民政府官网,https://www.gov.cn/xinwen/2020-11/17/content_5562085.htm,2024年3月5日访问。

案件评析

志愿者在了解了整个事件以后，首先跟王某介绍了我国《民法典》对于继承顺序和继承份额的规定，王某权衡利弊后，认为遗嘱继承是最稳妥的方式；其次，就王某存款的分配问题，志愿者明确告诉王某，根据法律的规定，王某可以自决；再次，就王某房屋问题而言，在王某明确房屋所有权由二子一女共同共有的基础上，志愿者提示王某房屋所有权和永久居住权的区别，并建议王某为孙儿设立永久居住权；最后，志愿者还在遗嘱的主体、客体、内容和形式上，给王某提供了建议。

当事人作为一个受到过良好教育的退休人员，能够明确地提出自己的咨询诉求，因此，作为法律援助服务的提供者，应当尽可能地提醒当事人存在的风险点。此时，志愿者应当更像是一个法律咨询服务提供者而不是诉讼代理人，在整个分析的过程中应当是循序渐进，帮助当事人作决策，而不是一开始就建议当事人直接采用遗嘱继承的方式保障自己的权利。在志愿者向当事人解释我国《民法典》关于继承的相关规定时，很多感兴趣的居民也纷纷围拢旁听。这是一个典型的非诉讼类型法律援助，高校法律援助组织的志愿者恰如其分地履行着自己的职责，既提供了法律咨询，又起到了普法效果。

本章作者：蒋屹

第五章　高校法律援助的实施程序

程序,从法学的角度而言,主要表现为按照一定的顺序、方式和手续来作出决定的相互关系。程序公正性的实质是排除恣意因素,保证决定的客观正确。[1]高校法律援助在主体方面具有双重特殊性:一方面,法律援助的对象通常是社会弱势群体;另一方面,实施法律援助的工作人员绝大多数是在读法科学生。因此,对高校法律援助的程序加强规范,对保障各方权益具有非同小可的意义。

首先,从高校提供法律援助服务的效率层面来看,内容完备、逻辑清晰的程序可以让高校法律援助的实施在每一环节都有章可循、有规可依,极大地提高了高校法律援助组织的管理能效和高校法律援助服务的运行效率。其次,正义不仅应得到实现,而且要以人们看得见的方式加以实现,程序正义作为"看得见的正义",既能够为维护受援人的合法利益提供保障,又能够为高校法律援助组织的工作人员开展法律援助工作提供底气。最后,程序是制度化的基石,进一步规范和完善高校法律援助的实施程序,将助力于我国高校法律援助工作的健康和规范发展。

回溯历史,中国法律援助的制度化进程从未停止。1994年1月3日,时任司法部部长肖扬在一份律师工作的材料中首次正式提出建立法律援助制度。在此之后,全国各地相继出台法律援助相关的地方性法规,培训专职的法律援助人员,使得我国的法律援助工作逐渐走上规范化管理的道路。1996年12月,司法部法律援助中心正式成立,其主要职能是负责指导和协调全国的

---

[1] 参见季卫东:《法律程序的意义:对中国法制建设的另一种思考》,中国法制出版社2004年版,第17、21页。

法律援助工作,同时积极推动了全国范围内的法律援助相关规章制度的制定工作,而且也标志着中国的法律援助管理体系的初步建立。次年我国司法部发布《关于开展法律援助工作的通知》(司发通〔1997〕056号),为我国的法律援助工作的规范发展提供了极大的助力。2003年7月21日,国务院正式颁布了《法律援助条例》,内容包含了六章三十一条:总则、法律援助范围、法律援助申请和审查、法律援助实施、法律责任和附则。《法律援助条例》是我国第一部关于法律援助的国家性立法,法律援助工作的法制化和规范化得到了进一步的发展。为了更好地贯彻落实《法律援助条例》,我国先后出台了一系列有关法律援助的配套法律文件,其中司法部于2012年颁布的《办理法律援助案件程序规定》对于法律援助工作的程序化管理有了极大的促进。[①] 2021年8月20日,第十三届全国人民代表大会常务委员会第三十次会议通过了《法律援助法》,该法第四章正式对法律援助的程序和实施专章作出了相应的规定。

新鲜出炉的《法律援助法》不仅积极回应了新时代的需求,更在多方面取得了显著进步。它进一步拓宽了法律援助的方式,扩大了法律援助的范围,提高了保障水平,并加强了质量管理。这一法律的出台,既提高了法律援助工作人员的工作积极性,也更好地满足了人民群众日益增长的法律服务需求。通过更为广泛和多样的形式,《法律援助法》为人民群众获得及时便利、优质高效的法律援助服务提供了坚实的法制保障。尤为重要的是,以往法律援助大多是司法行政部门设立的法律援助机构根据当事人的申请,指派律师或者安排本机构人员,为符合条件的公民提供法律援助,渠道相对比较单一、力量也相对较为有限。对此,《法律援助法》拓宽了提供法律援助服务的渠道,动员了更多的社会力量参与,大致明确了三个渠道:司法行政部门设立的法律援助机构指派律师、基层法律服务工作者、法律援助志愿者,或者安排本机构具有律师资格或者法律执业资格的工作人员提供法律援助;工会、共青团、妇联、残联等群团组织参照本法规定开展法律援助工作;法律援助志愿者包括高等院校、科研机构从事法学教育、研究工作的人员和法学专业学生,以及其他符合条件的个人依法提供法律援助服务。不同渠道的法律援助工作的开展,都必须接受司法行政部门的指导和监督。《法律援助法》第四章为高校法律援助的实施程

---

① 参见《【学术】樊崇义:我国法律援助制度的发展历程》,载微信公众号"中国政法大学国家法律援助研究院",https://mp.weixin.qq.com/s/uZKcmlswO0IaYgeZLLITeg,2024年4月23日最后访问。

序提供了在法律援助制度一般性程序方面的遵循依据。同时,上文已经说明,高校法律援助具有一定的特殊性,所以还应当形成高校法律援助内部的特定的程序制度,唯有如此,才能促进高校法律援助的实施程序更加规范化、制度化。

第一节 高校法律援助程序概述

本章所讨论的"高校法律援助程序"重点关注的是法律援助专业业务方面的工作程序,对行政管理方面的工作程序不另外展开讨论。

一、高校法律援助程序的概念

2021年8月20日颁布的《法律援助法》在第四章规定了我国法律援助工作的程序和实施细则。此举旨在规范和促进法律援助工作,从而保障公民和有关当事人的合法权益,保障法律正确实施,维护社会公平正义。同时,《法律援助法》在第二章规定了提供法律援助服务的机构和人员,其中第十七条规定:"国家鼓励和规范法律援助志愿服务;支持符合条件的个人作为法律援助志愿者,依法提供法律援助。高等院校、科研机构可以组织从事法学教育、研究工作的人员和法学专业学生作为法律援助志愿者,在司法行政部门指导下,为当事人提供法律咨询、代拟法律文书等法律援助。法律援助志愿者具体管理办法由国务院有关部门规定。"[①]对比2003年7月颁布的《法律援助条例》第八条规定:"国家支持和鼓励社会团体、事业单位等社会组织利用自身资源为经济困难的公民提供法律援助。"[②]《法律援助法》已经通过该条规定鼓励更多的社会力量参与到法律援助工作中去,但在第七章附则第六十八条中,只规定了"工会、共产主义青年团、妇女联合会、残疾人联合会等群团组织开展法律援助工作,参照适用本法的相关规定"[③],暂时未对所有的法律援助服务的提供渠道在程序等方面进行详细的规定,其中针对高校的法律援助程序也未在本法作出明确的相关规定。

---

① 参见《中华人民共和国法律援助法》第十七条。
② 参见《中华人民共和国法律援助条例》第八条。
③ 参见《中华人民共和国法律援助法》第六十八条。

而什么是法律援助程序呢？有专家指出，"法律援助程序是指有关法律援助机构、法律援助的承办人为受援人提供法律援助和受援人接受法律援助过程中所应当遵循的制度上的法律规定"①。参考法律援助程序的概念，笔者认为，高校法律援助程序是指高校法律援助机构、法律援助的承办人为受援人提供法律援助和受援人接受法律援助的过程中所应当遵循的制度上的有关规定，具体表现在各个高校法律援助机构的章程、工作条例等文件中，是高校法律援助活动开展过程中法律援助承办人和受援人的行为准则。同时，高校法律援助程序应当体现出与其他类型法律援助程序的区别，体现高校法律援助的特殊性。

总体而言，高校法律援助机构提供的法律服务具有公益性，其提供的无偿服务主要包含提供免费法律咨询、案件代理、法律宣传等，本章"高校法律援助的实施程序"主要讨论的是法律咨询、案件代理等法律行为，暂不对法律宣传等活动展开讨论。

笔者查阅并比较了众多高校法律援助机构的章程、工作条例等文件，特别是横向比较了各个高校对法律援助程序方面的规定。结果显示，各高校在此方面的规定存在显著差异，可谓"参差不齐"。笔者发现，有一定数量的该类文件，甚至只是规定了高校法律援助机构的部门人员设置和选拔管理方式等，内容上侧重于对行政管理方面作出规定，并没有就高校提供法律援助服务的专业业务工作的程序作出相关规定。即便是对高校法律援助程序作出了规定的高校法律援助机构，也是依靠着该机构所依托的法学院系的师生对法律援助相关法律规定的个性化理解所作出的规定，此类规定相对简单，亟须进一步的补充和完善。我国《法律援助法》在2021年正式颁布实施，它作为我国国家层面颁布的法律援助工作的重要规范性法律，是中国法律援助制度建设的又一个重要里程碑。各个高校法律援助机构应当按照《法律援助法》，对各自的法律援助机构的章程等文件作出相应的调整和补充。

综上，高校法律援助程序是指依据《法律援助法》等我国法律援助相关的法律法规，在我国大中专院校中开展的、具有高等教育机构特色的法律援助活动的工作原则和工作规则。

---

① 李建波主编：《中国法律援助制度》，中国检察出版社2004年版，第188页。

二、高校法律援助程序的内容

上文已经介绍,本章主要讨论的是法律援助专业业务方面的程序,结合自2012年7月1日起施行的中华人民共和国司法部第124号令《办理法律援助案件程序规定》的相关内容,同时参考部分高校法律援助机构的章程、条例等文件的相关内容,笔者认为高校法律援助程序的内容,应当主要包含以下几个部分:法律援助的申请和受理、法律援助的审查、法律援助的承办。

首先,法律援助的申请和受理是整个法律援助程序的启动环节。申请法律援助是公民重要的法定权利之一,是公民人权的重要体现。各个高校法律援助组织应当公示其办公地点、联系方式等信息,并在其办公地点和网站、微信公众号等对外信息平台上公示公民申请法律援助的条件、申请材料目录、申请示范文本等内容。

其次,法律援助的审查是法律援助程序中的关键环节。高校法律援助组织在接到申请人的法律援助申请之后,应当按照相关法律法规以及规章的规定,对该法律援助申请进行审核查验。对于符合法律援助相关法律法规规定的法律援助条件的,应当及时作出提供法律援助的决定;对于不符合相关法律援助条件的,应当书面告知申请人理由,若认为申请人所提交的证件和证明材料不齐全的,可以要求申请人作出必要的补充或说明。

最后,法律援助的承办或者叫作法律援助的实施,是法律援助程序的最终环节。当法律援助申请人的申请经高校法律援助组织审查通过之后,高校法律援助组织应当选任和指派承办人员,并和法律援助申请人签订《法律援助协议书》。高校法律援助组织在完成法律援助事项的具体承办之后,应当及时结案归档。

总而言之,高校法律援助程序的内容主要是围绕着以上几个方面展开,确保每个环节都能够规范地进行,有利于维护整个法律援助程序的合法公正,也有利于保障法律援助申请人、高校法律援助组织和法律援助事项承办工作人员的合法权益,从而真正实现法律援助制度设立的保障人权、促进民生的目的。

三、高校法律援助程序的意义

我国众多高校成立法律援助组织,意在将该高校法律援助组织作为法学实践教学的重要基地,一方面可以为广大学子提供深度参与社会实践的途径,锻炼提升学生志愿者们的法律实践能力；另一方面可以帮助学生志愿者们深入了解社情民意，更加主动地去关心社会民生，更加积极地去捍卫公平正义，进一步实现"以我所学，奉献社会"。

但是从目前来看，各个高校法律援助组织对于法律援助程序缺乏统一的、规范的标准，整体运行和管理的水平亟待提升。而尽快明晰和规范高校法律援助的程序，将能够有效促进程序正义，进而通过程序正义实现实体正义。

笔者认为，高校法律援助程序的意义，主要体现于以下几个方面：

首先，高校法律援助工作的程序化和规范化，能够帮助高校法律援助组织在提供法律援助服务的过程中有相应的行为准则可以遵循，如此可以极大地提升高校法律援助组织开展法律援助活动的效率，同时也可以提高各个高校法律援助组织的管理能效。特别是对高校设立法律援助组织的门槛标准、高校法律援助组织对法律援助申请人所提出的申请事项的受理和审查条件、高校法律援助组织承办人员在实施法律援助服务过程中的具体要求等方面，都应当作出明确的、统一的规定，这将极大地有助于高校法律援助组织的法律援助工作更加优质高效，从而保障法律援助申请人和法律援助承办人员的合法权益。

其次，程序正义是"看得见的正义"，是法律的权威性和可预见性的重要保障。明确规定高校法律援助的相关程序，可以督促高校法律援助组织的工作人员对申请人的法律援助申请作出及时有效的回应，并对符合法律援助条件的申请及时受理并进行合法合规的审查。而高校法律援助程序中对法律援助的内容实质性审查的规定，将在保障法律援助工作的及时性和高效性的同时，提升法律援助工作的准确性。

最后，高校法律援助作为我国法律援助制度实践中的重要组成部分，其实施程序的进一步规范和完善，对我国法律援助工作的健康长效发展有着至关重要的意义。《法律援助法》第八条明确规定，"国家鼓励和支持群团组织、事业单位、社会组织在司法行政部门指导下，依法提供法律援助"。故而高校法律援助组织开展法律援助工作，必须全程获得相关司法行政部门的指导，以确保工作的规范性和有效性。程序是制度化的基石，只有不断完善高校法律援助的程序，才能促进高校法律援助工作的制度化，进而提升我国法律援助工作总体上的制度化水平。

第二节 高校法律援助的申请

高校法律援助的申请是整个法律援助程序中的启动环节,由公民向高校法律援助机构提出。我国相关法律法规以及各高校具体实践,均对申请主体资格、申请方式等作出了明确规定。

一、高校法律援助申请的概念

法律援助的申请,是指符合条件的公民向法律援助机构作出的请求给予法律援助的意思表示;高校法律援助的申请,则是指符合条件的公民向高校法律援助组织作出的请求给予法律援助的意思表示。

针对申请法律援助所要提交的相关材料清单以及所要遵循的程序要求,部分高校法律援助组织对此作出了明确的规定。例如《中南大学法律援助中心制度汇编》中的"法律援助程序"部分,对法律援助的申请规定如下:"(一)法律援助事项的申请:申请人向本中心提出法律援助要求的,应首先填写《法律援助申请表》。申请人应当在申请表上签名或盖章,如实填写。申请人填写确有困难的,可由接待人员代为填写。申请人应当向接待处提供下列材料:身份证明、户籍证明或暂住证的复印件(咨询案件除外);街道(乡镇)、劳动部门或有关单位出具的申请人及其直系亲属经济状况证明;与申请援助事项有关的案情材料(证明及证据材料);申请人为无民事行为能力、限制民事行为能力的,由其法定代理人代为申请。代理人代为申请的,应当提交授权委托书或其他有关代理资格的证明;本中心要求提供的其他材料。"经比较发现,其他高校法律援助组织的相关规定大体与之一致。

申请法律援助的权利是公民的法定权利,是人权的重要体现。法律援助的申请是整个法律援助工作的开端,有着极其重要的意义。笔者查阅并比较了众多高校法律援助组织的相关工作条例或工作章程,发现高校法律援助程序中的"申请"的概念存在着以下几个特点:

第一,对于高校法律援助组织能够提供法律援助的对象,换言之,对于能够申请高校法律援助的主体,各个高校法律援助组织的规定不尽相同。一部分是只面向在校人员提供法律援助,具体又可以区分为只面向在校学生、只面向在校教职工、面向全体在校师生等。例如华南农业大学教工法律援助中心就是只面向在校教职工提供法律援助的高校法律援助组织，其工作章程第五条规定："华农法律援助中心的主要职责：（一）制定修改或废止该援助中心章程，并报经学校批准；（二）为学校教职工提供法律咨询及援助；（三）为学校教职工进行相关普法宣传与培训。"也有一部分是面向校内外的符合条件的自然人提供高校法律援助，具体又可以区分为面向我国公民和刑事案件中的外国籍被告、面向在校师生员工以及社会公众等。例如外交学院法律援助中心在其章程中规定："外交学院法律援助中心（以下简称"中心"）是外交学院国际法系直接领导下的为全校师生员工以及社会公众特别是妇女、儿童、老年人、残疾人等社会弱者提供法律援助的学生团体。"[①]再例如中国人民大学法律援助中心在其章程中规定："本中心的服务对象主要是经济困难、无力支付法律服务费用的下岗职工、农民工、残疾人、孤寡老人及其他需要法律帮助的弱势群体人员。"[②]还有一部分不只是面向自然人，还面向满足条件的社会组织提供法律援助服务。例如南京大学法律援助中心在其章程中规定，其法律援助的对象分为两种，"有理由证明为保障自己合法权益需要获得法律帮助，但因经济困难，无能力或无完全能力支付法律服务项目的公民；公共福利组织和政府公益项目需要法律帮助的"[③]。在以上几种类别之外，还有一些特别设立的高校法律援助组织，面向特定的援助对象提供高校法律援助服务。例如北京大学法学院妇女法律研究与服务中心是特别为妇女提供法律援助，保障妇女权益的公益性组织。再例如南京大学法学院曾专门设立劳动法律援助中心，专门提供劳动法律关系相关的法律援助服务。南京大学劳动法律援助中心成立于 2007 年 1 月，隶属南京大学法律援助中心，是江苏省法律援助基金会重点资助项目单位，江苏省司法厅"法律援助工作先进集体"。该项目秉持"关注劳工、服务社会"的宗旨，通过向农民工提供免费的劳动法律咨询、法律文书撰写、案件代理等服务，维护其合法劳动权益。同时，该项目还采用发放劳动法宣传材料、开办劳动法律学堂等形式，向农民工普及劳动法知识，提升其依法维权的意识，极大地促进了农民工权益保护。

《法律援助条例》在第二章"法律援助范围"中只列明了公民申请法律援助的各种情形，对外国国籍者、无国籍者、法人和其他组织能否申请法律援助并

---

① 参见《外交学院法律援助中心章程》第一条。
② 参见《中国人民大学法律援助中心章程》第四条。
③ 参见《南京大学法律援助中心章程》第九条、第十条。

没有作出明确的规定。①新颁布的《法律援助法》在第二条规定，"本法所称法律援助，是国家建立的为经济困难公民和符合法定条件的其他当事人无偿提供法律咨询、代理、刑事辩护等法律服务的制度，是公共法律服务体系的组成部分"。在第三章"形式和范围"中规定了刑事案件的犯罪嫌疑人、被告人以及其他一些不同情形下的当事人可以申请法律援助。②相较于《法律援助条例》仅将公民作为政府法律援助的对象，《法律援助法》已经拓宽了政府法律援助的对象的范围。但从最终的法律条文来看，政府法律援助的法定的申请主体依然还只是在自然人的范围内。

而各个高校法律援助组织，不论是在其工作条例或章程中规定，还是在法律援助的具体实践中，往往都将法律援助服务的对象扩大到公共福利组织或政府公益项目等。这一举措使高校法律援助服务的范畴更加宽泛，属于我国广义的法律援助的重要组成部分。法律援助申请主体范围的放宽，实质上是法律援助制度成熟的体现。将更多符合法律援助制度设立目标的对象纳入法律援助的服务范围，才能够更好地实现法律援助匡扶社会正义的追求，实现应援尽援。高校法律援助组织一方面可以放宽申请主体的范围，另一方面应当提高申请主体的资格审查的严格程度，对申请主体的相关基本条件进行严格的审查，换句话说，也就是"低门槛、高标准"。

第二，高校法律援助组织有权受理法律援助的申请，并在程序方面应当严格遵守《法律援助条例》和《法律援助法》的相关规定。《法律援助条例》第八条规定："国家支持和鼓励社会团体、事业单位等社会组织利用自身资源为经济困难的公民提供法律援助。"《法律援助法》第十七条规定："国家鼓励和规范法律援助志愿服务；支持符合条件的个人作为法律援助志愿者，依法提供法律援助。高等院校、科研机构可以组织从事法学教育、研究工作的人员和法学专业学生作为法律援助志愿者，在司法行政部门指导下，为当事人提供法律咨询、代拟法律文书等法律援助。"由此可见，高校法律援助作为民间法律援助的重要组成部分，在法律层面得到了肯定和支持。

各个高校法律援助组织在其工作条例或章程中，一般都会对当事人如何提出法律援助的申请和应当履行的程序性手续作出规定。在各个高校法律援助组织开展法律援助活动的具体实践中，当事人提出法律援助申请可以通过

---

① 参见《中华人民共和国法律援助条例》第十条至第十二条。
② 参见《中华人民共和国法律援助法》第二十四条至第三十三条。

书面申请或者口头申请的方式,提出申请的同时应当提交相关的材料以便高校法律援助组织的工作人员进行必要的法律援助申请资格审核。《法律援助条例》第十七条规定了公民申请代理、刑事辩护的法律援助应当提交的证件、证明材料:"(一)身份证或者其他有效的身份证明,代理申请人还应当提交有代理权的证明;(二)经济困难的证明;(三)与所申请法律援助事项有关的案件材料。"以及申请应当采用的形式为"书面形式,填写申请表;以书面形式提出申请确有困难的,可以口头申请,由法律援助机构工作人员或者代为转交申请的有关机构工作人员作书面记录。"故而在法律援助的申请程序方面,各个高校法律援助组织的工作条例或章程规定与法律对法律援助的相关规定是一致的。

二、高校法律援助申请的条件

根据《法律援助条例》第一条的规定,法律援助申请的主体是经济困难的公民。根据《法律援助法》第二条的规定,法律援助申请的主体是经济困难公民和符合法定条件的其他当事人,纵观各个高校法律援助组织的规定,高校法律援助的申请主体较《法律援助条例》和《法律援助法》规定的范围更广:

第一,有理由证明为保障自己合法权益需要获得法律帮助,但因经济困难,无能力或无完全能力支付法律服务项目的公民;

第二,刑事被告人或犯罪嫌疑人为盲、聋、哑和未成年人,没有委托辩护律师的;

第三,刑事被告人或犯罪嫌疑人为其他残疾人、老年人,因经济困难没有能力聘请辩护律师的;

第四,刑事被告人可能被判处死刑,没有委托辩护律师的;

第五,刑事案件中的外国籍被告人没有委托辩护人的;

第六,公共福利组织或政府公益项目需要法律援助的,可以申请。

《法律援助条例》第十条规定:"公民对下列需要代理的事项,因经济困难没有委托代理人的,可以向法律援助机构申请法律援助:(一)依法请求国家赔偿的;(二)请求给予社会保险待遇或者最低生活保障待遇的;(三)请求发给抚恤金、救济金的;(四)请求给付赡养费、抚养费、扶养费的;(五)请求支付劳动报酬的;(六)主张因见义勇为行为产生的民事权益的。《法律援助条例》第十一条对刑事案件中公民的申请作出了规定。"

高校法律援助申请的条件可以参照《法律援助条例》第十条、第十一条的相关要求，针对申请人向法律援助组织提请法律援助的条件作出以下几个方面的规定：

（一）申请主体

申请人向法律援助组织提出援助请求，必须与案件有直接利害关系，原则上应当为提请法律援助的本人，即需要法律援助的公民本人到高校法律援助组织提出申请。但特殊情形下，允许由他人代为申请，一是未成年人和精神病患者的法律援助申请必须由其监护人或者法定代理人代为提出；二是申请人为了维护自身的合法权益向高校法律援助组织提出申请，例如刑事案件中的被害人和在押的犯罪嫌疑人。

（二）申请人家庭经济困难

《法律援助条例》第十三条规定："本条例所称公民经济困难的标准，由省、自治区、直辖市人民政府根据本行政区域经济发展状况和法律援助事业的需要规定。申请人所住地的经济困难标准与受理申请的法律援助机构所在地的经济困难标准不一致的，按照受理申请的法律援助机构所在地的经济困难标准执行。"申请人在提出申请时应当提供经济困难的证明，即政府有关部门出具的能够证明申请人申请时经济状况，仅凭申请人的经济能力无法支付或无法完全支付案件的诉讼费用或其他法律费用的有效证明。[①]

通常情况下，申请人负有提供经济困难证明的义务，如若无法提供，则不能接受法律援助服务。但是在一些特殊情形下，申请人证明自身家庭经济困难不是法律援助的必要条件。例如《法律援助法》第三十二条规定，"有下列情形之一，当事人申请法律援助的，不受经济困难条件的限制：（一）英雄烈士近亲属为维护英雄烈士的人格权益；（二）因见义勇为行为主张相关民事权益；（三）再审改判无罪请求国家赔偿；（四）遭受虐待、遗弃或者家庭暴力的受害人主张相关权益；（五）法律、法规、规章规定的其他情形。"另外根据《法律援助条例》第十二条第二款，被告人是盲、聋、哑人或者未成年人而没有委托辩护人的，或者被告人可能被判处死刑而没有委托辩护人的，人民法院为被告人指定辩护时，法律援助机构应当提供法律援助，而无须对被告人进行经济状况的审查。但是根据《刑事诉讼法》的相关规定，上述《法律援助条例》第十二条第

---

① 参见《中华人民共和国法律援助条例》第十三条。

二款的规定是指指定辩护的情形,人民法院应当指定律师进行辩护。故而在该种情形下,高校法律援助组织的工作人员必须在获得律师执业证的前提下才能接受委托。

(三) 申请方式

《法律援助条例》第十七条对公民申请代理、刑事辩护的法律援助应当提交的证件和证明材料作出了规定,并在第二款明确规定"申请应当采用书面形式,填写申请表;以书面形式提出申请确有困难的,可以口头申请,由法律援助机构工作人员或者代为转交申请的有关机构工作人员作书面记录"。高校法律援助的申请方式也相应有两种,由申请援助者向高校法律援助组织递交书面申请;递交书面申请确有困难的,可以口头提出,由高校法律援助组织工作人员做书面记录。

1. 书面申请

书面申请是指采取撰写书面文件的形式提出法律援助申请。《南京大学法律援助中心章程》也对申请人向中心提出法律援助申请时应当填写《法律援助申请表》并提供相应的申请材料作出了明确规定。相关规定要求申请人在申请表上签字或者盖章,如实填写。"申请人应当提供的申请材料主要是:(一) 身份证明、户籍证明或暂住证;(二) 街道(乡镇)、劳动部门或有关单位出具的申请人及其直系亲属经济状况证明;(三) 与申请援助事项有关的案情材料;(四) 代理人代为申请的,应当提交授权委托书或其他有关代理资格的证明;(五) 本中心要求提供的其他材料。"[1]要求申请人提供以上材料有益于高校法律援助组织进行审查并做出是否对其提供援助的决定。相关申请材料若有欠缺,应当及时通知申请人予以补正,申请人未能补正的,高校法律援助组织可拒绝提供法律援助。

2. 口头申请

口头申请是指采取口头表达的形式提出法律援助申请。《南京大学法律援助中心章程》也有规定,申请人填写《法律援助申请表》确有困难的,可由接待人员代为填写。[2]结合我国法律援助相关立法和法律实践,一般而言,法律援助的申请方式主要是采取书面申请的方式,只有申请人填写书面申请确实存在困难的,才会采取口头申请的方式,由法律援助工作人员做好案情记录并

---

[1] 参见《南京大学法律援助中心章程》第十五条、第十六条。
[2] 参见《南京大学法律援助中心章程》第十五条。

代申请人填写相关申请材料。

（四）申请格式

结合我国高校法律援助组织的相关规定与具体实践，法律援助申请书/申请表应当明确以下内容：

1. 申请人的基本信息。自然人的姓名、性别、年龄、民族、工作单位、住所地；法人或其他组织的名称、住所地和法定代表人或主要负责人的姓名、职务。无行为能力或未成年的申请人，应当由其法定代理人或监护人代为申请，并且代为申请者应与申请人一并列出基本信息。

2. 申请援助事项的事实与理由。

3. 申请人经济情况的介绍。

4. 关于案件事实和经济情况的证明材料。

5. 注明申请援助的法律援助机构的名称，书写申请书的年月日，并由申请人签名或盖章。

三、高校法律援助申请的受理

高校法律援助机构具有一定的自主性，在不违反相关法律规定的前提下，对其受理范围可以作出个性化的规定。高校法律援助申请的受理范围越明确，申请人申请法律援助的过程越顺利，申请人的权益也越容易得到保障。

（一）民事法律援助案件的受理

《法律援助条例》第二章规定了法律援助范围，第十条规定了对民事法律援助案件的受理："公民对下列需要代理的事项，因经济困难没有委托代理人的，可以向法律援助机构申请法律援助：（一）依法请求国家赔偿的；（二）请求给予社会保险待遇或者最低生活保障待遇的；（三）请求发给抚恤金、救济金的；（四）请求给付赡养费、抚养费、扶养费的；（五）请求支付劳动报酬的；（六）主张因见义勇为行为产生的民事权益的。省、自治区、直辖市人民政府可以对前款规定以外的法律援助事项作出补充规定。"例如《江苏省法律援助条例》第十条在以上受理事项之外，另外规定了"（六）因身体遭受严重损害请求赔偿的；（七）因遭受家庭暴力、虐待或者遗弃要求变更或者解除收养、监护关系的；（八）因遭受家庭暴力、虐待、遗弃、对方重婚或者有配偶者与他人同居的受害方要求离婚的;(九)国家和省规定的其他事项"①。

(二)刑事法律援助案件的受理

《法律援助条例》第十一条规定了刑事法律援助案件的受理范围:"刑事诉讼中有下列情形之一的,公民可以向法律援助机构申请法律援助:(一)犯罪嫌疑人在被侦查机关第一次讯问后或者采取强制措施之日起,因经济困难没有聘请律师的;(二)公诉案件中的被害人及其法定代理人或者近亲属,自案件移送审查起诉之日起,因经济困难没有委托诉讼代理人的;(三)自诉案件的自诉人及其法定代理人,自案件被人民法院受理之日起,因经济困难没有委托诉讼代理人的。"

各高校法律援助机构在参考《法律援助条例》相关规定的基础上,制定了个性化的法律援助机构工作条例,对受理范围作出规定。例如《外交学院法律援助中心章程》第五条规定了其法律援助的范围:"1. 请求给付赡养费、抚育费、抚养费的法律事项;2. 除事故责任外,因公受伤请求法律赔偿的事项;3. 盲、聋、哑和其他残疾人、未成年人、老年人追索侵权赔偿的法律事项;4. 请求国家赔偿的诉讼案件;5. 请求发给抚恤金、救济金的法律事项;6. 其他确需法律援助的法律事项。"再例如《中国人民大学大学生志愿者法律援助中心章程》第四条规定了本中心的服务对象主要是经济困难、无力支付法律服务费用的下岗职工、农民工、残疾人、孤寡老人及其他需要法律帮助的弱势群体人员。②

法律援助的受理范围除了从事项类别角度设定的条件,也有从地域管辖角度作出的规定。《法律援助法》第三十八条规定,对诉讼事项的法律援助,由申请人向办案机关所在地的法律援助机构提出申请;对非诉讼事项的法律援助,由申请人向争议处理机关所在地或者事由发生地的法律援助机构提出申请。高校法律援助组织的受案范围也基本遵循以属地管辖为主,属人管辖为辅的原则。例如《南京大学法律援助中心章程》第五条规定,统一受理、承办本地区法律援助案件或事项。高校法律援助的受案范围具有较大的自主性,需要法律作出进一步的明确规定,以保障相关规定的合法性和合理性。

---

① 参见《中华人民共和国法律援助条例》第十条。
② 参见《中国人民大学大学生志愿者法律援助中心章程》第四条。

第三节 高校法律援助的审查

高校法律援助机构在收到申请人的法律援助申请之后,需要及时开展审查,既要审查申请人是否符合法律援助的受援条件,又要审查申请人的申请事项是否在本高校法律援助机构的受理范围之内。审查之后,高校法律援助机构应当及时作出是否法律援助的决定,并将该决定以书面形式通知申请人,如若决定不予以法律援助,还应当告知申请人救济方式,确保申请人的权益。

一、高校法律援助审查的概念

《法律援助法》第四十三条规定,法律援助机构应当自收到法律援助申请之日起七日内进行审查,作出是否给予法律援助的决定。决定给予法律援助的,应当自作出决定之日起三日内指派法律援助人员为受援人提供法律援助;决定不给予法律援助的,应当书面告知申请人,并说明理由。申请人提交的申请材料不齐全的,法律援助机构应当一次性告知申请人需要补充的材料或者要求申请人作出说明。申请人未按要求补充材料或者作出说明的,视为撤回申请。

《法律援助条例》第十八条规定,法律援助机构收到法律援助申请后,应当进行审查;认为申请人提交的证件、证明材料不齐全的,可以要求申请人作出必要的补充或者说明,申请人未按要求作出补充或者说明的,视为撤销申请;认为申请人提交的证件、证明材料需要查证的,由法律援助机构向有关机关、单位查证。对符合法律援助条件的,法律援助机构应当及时决定提供法律援助;对不符合法律援助条件的,应当书面告知申请人理由。

以上是现有法律对于法律援助审查的具体规定。高校法律援助审查是指高校法律援助组织按照法律以及法律援助组织相关的规定,对申请人所提出的法律援助申请进行审核查验,以决定申请人是否符合规定的法律援助条件,是否对申请人提供法律援助服务。

高校法律援助机构在收到申请人的申请之后,应当及时进行法律援助的审查,对申请人提交的申请材料进行认真的审查核验。对于符合申请条件的应当及时提供法律援助服务;对于需要补充材料的,则应当提醒申请人及时补充材料;对于决定不提供法律援助的,应当书面通知申请人并说明不提供法律援助的理由。例如《南京大学法律援助中心章程》第十七条规定,中心对法律援助申请应当进行审查。接待人员询问申请人或有关人员时,应当制作笔录。如认为申请人提供的材料不完备或有疑义,应通知当事人作必要的补充和说明,也可以酌情派员进行实地调查。《中南大学法律援助中心制度汇编》针对法律援助事项的受理,也作出了明确规定,本中心应自收到申请之日起七日内进行审查。审查内容包括：1. 当事人姓名、性别、出生日期、民族、身份证号码、户籍所在地或经常居住地等基本情况是否属实；2. 当事人的经济状况是否符合法律援助的条件；3. 当事人的申请事项是否属于法律援助的范围；4. 当事人的申请有无具体的事实和理由。接待处人员询问申请人或有关人员时,应当制作笔录。如认为申请人的材料不完备或有疑义的应及时通知当事人做必要的补充和说明,也可以酌情派员进行实地调查。①

针对法律援助审查人员资格,主要是规定了应当回避的情形。例如《南京大学法律援助中心章程》第二十条规定,中心负责审查和批准援助申请的工作人员有下列情况之一的,应当回避：(一) 援助事项的申请人或被申请人的亲属；(二) 与申请事项有直接利害关系。再例如《中南大学法律援助中心制度汇编》有规定,中心负责受理和审批法律援助申请的工作人员有下列情形之一的,应当回避：是法律援助事项的申请人或申请人的近亲属,与申请事项有直接的利害关系的。②

二、高校法律援助审查的原则

高校法律援助组织的工作章程中,通常将法律援助审查在申请条件中予以明确,并不会对审查的内容及原则单独作出规定。一般而言,高校法律援助审查需坚持以下原则：

(一) 申请人具备申请法律援助的资格

根据《法律援助法》第二条的规定,法律援助申请的主体是经济困难公民和符合法定条件的其他当事人,根据《法律援助条例》第一条的规定,法律援助申请的主体是经济困难的公民。所以申请人应当满足既是中华人民共和国公民,又有充分的理由证明其是为了保障自己的合法权益但因经济困难,无能力或者无完全能力支付法律服务费用而需要帮助的条件。

---

① 参见《中南大学法律援助中心制度汇编》之"法律援助程序"部分。
② 参见《中南大学法律援助中心制度汇编》之"法律援助程序"部分。

《法律援助法》第三十四条规定,经济困难的标准,由省、自治区、直辖市人民政府根据本行政区域经济发展状况和法律援助工作需要确定,并实行动态调整。《法律援助条例》第十三条也规定,本条例所称经济困难,是由省、自治区、直辖市人民政府根据本行政区域经济发展情况和法律援助事业的需要所作的规定。由此可见,经济困难的判断标准由各组织参照当地政府部门的相关规定执行。

从地方立法来看,法律援助的经济困难标准基本参照当地政府规定的最低生活保障标准执行。例如《江苏省法律援助条例》第十三条规定,公民经济困难的标准,按照当地人民政府规定的最低生活保障标准执行。最低生活保障标准是以维持最基本生存需要为目标制定的标准,法律援助的经济困难标准仅是直接参照最低生活保障标准过于简单粗暴,或言之,缺乏了一定的人文关怀。所以,各地也会为了鼓励扩大受援人范围,特别规定设区的市人民政府可以根据本地区的实际情况调整公民获得法律援助的经济困难标准。申请人住所地与受理申请的法律援助机构所在地的经济困难标准不一致的,按照受理申请的法律援助机构所在地的经济困难标准执行。申请人因遭遇突发性事件造成经济困难的,由法律援助机构根据申请人家庭经济状况审查认定。[①]综合考虑当地的经济水平、人均收入水平、法律服务收费情况等因素,制定合理的经济困难标准,使法律援助制度更人性化、更具人情味。这样的标准更能够实现法律援助制度的设立目标,即帮助更多需要法律援助的人能够顺利得到援助。法律援助不只是法律知识的援助,更是对困难群体提供社会温暖和关怀的体现。

另外,特殊情况下不对经济困难作强制要求,例如《法律援助法》第三十二条规定了以下不受经济困难条件限制的情形:"(一)英雄烈士近亲属为维护英雄烈士的人格权益;(二)因见义勇为行为主张相关民事权益;(三)再审改判无罪请求国家赔偿;(四)遭受虐待、遗弃或者家庭暴力的受害人主张相关权益;(五)法律、法规、规章规定的其他情形。"《法律援助条例》第十二条第二款也规定了,如果被告人是盲、聋、哑人或者未成年人而没有委托辩护人的,或者被告人可能被判处死刑而没有委托辩护人的,人民法院为被告人指定辩护时,法律援助机构应当提供法律援助,而无须对被告人进行经济状况的审查。

而各高校法律援助组织应当依据经济困难标准认真审查申请人的经济情

---

① 参见《江苏省法律援助条例》第十三条。

况。申请人负有证明自己经济困难而无力承担或无力全部承担法律援助费用的责任,一般表现为向高校法律援助组织提供具有证明力的有效凭证,例如由申请人所在地民政部门或者居民委员会、村民委员会及所在单位出具的最低生活保障证、农村特困户救助证、农村"五保"供养证、残疾证等专用证件。[①]各高校法律援助组织应当针对各式证明文件采取合适、必要的审查核实手段,这是权利也是职责,应确保申请人提交的各式证明文件真实可信。实务当中,需要特别注意的是,当申请人因客观因素难以证明经济困难的时候,可以请求高校法律援助组织进行调查核实,但是此举并不是转移了申请人的举证责任,并且如果高校法律援助组织调查后未能核实申请人经济困难状况,申请人则需要承担举证不能的后果,也就是法律援助的申请不被受理。

(二) 申请人的申请事项在本组织管辖范围内

如上文所述,《法律援助法》和《法律援助条例》均对法律援助的管辖作出了相关规定,以属地管辖为原则,属人管辖为补充。申请人的申请事项在本组织管辖范围内,意味着要求当事人有权向本组织申请法律援助的同时,本组织对申请人的申请事项也必须有资格管辖。

然而,高校法律援助组织针对当事人的申请事项是否在本组织管辖范围内的规定是较为个性化的,由高校法律援助组织结合本组织人员安排、资金预算等客观条件的现实考量,在本组织的工作章程中作出相应的规定。同时需要明确规定,若是不属于本组织管辖的,应当及时告知申请人不受理的决定和理由,并建议申请人到有管辖权的法律援助组织提出申请。

(三) 高校法律援助审查的例外规定

个别高校在其法律援助章程中,针对某些特殊情况下的审查作出了例外规定。例如《中南大学法律援助中心制度汇编》在其"法律援助程序"部分,特别规定了下列案件和情况,可不经审查直接予以援助:人民法院指定辩护的刑事案件;追索赡养费、抚养费、抚育费、抚恤金、救济金;不及时提供援助会造成社会混乱、在公众中造成不良影响的;不及时提供援助会加大当事人损失的;中南大学在校学生所涉及的纠纷。类似的规定,也可见于《南京大学法律援助中心章程》。此类规定体现了高校法律援助的实事求是精神与人文关怀追求。

笔者建议,此类特殊情形一旦消失,高校法律援助组织应当按照相关规定

[①] 参见《办理法律援助案件程序规定》第十条。

重新进行审查,对于不符合法律援助审查条件的案件及时终止法律援助,已经产生的各项支出应当由申请人支付。

而对于以欺骗方式获得法律援助的情形,个别高校在其工作章程中也作出了应对措施的规定。例如《外交学院法律援助中心章程》第十九条规定,受援人不遵守法律规定以及不按法律援助协议的规定而予以必要的合作,经中心大会批准,承办人员可以拒绝或终止提供法律援助;受援人以欺骗方式获得法律援助的,中心可以撤销其受援资格,并责令其支付已获服务的全部费用。此举也是尽可能保障法律援助资源不被有意欺瞒的申请人所浪费。

三、高校法律援助审查的决定

高校法律援助组织在进行法律援助审查之后,应当及时向申请人反馈是否予以法律援助的决定,这是一项具有法律意义的法律行为,对申请人和高校法律援助组织均有约束力。

(一)法律援助决定作出的时限

《法律援助条例》对法律援助决定作出的时限没有明确规定,只是要求对符合法律援助条件的,法律援助机构应当及时决定提供法律援助;对不符合法律援助条件的,应当书面告知申请人理由。[①] 法律援助决定作出的时限一般通过地方立法予以明确,例如《江苏省法律援助条例》第二十二条规定,法律援助机构受理申请后,应当按照法律援助的条件进行审查,并在七个工作日内作出是否给予法律援助的书面决定。《法律援助法》第四十三条规定,法律援助机构应当自收到法律援助申请之日起七日内进行审查,作出是否给予法律援助的决定。"七日内"相较于"七个工作日内",对时限要求更为严格,对法律援助的审查和是否受理的决定均有了更高的效率要求。

而高校法律援助组织的工作人员基本是高校在读法学生,提供法律援助志愿服务的同时,还有学业需要完成,所以通常高校法律援助组织针对法律援助决定作出的时限是相对宽松的,但是从及时帮助申请人角度出发,一般也不会长于10天。例如《南京大学法律援助中心章程》第十八条规定,中心应当自受理之日起十日内作出是否予以法律援助的决定。法律援助机构经过审查,认为申请符合法定受理条件的,应当在法定期限内作出援助决定,并及时通知申请人。法律援助决定作出的时限,起算日期应当是高校法律援助机构收到

---

① 参见《中华人民共和国法律援助条例》第十八条。

法律援助申请之日。若申请人提交的申请材料不齐全的,法律援助机构应当一次性告知申请人需要补充的材料或者要求申请人作出说明。申请人未按要求补充材料或者作出说明的,视为撤回申请。要求申请人补充材料的情形下,高校法律援助机构作出决定的时限应当从补充材料提交之日起计算。

(二) 法律援助决定的内容

法律援助决定的内容有以下两种:一是决定给予法律援助,即法律援助机构经过对法律援助申请的审查,认为符合法律援助条件,决定受理并给予援助。二是决定不予以法律援助,是指法律援助机构进行审查后认为申请人的申请未达到申请法律援助的条件而作出不给予法律援助的决定,不给予法律援助必须写清事实和理由,并书面告知申请人。

针对法律援助决定书的行文格式,《法律援助法》《法律援助条例》和《办理法律援助案件程序规定》等均未作出明确统一的规定,参考各个高校法律援助机构的实践做法,基本上包含以下三个部分:

1. 首部。首先是决定书标题、机构内部编号和申请人的基本信息等。决定书标题应当体现出作出决定的法律援助机构名称以及文件类别,例如某某大学法律援助中心法律援助决定书。其次在决定书标题右下方是文件编号,例如【2023】某某大学法援决字 61 号。然后应当写明申请人的基本信息,包含申请人姓名、性别、年龄、工作单位、经常居住地、联系方式等。

2. 正文。正文主要包括案件来源,说明是申请人线下来访还是线上咨询等,重点说明高校法律援助机构决定予以还是不予以法律援助的处理意见以及事实依据和法律理由,同时明确法律援助的形式、费用承担等,还需要告知申请人对法律援助决定的救济途径,特别是申请人对高校法律援助机构作出的不符合法律援助条件的通知有异议的,应当如何提出异议审查。

3. 尾部。法律援助决定书的最后应当有高校法律援助机构法定代表人的签字和高校法律援助机构印章,并注明做出法律援助决定的日期。作出《法律援助决定书》之后,高校法律援助机构还需要向承办人发出《法律援助承办通知书》。通知书作为一项程序性文件,作用是书面通知承办人高校法律援助机构作出的法律援助决定书的内容。

(三) 不予以法律援助的决定与申诉

经过法律援助审查,针对申请人的请求事项不属于法律援助范围、经济情况不符合法律援助条件、申请人的申请事项不在本高校法律援助机构受理范围之内等情形,应当依据法律援助有关法律以及本机构工作章程等文件的规定,及时作出不予受理的决定。

不予以法律援助的决定,应当以书面形式通知申请人,同时需要在书面通知中向申请人说明不予受理的依据与理由,并告知申请人如若对高校法律援助机构作出的不予以法律援助的决定存在异议,可以申请复议一次。《法律援助条例》第十九条规定,申请人对法律援助机构作出的不符合法律援助条件的通知有异议的,可以向确定该法律援助机构的司法行政部门提出,司法行政部门应当在收到异议之日起5个工作日内进行审查,经审查认为申请人符合法律援助条件的,应当以书面形式责令法律援助机构及时对该申请人提供法律援助。《江苏省法律援助条例》第二十四条也规定了申请人对法律援助机构不予援助的决定有异议的,可在接到通知之日起三十日内向主管该法律援助机构的司法行政部门提出。司法行政部门应当自收到异议之日起五个工作日内进行审查,作出书面审查意见。申请人对司法行政部门作出的书面审查意见不服的,可以在收到司法行政部门书面审查意见之日起六十日内向本级人民政府或者上一级司法行政部门申请行政复议。《南京大学法律援助中心章程》第十八条也有相应的规定,对不符合规定条件的法律援助申请,作出不予援助的书面决定,并通知申请人。申请人对本中心作出的不予援助的决定有异议的,可以要求法律援助中心复议一次。中心应当在收到复议之日起5日内作出复议决定并通知当事人。

(四)法律援助决定的法律效力

高校法律援助机构作出予以法律援助的决定,法律援助决定书送达申请人便发生法律效力,法律关系成立。该法律关系的主体分别是申请人和高校法律援助机构。申请人取得法律援助的受援人资格,享有获得法律援助的权利,承担如实陈述案件事实与相关情况、提供有关证明和证据材料、积极配合法律援助人员开展法律援助的义务。高校法律援助机构享有法律援助实施等权利,承担以事实为根据、以法律为准绳、恪守职业道德和执业纪律、依法完成援助事项、维护受援人利益的义务。

高校法律援助机构作出不予以法律援助的决定,申请人无异议的,则申请人和高校法律援助机构之间不发生法律援助的法律关系。如若申请人有异议,则申请人可以通过申请复议等方式,寻求对法律援助决定的救济。

第四节 高校法律援助的实施

当高校法律援助机构作出予以法律援助的决定并书面通知到申请人,申请人即成为法律援助的受援人,则有权利要求与高校法律援助机构签订法律援助协议,并要求高校法律援助机构及时选任和指派提供法律援助的工作人员,高校法律援助即进入实施阶段。

一、高校法律援助实施的概念

高校法律援助的实施,是指申请人的法律援助申请获得高校法律援助机构的审查通过,并获得予以法律援助的决定后,高校法律援助机构选任和指派法律援助的工作人员承办具体法律援助案件的活动过程。《法律援助法》的第四章"程序与实施"以及《法律援助条例》的第四章"法律援助实施",均对法律援助的实施作出了具体规定,具体包括:法律援助机构选任和指派法律援助承办人员、法律援助机构与受援人签订法律援助协议、具体承办法律援助事项、结案立卷归档等。

二、高校法律援助实施的流程

高校法律援助实施的流程主要是选任和指派承办人员、签订法律援助协议、具体承办案件等。

(一)高校法律援助人员的选任与指派

《法律援助法》第四十三条对指派的时限作出了要求,规定了决定给予法律援助的,应当自作出决定之日起三日内指派法律援助人员为受援人提供法律援助。各个高校法律援助机构对此的规定不尽相同,例如中南大学是要求"应在一天之内指派相应部门成员承办该案"。

根据司法部和中央文明办于2021年12月出台的《法律援助志愿者管理办法》第二十五条,高等院校可以组织从事法学教育、研究工作的人员和法学专业学生作为法律援助志愿者,在司法行政部门指导下,依法为经济困难公民和符合法定条件的其他当事人提供法律咨询、代拟法律文书、案件代理、劳动争议调解与仲裁代理服务。高校法律援助机构的工作人员通常正是由法学院系的师生组成。例如《南京大学法律援助中心章程》第二十三条规定,南京大学法学院的教师、在校研究生、高年级本科生及南大其他院系的学生按照有关程序加入本中心后，必须承担法律援助义务，依法为受援人提供法律服务。

《法律援助条例》第二十一条规定，法律援助机构可以指派律师事务所安排律师或者安排本机构的工作人员办理法律援助案件；也可以根据其他社会组织的要求，安排其所属人员办理法律援助案件。而高校法律援助承办人员的选任和指派是由高校法律援助机构决定，通常是从符合承办资格要求的工作人员中产生。

高校法律援助机构选任和指派承办人员的标准既要遵循回避原则，又要符合利益最大化，追求更高的胜诉可能性。法律援助承办中的回避可以参考司法部《关于开展法律援助工作的通知》"法律援助的程序"部分的规定，申请人的亲属以及与申请事项有直接利害关系的工作人员应当回避。"亲属"和"利害关系"的界定均可以参考诉讼法等法律法规的相关规定。

被选任和指派的承办人员应当严于律己，积极推进法律援助事项的承办。《法律援助法》第四十六条规定，法律援助人员接受指派后，无正当理由不得拒绝、拖延或者终止提供法律援助服务。法律援助人员应当按照规定向受援人通报法律援助事项办理情况，不得损害受援人合法权益。《法律援助条例》第二十二条也规定，办理法律援助案件的人员，应当遵守职业道德和执业纪律，提供法律援助不得收取任何财物。各个高校法律援助机构的工作章程中也对此有所规定，例如《南京大学法律援助中心章程》第二十四条规定，法律援助承办人员接受指派后，不得疏于应履行的职责，无正当理由不得拒绝、延迟或终止所承办的法律援助事项。如若承办人员违反了相关规定，申请人可直接向高校法律援助机构提出，高校法律援助机构应当及时提示承办人员改正行为并根据内部行为规范做出相应的处理。

（二）签订高校法律援助协议

在选任和指派承办人员之后，正式实施法律援助之前，申请人与高校法律援助机构应当签订法律援助协议书，以明确申请人、高校法律援助机构以及承办人员各方的权利义务。例如《南京大学法律援助中心章程》第十八条规定，由承办人员与本中心、受援人三方签订法律援助协议，明确规定各方权利义务。

法律援助协议的内容，主要包括受援人的基本信息（姓名、性别、年龄、工作单位、家庭住址等）、案件基本信息（案由、证据、受援人请求等）、受援人经济情况说明文件（说明、有证明力的有效凭证等）、承办人员的基本信息（姓名、性别、高校法律援助机构内部身份等)以及实施法律援助过程中各方的权利义务等。高校法律援助机构应当提前准备法律援助协议,在向受援人释明协议内容、各方均签字后,法律援助协议即生效,高校法律援助机构、受援人和承办人员各方之间便也产生了法律援助的法律关系。

根据《法律援助法》第四十八条的规定,有下列情形之一的,法律援助机构应当作出终止法律援助的决定:受援人以欺骗或者其他不正当手段获得法律援助;受援人故意隐瞒与案件有关的重要事实或者提供虚假证据;受援人利用法律援助从事违法活动;受援人的经济状况发生变化,不再符合法律援助条件;案件终止审理或者已经被撤销;受援人自行委托律师或者其他代理人;受援人有正当理由要求终止法律援助;法律法规规定的其他情形。法律援助人员发现有前款规定情形的,应当及时向法律援助机构报告。《法律援助条例》第二十三条也有规定,受援人的经济收入状况发生变化后不再符合法律援助条件的、案件终止审理或者已被撤销的、受援人又自行委托律师或者其他代理人的或者受援人要求终止法律援助的,办理法律援助案件的人员应当向法律援助机构报告,法律援助机构经审查核实的,应当终止该项法律援助。以上均是法律援助协议解除、法律援助终止的法定事由,个别高校法律援助机构另有在工作章程中规定了法律援助协议解除的约定事由并纳入法律援助协议,当约定事由发生时,法律援助协议自动解除。例如《南京大学法律援助中心章程》规定,受援人不遵守法律规定以及不按法律援助协议的规定予以必要合作,经中心批准,承办人员可以拒绝或终止提供援助。受援人以欺骗方式获得法律援助的,法律援助中心应当撤销其受援资格,并责令其支付已获得服务的全部费用。①

(三) 高校法律援助事项的承办

高校法律援助事项的承办是高校法律援助组织、法律援助承办人员及受援人根据法律援助协议的规定开展的活动,也是各尽其责实现法律援助目的的过程。② 高校法律援助事项的具体承办过程涉及高校法律援助机构、承办人员和受援人三方的权利义务,各方应当积极承担法律援助关系中的责任,积极推进法律援助事项的开展。

高校法律援助机构应当保障全程监督、指导并协调法律援助的实施,及时

---

① 参见《南京大学法律援助中心章程》第二十六条、第二十七条。
② 宫晓冰主编:《中国法律援助制度培训教程》,中国检察出版社2002年版,第217页。

跟踪案件进展,建立法律援助信息公开制度,综合运用庭审旁听、案卷检查、征询司法机关意见和回访受援人等措施,规范承办人员在法律援助中的行为,督促法律援助人员提升服务质量。① 承办人员应当遵守职业道德和执业纪律,提供法律援助不得收取任何财物,②接受指派后,无正当理由不得拒绝、拖延或者终止提供法律援助服务,应当按照规定向受援人通报法律援助事项办理情况,不得损害受援人合法权益。③ 而受援人应当向法律援助人员如实陈述与法律援助事项有关的情况,及时提供证据材料,协助、配合办理法律援助事项。④

三、高校法律援助实施的结案

在承办人员具体实施法律援助完毕后,承办人员应当向高校法律援助机构提交结案报告等材料,高校法律援助机构也应当及时与受援人核定法律援助实施过程中的必要成本,并向承办人发放一定的补贴。

(一) 提交结案报告

根据《法律援助法》第五十条的规定,法律援助事项办理结束后,法律援助人员应当及时向法律援助机构报告,提交有关法律文书的副本或者复印件、办理情况报告等材料。《法律援助条例》第二十四条也有相似规定,受指派办理法律援助案件的律师或者接受安排办理法律援助案件的社会组织人员在案件结案时,应当向有关的法律援助机构提交法律援助文书副本或者复印件以及结案报告等材料。《办理法律援助案件程序规定》第三十四条对提交结案报告有更具体的时限规定,要求法律援助人员应当自法律援助案件结案之日起30日内向法律援助机构提交立卷材料,并对不同案件类型的结案日作出了划分,例如诉讼案件以法律援助人员收到判决书、裁定书、调解书之日为结案日;仲裁案件或者行政复议案件以法律援助人员收到仲裁裁决书、行政复议决定书原件或者复印件日为结案日;其他非诉讼法律事务以受援人与对方当事人达成和解、调解协议之日为结案日;无相关文书的,以义务人开始履行义务之日为结案日;法律援助机构终止援助的,以法律援助人员所属单位收到终止法律

---

① 参见《法律援助法》第五十七至五十九条。
② 参见《法律援助条例》第二十二条。
③ 参见《法律援助法》第四十六条。
④ 参见《法律援助法》第四十七条。

援助决定函之日为结案日。①

各个高校法律援助机构也对提交结案报告作了要求,例如《外交学院法律援助中心章程》第二十一条规定,法律援助承办人员在援助事项终结时,应向中心提交结案报告,中心对终结的援助案件进行归档保存。再例如《中南大学法律援助中心制度汇编》更是明确了接受指派承办案件的中心成员,应在法律援助事项办结后十五日内向办公室提交结案报告,办公室审批后交档案室备案,并进一步明确了结案报告的内容应当包括卷号、案由、受理法院、审理结果、承办机构、承办人员、受案时间、结案时间、案情、证据索引、办案过程、受援人意见、判决书、裁定书、调解书等法律文书或执法部门意见等(不涉诉或者未到诉讼阶段的案件,结案报告可以不包括受理法院、审理结果、判决书、裁定书等内容)。②

(二) 核发承办人员的补贴

《法律援助法》第五十二条规定,法律援助机构应当依照有关规定及时向法律援助人员支付法律援助补贴。法律援助补贴的标准,由省、自治区、直辖市人民政府司法行政部门会同同级财政部门,根据当地经济发展水平和法律援助的服务类型、承办成本、基本劳务费用等确定,并实行动态调整。法律援助补贴免征增值税和个人所得税。而各个高校法律援助机构因为承办人员提供法律援助的志愿服务性质,鲜少对承办人员的补贴作出明确的规定。

承办人员在实施法律援助的过程中,不可避免地会产生交通费、文印费等支出,从能够鼓励更多人参与到高校法律援助服务中来的角度出发,应当从多方筹措资金,对承办人员进行补贴,这样既可以推动高校法律援助的规范化、持续性发展,又可以提高承办人员的工作积极性。

案情简介

D女士于2006年与F先生结婚,婚后育有一女。2013年,D女士一家因符合南京市中等偏下收入住房困难家庭标准,以一家三口的名义共同申购经济适用房一套。根据经济适用房政策规定,该房产五年内不能办理产权证书。2017年,夫妻双方感情破裂,经法院判决双方离婚,10岁的女儿判由D女士

---

① 参见《办理法律援助案件程序规定》第三十四条。
② 参见《中南大学法律援助中心制度汇编》之"法律援助程序"部分的规定。

抚养,因为居住的房屋尚未办理产权证,法院没有判决产权归属。离婚后,D女士被迫带着女儿搬出原居住的经济适用房。D女士患有先天性癫痫,无法正常工作。D女士离婚后一直待业,前夫支付给女儿的抚养费又微薄,母女二人生活清贫,只能勉强糊口。F先生及其家人既不允许D女士和女儿在该经济适用房屋居住,也拒绝D女士分割家产的要求。2019年,D女士到南京大学法律援助中心请求法律援助。

案件评析

该案中的经济适用房是政府为了照顾拆迁的经济困难家庭而建,以家庭名义申请且所有权为全体家庭成员共有的住房。按照当时《物权法》和《婚姻法》的规定,离婚后F先生无权拒绝D女士要求分割共有房产的合理要求。考虑到D女士母女的生活困境,为解其燃眉之急,应在征得D女士同意后,代D女士向法院起诉请求分割共有财产。

案件经法院审理,判决由取得房屋所有权一方的F先生,向D女士支付母女二人应得房屋份额按市场价格计算的补偿,总计50余万元。

在具体的案件代理过程中,承办人员需要在充分了解案件事实的情况下协助受援人对案件进行梳理,在立案后积极跟进法官与受援人的沟通情况,并在开庭前就庭审中可能出现的问题告知受援人,以保障诉讼顺利进行,从而更好地维护受援人和自身合法权益。

高校法律援助是国家法律援助的有益补充,高校法律援助机构是学生服务社会的重要窗口。每一位承办人员应当遵循"以我所学,奉献社会"的宗旨理念,始终保持责任感与使命感,明确高校法律援助定位,不好高骛远,专注并做好家事纠纷等简单民事纠纷和劳动争议案件的法律援助,努力提升法律援助服务的质量,及时化解矛盾,维护社会稳定,让所有社会群众都能分享到法律援助的阳光。

本章作者:刘艺

第六章 高校法律援助的比较研究

"不知别国语言者，对自己的语言便也一无所知。"[①]德国著名比较法学家克茨曾引用歌德这句名言，以强调法律如同语言，不懂各国法律，也不会深知和悟解本国法律的特征和品格。比较法研究不仅旨在认知外国法律进而反思本国法律，更涉及不同法律体系、法律文化和法律制度的比较与借鉴。高校法律援助事业是世界各国共同的人道主义事业，应研究其他国家高校法律援助事业的成果，借鉴其先进经验，以完善我国的高校法律援助制度，这也是法律发展的应有之义。

第一节 法律援助制度的历史沿革

法律援助产生于西方中世纪，随着资产阶级革命以及近代法治理念的发展，逐步由慈善行为上升为国家责任，并在现代各国的司法制度中凸显出越来越重要的地位。中国的法律援助制度虽然起步较晚，但作为社会主义法治建设的重要内容，已经开展了四十多年。高校法律援助工作在最近的二十几年中发展迅速，并日臻完善。

一、近代法律援助制度的产生和发展

据考证，法律援助制度最早产生于英国。1495年，英王亨利七世的一个法案就规定："正义应当同样给予贫困的人，根据正义原则任命的律师应同样

---

① K. 茨威格特、H. 克茨：《比较法总论》，潘汉典等译，法律出版社2003年版，中译本序第2页。

为穷苦的人民服务,并授权法庭指定律师为贫穷的民事诉讼当事人提供法庭代理。"[1]高等法院和上诉法院依据《最高法院章程》,对不能支付民事诉讼费用的人给予法律援助。同样在苏格兰,早在1424年的法案更是创立了穷人登记册制度,在册者若提起诉讼,则可免费得到法律顾问和代理人的帮助。这些法案已经体现出对经济困难的当事人在诉讼中提供帮助的精神,具备了法律援助制度的基本雏形,应当可以看作为西方近代法律援助制度的起源。

但在法律援助诞生的初期,其还只是作为一种慈善行为,停留于道德范畴。之后,随着资产阶级革命的爆发,法律援助被引入司法领域。20世纪20年代以后,作为重要的司法人权保障制度,法律援助已成为许多国家的宪法或宪法性文件中一项主要原则,《公民权利和政治权利国际公约》也对此作了专门规定。具体来看,法律援助在近代西方的发展主要经历以下三个阶段。

第一,慈善行为阶段。法律援助最初是由民间组织如宗教团体、慈善机构等基于良心或者道义所从事的针对穷人的慈善行为。尽管在一些地区,如意大利统一前的一些城邦,行政机关也参与了进来,但是仍是将其作为一种恩惠措施,具有很大的随意性。这一阶段法律援助最显著的特点在于,律师都是被期望在职业慈善的基础上免费提供法律帮助,对穷人的法律援助常常被认为是律师为了公共利益并应其职业道德义务的新要求而自发地向穷人提供援助的一项慈善事业,具有很大的随意性。援助对象不是指经济上存在困难的个人,而是指由法律规定的、不具有统治阶层所具有权利的一个贫困的社会阶层。

第二,个人权利阶段。十七、十八世纪以后,伴随着资产阶级革命的爆发与资产阶级人权思想的影响,获得法律援助被开始认为是一种公民权利和政治权利,国家有责任从保障每个公民诉诸法律、寻求司法救济以及得到公正审判的权利出发,向经济条件较差或者处境不利的公民提供必要的法律帮助。此阶段的法律援助尽管并未在各国普遍实现立法保证,但是作为政府行为已经得到了广泛的认可,并开始逐渐向社会化发展。

第三,国家责任阶段。第二次世界大战后,特别是在20世纪60年代民权运动的推动下,发达国家进入了社会福利化时期。法律援助也取得了长足的进步和发展,其性质已经不再是一种律师慈善行为,而变成了国家行为,为贫困者提供法律援助也变成了一项公认的国家责任。法律援助已不再被认为是

---

[1] 严军兴:《法律援助制度理论与实务》,法律出版社1999年版,第4—5页。

对穷人的一种恩惠,而被公认是包括穷人在内的每个人所应享有的一项权利,向穷人提供法律咨询也越来越被认为是低成本、高效率的一种法律援助方式,法律援助逐渐被纳入社会福利保障体系之中,被认为应当是一种社会化的行为。

二、我国法律援助制度的产生和发展

我国的法律制度滥觞于清末修律。光绪三十二年四月初二(1906),我国近代法制改革家沈家本在向光绪皇帝奏呈《刑事民事诉讼法》时,曾提出在中国适用律师制度的主张,并说"若遇重大案件,则国家拨予律师;贫民或由救助会派律师代伸权利,不取报酬"。虽然沈家本的主张当时未被清廷采纳,但西方的法律援助思想却有所传播。到了宣统二年十二月(1911),由修订法律馆主持,聘日本法学家松冈义正为顾问,按法典的规模起草的《民事诉讼律草案》奏交宪政编查馆审核,但因清朝灭亡未能颁行。其中第二编第七章以"诉讼救助"为名,对民事诉讼中的法律援助作了系统规定。

民国时期,随着一系列法律的正式颁布实施,尽管时局动荡,但是法律援助制度依然取得了一定的发展。1921年,广东军政府公布实施《民事诉讼律》,这是中国第一部正式颁行的民事诉讼法,其在清末《民事诉讼律草案》的基础上修订而成,草案中关于诉讼救助的规定几乎全部保留,颁布后施行于广东军政府控制的西南各省。南京政府建立后,1930年颁布了《民事诉讼法》,1935年又颁布了新的《民事诉讼法》,并于1945年修正公布,其中都有关于诉讼救助的专门规定。此外,北京政府和南京政府还颁布了一些新的民事诉讼费用法规和关于非讼事件收费的规定,里面也有涉及诉讼救助的内容。因此,民国时期是中国走向近代化的重要时期,法律援助制度在这一时期有明显的发展。

新中国成立后,法律援助的发展在一定时期内有所停滞,直到1996年3月17日《刑事诉讼法》通过修改及1996年5月15日《律师法》的出台,标志着我国正式确立了法律援助制度。在之后的时间里,法律援助事业迅速发展,为实现社会平等、促进司法公正以及推动社会文明进步发挥了积极作用。但是,同时也存在立法不统一、定位不明晰、经费管理混乱等问题。而《法律援助条例》于2003年9月1日生效施行,标志着我国的法律援助从最初无法可依、各行其是的混沌局面步入了法治轨道。特别是宪法修正案中对人权尊重和保护的进一步确认重申,以及在政府大力开拓执政为民、积极推进政治文明的坚强决心和智慧的背景下,法律援助自身也获得了"法律援助是政府的责任"的勇气和高度。

2021年8月20日,第十三届全国人大常委会第三十次会议通过了《法律援助法》,自2022年1月1日起施行。这是贯彻落实党中央关于推进全面依法治国的重大战略部署的重要举措,是完善中国特色社会主义法律援助制度的必然要求。目前,我国的法律援助事务主要由各级法律援助中心承办。全国法律援助机构从2011年底的3600多家,增长到2022年底的1.3万多家。① 2023年,我国法律服务水平加快提升,全国法律援助机构共办理法律援助158.5万件。② 法律援助无论从制度建设还是实践工作等各个方面都取得了长足的进步。

第二节　境外高校法律援助制度概述

高校作为法律援助机构,由于其成员主要来自法律院系的教师和学生,其中许多教师本身具备兼职律师资格,有着丰富的办案经验,再加上高校具有丰富的校友资源,可以在高校法律援助的实际操作过程中承担顾问的角色,所以综合来看,相对于其他法律援助机构而言具有自律性强和法律专业性突出的特点。因此,在世界各国,高等院校都是法律援助的一支重要力量。

一、境外高校法律援助的组织和人员

高校作为法律的援助的主体,其参与的组织和人员自然以其法学院的教师与学生为主。从绝大多数国家和地区的经验来看,高校法律援助与法律教育相结合已经成为一大趋势。

(一)美国

美国法学院的法律援助一般是学生参加以课程为基础的法律诊所项目。

---

① 国务院新闻办:《〈中国的司法改革〉白皮书》,中国政府网,https://www.gov.cn/jrzg/2012-10/09/content_2239771.htm;司法部:《2022年度律师、基层法律服务工作统计分析》,中国政府法制信息网,https://www.moj.gov.cn/pub/sfbgw/gwxw/xwyw/szywbnyw/202306/t20230614_480742.html,2024年2月16日访问。

② 齐琪、白阳:《2023年全国共办理法律援助158.5万件》,中国政府网,https://www.gov.cn/govweb/lianbo/bumen/202401/content_6925923.htm,2024年1月31日访问。

法律诊所教育是 20 世纪 60 年代美国法学院兴起的一种法学教育模式。具体而言,是法学院学生在有执业律师资格教师的指导下,在"法律诊所"中为符合援助条件的受援人提供法律咨询,诊断法律问题并提供解决方案。"诊所式"法学教育的最大特点是使学生能够通过模拟场景和实践操作,从实践中培养学生的法律执业技能和职业道德。美国的诊所法律教育主要分为三种模式:一是校内律所或准律所实习,二是校外律所实习,三是模拟律师实习。[①] 学生参加诊所项目一般可以取得学分,可以向教授请教辩护技巧、应用法学理论及程序。在某些学校,提供法律援助性质的公益性服务已经成为学生取得学位的必要条件之一。在人员结构方面,美国高校法律援助机构的主要工作人员除了教师,法学院的学生是最主要的成员。例如,耶鲁大学的法律机构允许一年级新生参与,哈佛大学的法律援助机构邀请律师作指导,还要求学生之间相互培训。

而在机构管理机制方面,美国法学院一般设有专门的法律援助办公机构,通过举办讲座、研讨会等形式来讨论公益法律问题,并负责接待援助对象的非正式访问。例如,哈佛大学法学院的"法律援助局"就非常典型,它是一个由董事会负责管理的机构,而董事会是由 3 名选举出的学生组成。明尼苏达州米切尔(Mitchell)法学院模拟真实的律师事务所的运行模式来涉及校内律师事务所的诊所模式,每三位学生组成一个小组,每学期可以获得 10 个学分。[②] 米切尔法学院为参加法律诊所项目的学生提供专门的办公场所、会见室和办公设备,同时会专门聘任法官、律师和校内经验丰富的教授担任学生的导师,并聘请行政助理和专兼职秘书提供日常服务。现场诊所的师生比维持在1∶7左右。[③] 如果说美国的法律诊所课程是教育体系的组成部分,那么参加注重社会公益性质的法律援助,就是一种纯粹外向型的社会实践活动。[④] 参加法律援助或许不一定能获取相应的学分,但是作为实践性课程的主要内容之一,能够帮助学生迅速积累有效技能和社会经验。

---

① 参见[美]艾里尔·S.密尔斯顿:《美国的诊所式法学教育》,袁彬译,载《中国法学教育研究》2003 年第 3—4 期,第 28 页。

② See Roger S. Heydock, "Clinical Legal Education: the History and Development of a Law Clinic," 9 Wm. Mitchell L. Rev., 1983, pp. 145 – 147.

③ 参见许庆坤:《美国法学教育透视》,载《山东大学法律评论》2007 年,第 254 页。

④ 参见郭艳利:《美国法学教育实践育人培养模式的启示》,载《中国法学教育研究》2012 年第 4 期,第 24 页。

（二）德国

德国律师协会(Deutscher Anwaltverein)是德国的专业组织之一，致力于维护律师利益，并在需要时提供法律援助。天主教慈善组织德国慈善协会(Deutscher Caritasverband)亦提供包含法律援助在内的各种服务，致力于帮助那些需要帮助的人。德国国际合作机构（Deutsche Gesellschaft für Internationale Zusammenarbeit,简称 GIZ），是德国联邦政府的机构之一，在德国和国际范围内提供发展合作和人权保护相关的支持，其中也包含了法律援助的内容。

德国是大陆法系的代表，一些学者主张，为了增强学生的实务能力，应当摒弃传统的填鸭式教学，转而激发学生的主观能动性。这一转变不仅有助于提升法律诊所教育的核心理念，更为法律诊所的学生提供了便捷的援助途径。同时，与地方法院、律师事务所等实务部门的合作被视为实践教学的重要路径，旨在培养学生的国际视野。为此，还应重视法律诊所课程的教材建设，并加大力度培养复合型卓越法治人才。德国高校的法学教育时间也比较久，通常会在七年的培养年限内进行以法律实务锻炼为主要内容的教学训练。

因此，德国高校的法律援助组织主要包括学生法律咨询中心、法律诊所和学术性法律援助项目组织。许多德国大学都设有学生法律咨询中心，这些中心通常由法律系的学生运营，他们在教师的监督下为其他学生提供消费者权益保护、劳动法律、房屋租赁等方面的法律咨询。法律诊所是德国法律教育中常见的一种实践教学方式。在这些诊所中，学生在教师的指导下处理真实的法律案件。学生可以通过这种方式获得实践经验，并帮助需要法律援助的人。一些高校的研究机构或法律系会组织学术性法律援助项目，由教授或高级研究人员领导，学生参与，关注特定的法律领域或社会问题。同时，也会与当地律师协会、法律援助机构或其他法律组织合作，为学生提供更多的实践机会，并加强学校与社区的联系。

（三）菲律宾

菲律宾施行的是混合式(Hybrid)的法律体系，融合了大陆法系和普通法系。例如，菲律宾的刑法、部分商法、人格法来自西班牙(大陆法系)，而其行政法以及相关程序法则来自美国(普通法系)。菲律宾高校的法学教育采用的是研究生层次教育模式，属于第二学位教育，学生必须通过四年学习取得非法学的本科学位之后，才能申请进入法学院学习，取得法学学士学位(LLB 学位)。

菲律宾宪法规定,由最高法院设立法学教育理事会负责管理法学教育体系,监督认可法学院并制定法学院认可的相关标准、基本课程,设立实习项目。菲律宾高校通常将法律诊所教育作为选修课程或必修课程纳入法学专业教学计划中,安排一定学时供学生学习和实践。

二、境外高校法律援助的方式

所谓法律援助的方式,就是指国家或地区通过哪些形式,给予那些涉有法律问题、自身合法权益遭到侵害或者正在遭受侵害需要寻求法律救济,但因经济条件困难无力支付所需费用的公民以经济上的帮助,使其合法权利及时得到保障。

(一) 美国

正如前文所述,美国以律师为导向的诊所式法律教育模式和相对开放的法律援助制度决定了即使是法学院的学生也可以参与到法律援助案件的方方面面。以哈佛大学的法律援助局为例,从与当事人最初的见面,到问题的最后解决,一名学生可从事的工作涵盖案件处理的方方面面。再如耶鲁大学的公益法律援助组织,参与项目的学生将在教学人员和律师的指导下会见当事人、撰写案情摘要、准备证据、参与谈判,甚至参与出庭事宜。对于初涉法律的学生来说,这无疑是极其宝贵的机会。

而哈佛大学法学院拥有法律援助局、哈佛辩护者组织和监狱法律援助项目组织这三个由学生担任运作主体的实践性法律援助组织。在校内指导教师和校外律师顾问的专业指导下,这些法律援助组织的学生独立完成相关工作,为社会上的低收入群体、监狱服刑人员等提供免费法律援助服务,处理法律事务,并能够为刑事案件中的被告辩护。[1]

(二) 德国

在德国,除了汉诺威大学、比尔菲尔德大学、洪堡大学等少数几所大学有法律诊所,绝大多数高校的法学院并没有采用美国式的法学诊所教学。直到2008年,法律仍然禁止没有律师资格的人提供法律服务,无论这种服务收费还是免费。这种相当严格的规则可以追溯到20世纪初,目的是保证法律服务

---

[1] 参见蒋鹏飞:《哈佛大学法学院学生实践能力培养的若干经验研究》,载《黑龙江教育(高教研究与评估)》2007年第9期,第38页。

的高标准。许多时候,这一规则的保留当然也与律师界的极力游说有关。因此,让学生处理真实案件并把为雇主提供法律意见的责任交给没有通过考试的大学生,在德国是不可能的。但这很大程度上只是德国几乎没有法律诊所教育的一个非常正式的理由。"尽管《法律服务法》2008年已经修改,根据新法已经允许学生在律师或者教授的监督下为雇主提供免费法律意见,但大学里的情形并没有戏剧性的改变。"①

德国高校的法律援助仅仅面向校内学生提供法律咨询。通常情况下,德国的高校或高校学生会成立面向在读学生的法律援助办公室。法律援助办公室由学生会成员以及高校聘请的专业律师组成,负责向学生提供专业法律建议和分析。德国高校的法律援助是公益性质的,并不会与律师签订委托合同,高校也不会收取任何费用。一般情况下,德国的高校法律援助组织会公布法律咨询的固定时间,可以通过面谈、邮件和电话等多种方式进行预约咨询。波恩大学、杜伊斯堡埃森大学、海德堡大学、纽伦堡大学等各大高校均设有法律咨询网址。不少高校为了严格遵守法律援助咨询的保密要求,在咨询结束后会将相关邮件删除防止外泄信息。

(三) 菲律宾

菲律宾总共有近110所法学院。2004年,阿特尼奥人权中心的一项调查显示,在受调查的90所法学院中,有28所法学院制定了法律援助方案,并且,有23所法学院开设了诊所法律教育课程。② 以阿特尼奥法学院为例,他们的法律援助以培养学生的实践技能和社会责任感为核心,采用了诊所式法律教育、实习生项目、司法学徒项目、监狱减压项目以及国家税务局的税收诉讼等形式,来发展法律援助服务,为学生提供实践的机会。

三、境外高校法律援助的程序

由于所提供的法律援助方式的不同,各个国家和地区的民众获得高校法律援助所必须履行的程序也不尽相同。

(一) 美国

在美国,就一般程序来讲,当事人获得法律援助必须具备两个方面的条

---

① 参见[德]阿什特里德·斯达德勒尔:《德国法学院的法律诊所与案例教学》,吴泽勇译,载《法学》2013年第4期。
② 参见杨睿、[菲]梅迪纳主编:《菲律宾的公益法实践——法律援助、非传统法律服务及农民土地问题》,法律出版社2010年版,第26页。

件：一是经济上的贫困，即无力支付法律服务费用或其他诉讼费用；二是案由上的依据，即该事务需要通过法律途径予以解决，并需要寻求法律帮助。如若当事人认为自己具备了以上两个条件，就可以到自己所在地设有法律援助机构的高校申请法律援助。提供申请的形式可以是书面的，也可以是口头的。当事人提出援助申请后，高校法律援助中心的工作人员，首先应核查当事人是否符合被援助的经济条件，即必须符合穷人的标准。如果经济审查后申请人符合援助标准，接下来就要审查当事人申请援助的理由。如果申请人请求援助的法律事项不需要进入诉讼程序，只需要提供一般的咨询便可以解决，那么法律援助中心的工作人员便可以即时予以解答，为其提供必要的服务；如若该援助事务需要进入诉讼程序，那么法律援助中心就会根据申请者的诉讼性质，为其指定援助者辩护人，由辩护人代理申请人进行诉讼。

（二）德国

德国的法律援助对象是在"经济上被部分剥夺或者被剥夺基本社会权利的人"[①]。在德国的民事法律援助体系中，法律咨询扮演着举足轻重的角色。联邦德国的法律咨询制度致力于为社会广泛群体提供法律咨询服务，覆盖领域广泛，如房屋租赁、遗产继承、家庭纠纷以及各类社会事务。当然，法律援助的范围并不局限于法律咨询和文书材料写作，它的精髓在于力争确保贫困人群能够享有与富裕人群同等的法律代理服务，从而保障他们在法庭之外的权益得到平等对待。

德国高校的法律援助组织主要由高校、学生会来提供具有公益性质的免费法律咨询和建议。高校的法律援助办公室除了学生会成员也会包含一定数量的专业律师。通常，可以从德国高校的学生会网站找到法律援助的相关信息、简介、咨询电话以及办公时间。在工作时间拨打咨询处电话进行预约咨询，也可以通过发送邮件的方式将法律问题、相关资料发给高校法律援助组织。

（三）菲律宾

菲律宾受到英美法的影响比较深刻，因此，非政府组织在菲律宾发展得尤为兴盛。以菲律宾大学法学院为例，1971 年开始设立法学院学生实践项目，内容是要求学生担任两个星期的法院助理。1974 年，菲律宾大学法学院设立

[①] 严军兴：《法律援助制度理论与实务》，法律出版社 1999 年版，第 75 页。

法律援助办公室,1980年,开始大力推广美国式的法律诊所教育。菲律宾大学法学院法律援助中心是学生的一个重要实习基地。一般从六月份开始,学生在这里进行为期八周、每周八小时的实习。同时,必须满足六十小时的值班时间,包括出庭、调查取证等环节。

菲律宾大学的法律援助中心在案件受理之前,会审查申请者是否符合案件受理标准,即家庭月收入低于 8000 比索,同时,案件具有潜在的教育价值。[1] 对这些经济条件困难的人,菲律宾大学法律援助中心免收代理费用,但是会要求当事人承担办理案件必要的支出,例如打印费、交通费等。

四、境外高校法律援助的经费来源

目前来看,世界各个国家和地区的法律援助主要的经费来源都来自政府的经费拨款。例如,中国台湾地区的法律援助基金就是由台湾地区政府捐助成立的,同时,地区政府还会对法律援助机构的日常运行经费进行货币补贴。在美国,每年联邦和州的各级政府会对法律援助进行专项的经费拨款。

政府的财政拨款是法律援助的重要资金来源,但是,各类法律援助机构仍然会通过一些其他的方式来拓展法律援助的资金来源渠道。高校的法律援助机构也是如此,不同国家、地区的法律援助机构在经费来源上也有所不同。

(一) 美国

美国高校的法律援助制度主要体现为高校的法律援助诊所教育。这一制度的经费主要来自学校的拨款。除此以外,一些慈善基金会也会对法律诊所的日常运营提供资金上的支持,其他企业、个人的捐款以及法院的经费支持也是法律诊所教育经费的来源。

美国有专门的《法律服务公司法》,其中所指的法律援助服务公司负责民事方面的法律援助工作,法律援助服务公司的资金支持会占据整个联邦所有民事法律援助经费来源的 80% 以上。每一年,法律服务公司会根据预算获得政府的经费拨款。获得政府拨款后,法律服务公司再给各个地方的法律服务机构分配经费,主要是按照各个州的贫困人数进行分配的。法律服务公司还会有专门的审计机构,对资金的利用进行专业监督。

---

[1] 参见杨睿、[菲]梅迪纳主编:《菲律宾的公益法实践——法律援助、非传统法律服务及农民土地问题》,法律出版社 2010 年版,第 20 页。

(二) 德国

德国高校法律援助的经费来源包括政府拨款、高校预算和社会捐赠等方式。

一些法学院的法律援助组织或者是法律诊所教育机构可能会获得来自联邦、州或者地方政府的拨款,用于支持他们提供免费法律援助的活动。不过,与其他福利国家在法律援助上的高额支出相比,德国对法律援助的政府投入显得相对有限。无论是通过政府直接拨款还是诉讼费减免的方式,德国只有少数一部分人符合政府提供的法律援助资格。在德国,法律援助资金的主要来源并非政府的直接拨款,而是依赖于诉讼保险制度。德国的诉讼费用保险制度发展得非常成熟。通过推行这一制度,当事人在支付一定数额的合理保险费后就获得相关保障;律师也能从诉讼费用保险中获得稳定的经济收入;保险公司则在诉讼费用保险市场上获得了可观的利润。诉讼费用保险制度不仅促进了保险业的繁荣,还在一定程度上减轻了国家在法律援助方面的财政负担。[①]

德国高校的学费虽然相对较低,但学生仍需支付一定的学费。这部分学费收入可以用于支持包括法律诊所教育在内的各项教学活动。一些大学可能会从其整体预算中为法律援助项目提供资金,用于支付工作人员的薪资以及购买必要的设备材料等。

法学院的法律援助项目可能会收到来自个人、企业、基金会或其他组织的捐赠和赞助。这些社会捐赠和赞助也可以直接用于支持法律援助活动。通过以上不同的经费来源,德国的高校法律援助项目能够获得资金支持,持续地为经济上被部分剥夺或者被剥夺基本社会权利的人群提供免费法律援助服务。

(三) 菲律宾

菲律宾高校的法律援助中心的资金来源主要包括政府财政拨款、社会捐赠、诉讼保险金以及信托基金。

政府财政拨款主要是菲律宾政府从国家预算中提供给高校法律援助中心的资金,主要用于资助社会弱势群体或者经济困难人群。菲律宾各个高校也会接受社会爱心人士、企业或者其他机构组织的捐赠,以支持大学法律援助咨

---

① 参见[荷]阿哈德·布兰肯伯格:《德国法律援助制度简介》,载宫晓冰主编:《外国法律援助制度简介》,中国检察出版社2003年版,第32页。

询和各项活动的顺利开展。

诉讼保险金也是菲律宾高校法律援助中心的来源之一。公共或私人保险形式的诉讼保险制度也被称为预先付款法律服务制度,这成为法律援助经费的一个重要来源。诉讼保险会和住宅保险和商业保险并行发行,诉讼保险负责支付被保险人参加诉讼的费用,而被保险人的个人出庭费用以及误工费并不包含在内。与菲律宾类似,瑞典实行以公共资金直接支付私人律师费用的模式,对受助者的费用进行补偿。在丹麦等国家,诉讼保险被作为其他种类保险如车险的一个部分,为被保险人的个人诉讼提供保险,并且规定了由败诉的受援助人来分担诉讼费用。此外,菲律宾的一些高校设有法律援助信托基金,通过资助捐赠机制来筹集相关的法律援助经费。

第三节 境外高校法律援助制度的启示

美国大法官霍姆斯曾经说过,"法律的生命不在于逻辑,而在于经验"①。境外高校的法律援助制度,无论是在组织架构、程序,还是在援助方式和资金管理和来源上,都存在可借鉴之处。中国的高校法律援助事业,处于发展的蓬勃阶段,正是在这样一个千载难逢的历史机遇下,我们需要从以下方面入手,积极建立和完善中国高校法律援助制度。

一、中国高校法律援助组织和人员的完善

结合前文所介绍的中国高校法律援助的情况,对比域外,不难看出在组织和人员方面,中国高校法律援助在以下几个方面尚有待完善。

首先,高校法律援助组织的管理体制有待进一步理顺。目前,中国的高校法律援助机构是依托于各个高校成立的社会团体。这些法律援助组织在接受高校管理的同时,也接受各级司法行政部门的领导与监督。这样的管理体制导致了高校法律援助机构一方面缺少必要的独立性与自主性,另一方面又在支持与引导方面得不到有力帮助。同时,作为肩负着法律援助职责的社会团体,又与政府设立的法律援助机构存在着一定的交叉与重叠。这导致高校法律援助的优势很难完全发挥。

---

① [美]奥列弗·文德尔·霍姆斯:《普通法》,冉昊译,中国政法大学出版社2006年版,第11页。

其次，人员的激励措施依然有待完善。专业的教师、学生是高校法律援助的最主要优势，但是保证高校法律援助制度的有效运行，不能仅仅依靠法学院教师与学生对于法律实践参与的满腔热情与济贫扶弱的社会责任。对援助者必要的激励措施也是高校法律援助制度的题中之义。美国的法学院通过诊所式教育，将参与法律援助活动折合成相应的学分，同时要求教师重视法律援助，以类似"学徒制"的方式在具体案件办理过程中给予学生充分的指导与帮助。这在客观上充分促进与调动了学生参与的积极性与主动性。而中国的法学教育在这方面较为欠缺的。

因此，建议可以在以下几个方面进一步完善中国高校法律援助的组织与人员架构。

第一，加强立法进一步明确规范高校法律援助机构。我国关于法律援助的规定一般见于《刑事诉讼法》《律师法》以及相关的法规和行政规章中，在民间法律援助方面，基本上还处于立法空白的状态。我们认为，可以借鉴境外的先进经验，制定符合中国国情和法律援助现状的法律援助体系。通过相关立法，明确高校法律援助机构这类作为社会团体的法律援助机构的地位、性质，其与政府设立的法律援助机构的关系、职责的划分。

第二，改革目前高校法律援助机构的双层管理体制。鉴于中国高校法律援助机构发展的现状，可以采取政府和高校共管模式。双方在范围和管理权限上应有所分工。司法行政部门一般对法律援助机构的设立、工作范围、人员资格等方面行使管理和监督职能，而对于法律援助的日常工作、内部人事制度、具体操作程序则应以高校职能部门管理为宜。双方应当互相沟通协调，确保法律援助工作畅通无阻。

第三，建立合适的激励制度。改革中国目前的法律教育重理论、轻实践的普遍做法，有条件、有步骤地尝试诊所式教学，将法科学生的学业评定与参与高校法律援助活动相挂钩，规定法科学生在校期间必须参与一定时间的法律援助工作。同时，规定法学教师每年也必须参与一定时间的法律援助工作，包括亲自承接案件、指导帮助学生等工作。对于在法律援助中表现突出的教师、学生在奖学金评定、职称晋升等方面给予一定的奖励。

二、中国高校法律援助方式的完善

如前文所述，中国高校法律援助的方式主要有办理诉讼业务和非诉讼业务以及其他方式三类。

第一,诉讼业务包括刑事、民事、行政诉讼。代理各种诉讼案件是高校法律援助工作人员的重要任务。在现实的援助工作中,大量前来寻求帮助的人都是因为经济困难请不起律师,从而希望学生能够出庭代理案件。

第二,高校法律援助工作人员办理非诉讼法律业务的领域也很广。例如解答法律咨询,提供法律、法规变化及其影响的信息,代为发表声明或公告,以及各种合同的谈判、起草、审查、修改、拟订、履行监管等,都是高校法律援助工作人员在日常工作中会涉及的非诉讼业务。

第三,其他方式是指组织开展一些有声势有影响的公共法律教育活动,采取灵活多样、喜闻乐见的形式进行法律和法律援助宣传。这些活动形式主要包括但不限于:1.法律知识咨询活动;2.社区和农村巡回流动宣传;3.论坛讲演和专题法制教育课;4.法制漫画和图片展览;5.播放法制教育片;6.文艺演出;7.利用报刊、广播、电视、网络等媒体进行宣传。

可以看出,中国高校法律援助方式相比于德国等国家种类更多,受到的限制更少。在校学生可以在法律援助工作中独立办理诉讼案件,当然,多样的援助方式虽然有利于更多有法律援助需求的人能够在高校法律援助机构内得到帮助,帮助学生更全面地参与到案件的全流程,但是,由于在校学生缺乏实践经验,现有法学教育又难以将理论与实践作良好结合,即便是进行法律服务,质量也往往不尽如人意,很难保证案件办理的质量,被援助者的权利很难得到保证,法律援助的目的也很难完全实现。因此,法律应当针对高校法律援助的特点,结合我国实际,综合评价援助主体的能力,合理区分案件类型,从而对高校参与的援助方式加以一定的限制。例如,未通过法律职业资格考试的在校学生只能在具体案件的办理过程中承担一定的辅助工作。对法律援助志愿者进行分类登记,构建法律援助服务者的晋级制度,由初级到高级建立起稳步发展的志愿者成长体系。

三、中国高校法律援助程序的完善

如前文所述,中国目前高校法律援助的程序在各高校中规定不一、参差不齐,多依托高校法律援助管理人员对法律援助程序性规定的理解和认识。同时,程序规定在内容上过于简单,仍需要完善和补充。对比域外高校法律援助工作的经验,可以从以下几点继续完善中国高校参与法律援助的程序。

第一,加快立法明确高校法律援助的基本程序。虽然,高校法律援助机构不同于政府设立的法律援助机构,应当允许其在自身程序的决定上有一定的自主决定权,但是法律还是应当对其在法律援助的申请、审批、拒绝、终止、撤销、审结等事项上统一作出基础性规定。同时,除一般程序,还应当设计紧急程序、特殊程序、简易程序、口头程序等程序法上的配套规定。

第二,针对不同法律援助方式设计相应的程序。正如前文所述,中国高校法律援助方式很多,既包括诉讼业务,也包括非诉讼业务,还有其他方式。不同的法律援助方式所针对的程序也应当是不一样的。例如,如果是法律咨询,可以不设任何门槛,定期解答每一个求助者前来咨询的法律问题。而如果是诉讼业务,则有必要对求助者的经济条件、案件类型等加以审查。

第三,创新方式,提高服务质量与效率。法律援助质量和效率对服务民生作用的发挥具有重要影响,因此在程序设计时应当充分考虑便民措施。特别是注意与信息化手段的结合,例如充分利用微信、微博等平台,通过创新方式方法简化烦琐的程序,更好地实现法律援助的目的。

四、中国高校法律援助经费及其管理的完善

高校法律援助制度的经费是法律援助制度正常运行的坚实后盾和物质基础。对于高校这样的非营利性法人而言,充足的经费更是保障法律援助的规模、质量以及调动学生参与法律援助积极性的重要保证。

《法律援助法》第四条规定了法律援助的保障体系,其中明确了法律援助的政府责任,县级以上人民政府应当将法律援助工作纳入地方国民经济和社会发展规划,将法律援助相关经费列入本级政府预算,法律援助费用专款专用、动态调整。这些规定要求政府采取积极措施推动法律援助工作,为法律援助提供财政支持,保障法律援助事业与经济、社会协调发展。政府的投入是中国法律援助资金来源的主渠道。从域外法的实践来看,英国用于法律援助的费用大约占到财政总预算的5%,日本刑事法律援助的经费基本上由政府提供。高校的法律援助自然也离不开政府的拨款。同时,社会捐赠也是高校法律援助重要来源。目前,许多高校的法学院都受到社会各界的捐助。形式上也比较多样化,有面向法律援助志愿者设立奖助学金的形式,有组织冠名的形式,也有活动冠名等方式。

"让我们在世界上建立一幢和平大厦,使弱者和强者享有一样的安全——在这幢大厦中,每一个人都尊重他人在不同制度下生活的权利——在这幢大厦中，人们不是以武力而是以思想的力量来影响别人。"①如果说，法律援助制度是这座和平大厦的重要支柱，那么高校的法律援助制度则是这根中流砥柱上精雕细琢的绚烂一笔，承载着弱势群体的希望，承载着公平和正义的梦想。高校法律援助经费制度是保障这座大厦屹立不倒的重要基石。

中国高校法律援助在经费来源和管理方面，需要从以下几个方面着手，进行细化和完善。

第一，必须拓宽资金来源渠道。除了政府、学校和法学院的常规拨款和政策支持，高校还可以充分利用校友资源，例如，南京大学法学院的法律援助基金奖学金，就是由86级校友代表捐资设立的，主要用于表彰和资助为学校的法律援助项目作出突出贡献的法律援助志愿者。同时，还可以充分利用社会资助渠道，吸引、鼓励企业参与到高校的法律援助过程中。这样既可以吸引企业来资助高校的法律援助中心活动，又可以吸引律所之类的专业机构参与到资金募集过程中。例如，鼓励律所通过学校正规的捐赠程序进行资助：一方面律所可以提供一定的资金支持；另一方面，律所拥有最广泛的专业人才资源，学校可以聘请律师参与到高校法律援助工作中，为高校法律援助中心的学生志愿者提供专业性指导意见。

第二，尝试部分借鉴北欧国家的预先付款法律服务制度。瑞典等北欧国家的预先付款法律服务制度指的是在法律援助服务开始之前，采用保险的形式对法律援助资金进行融资。同时，由于高校和其他政府设立的官方法律援助中心不同，财政拨款力度比较弱，高校自身的财政支持也比较有限，因此，高校可以先行向受助者收取小额的受理费，用于支付诉讼过程中可能出现的路费、打印费等小额支出，这样也可以避免资源的浪费。

第三，发挥学生的主观能动性，充分利用高校的文化优势。学生是高校法律援助工作的主体，更是高校法律援助制度的中坚力量。要充分发挥学生志愿者的主观能动性，鼓励更多学生投入法律援助事业中，鼓励学生走向社会，为高校法律援助中心争取更多的外联赞助。同时，可以借鉴境外一些高校的做法，发行一些校园周边义卖产品，充分利用高校的品牌文化，例如书签、明信片、帆布袋等特色纪念品，为高校法律援助工作的资金提供更多来源。

"两个人之间可以在能力上存在不平等，但是并不能由此得出结论说：他

---

① [美]《尼克松总统连任就职演说》，载《美国总统就职演说》，时代文艺出版社2005年版，第433页。

们可以在权利上不平等。社会法律的设立,绝不是为了使弱者更弱,强者更强,恰恰相反,而是为了保护弱者以抵御强者,保障他们获得全部权利。"[1]法律援助是帮助弱者实现自身权利的重要渠道,因此,必须着力拓宽高校法律援助资金的来源渠道,为高校法律援助的长期稳定运行提供坚实的物质基础。

案情简介

2022年2月25日,南京大学法律援助中心接受江苏恒爱法律援助中心的指派,由南京大学法律援助中心志愿者D同学受领材料、交接工作。当日,在劳动法研究方向的专业老师的指导下,南京大学法援中心的志愿者们组成案件代理小组,为保洁人员H女士提供法律援助服务。

南京大学法律援助中心接案时,对本案是否属于劳动关系存在争议。因此于2022年3月6日,代理小组成员W同学、Y同学与本案其他当事人的代理志愿者进行讨论,确定本案的纠纷解决路径,即先仲裁,仲裁不成再提起诉讼,并提前准备了仲裁和诉讼材料。2022年3月11日,代理小组的志愿者前往南京市秦淮区劳动人事争议仲裁委员会提起劳动仲裁,该委当天即作出不予受理通知书。根据《劳动争议调解法》规定,需在收到不予受理通知书的15天内向法院提起诉讼。由于时间紧迫,当天,代理小组将准备好的立案材料提交至南京市秦淮区人民法院。

2022年3月25日,被告公司法定代表人H有意进行调解。2022年3月28日,案件代理小组申请追加H为本案被告。2022年5月10日,秦淮区人民法院对本案进行诉前调解,经法官调解,双方当事人达成调解协议。[2]

案例评析

本案是一起公司拖欠保洁人员工资的典型案例,志愿者们在案件代理过程中收获颇丰。从证据收集的角度看,办案过程中,办案人员应当积极与当事人保持联系,及时补充证据材料,由于当事人居住地及工作地距离南京大学法

---

[1] [法]泰·德萨米:《公有法典》,商务印书馆1996年版,第28页。
[2] 案件选自印维琛、王心惠:《南京大学法律援助中心2022年度工作报告》,当事人信息已作脱密处理。

律援助中心较远,案件代理小组需要外出与当事人见面,不可因距离远就拖延材料签署时间。

从调解过程来看,当事人与被告矛盾较深,情绪激烈,在稳定当事人情绪后,代理小组向其告知代理的相关风险,在与对方当事人进行权衡博弈的同时,最大限度保障己方当事人合法权益,达成令当事人满意的调解结果。

在本案的代理过程中,一直得到了南京大学法学院劳动法研究方向专业教师的全程具体指导。为保证法律援助过程和实践教学过程的可持续性,在代理案件过程中实行办案小组制,将学生分成若干办案小组,以小组为单位开展法律援助。各小组在办案过程中,需完成会见当事人、立案、庭前准备、出庭、结案、归档等工作任务。同时,坚持指导过程标准化,每个办案小组指派专业指导教师,关注案件进展和学生表现,指导学生完成案件主张、证据调查、庭前准备、案件总结 4 个教学实验环节。高校通过设立法律援助实践平台,让法学专业的学生在专业教师的指导下担任法律援助志愿者,全程参与并完整办理一个真实的法律援助案件。这一过程不仅有效提升了学生的法律职业技能,还极大地锻炼了他们的团队协作能力,并促进了法律职业伦理水平的提升。

本章作者:唐赟

第七章　高校诊所式刑事法律教育的可持续发展

2023年2月26日,中共中央办公厅、国务院办公厅印发《关于加强新时代法学教育和法学理论研究的意见》。该文件指出:"法治工作部门要加大对法学院校支持力度,积极提供优质实践教学资源,做好法律职业和法学教育之间的有机衔接。"[①]目前,各高校法学院为切实执行这一政策,以诊所式法律教育的方式加强法律职业和法学教育的深度融合。但在落实过程中,由于这种教育模式的固有局限以及刑事内容的特别局限,为教育工作的开展增加了一定困难。与此同时,随着数字技术的发展,曾经一些法律教育上面临的难题,都可以一种技术化的路径进行破解,并优化诊所式刑事法律教育的传统模式。有鉴于此,本部分首先梳理了此种教育模式的起源以及要实现的目标,然后根据预设目标去检验教育模式的本土化进程,最终引入数字技术以解决本土实践中出现的问题,以期更好实现法学教育职业化的重要转变。

第一节　诊所式刑事法律教育的起源与目标

诊所式刑事法律教育来源已久,是西方在以往法律实践教育缺失的情形下,提出的应对性教育模式。而其教育目标,则决定了本土化借鉴与移植的内容及重点。

---

① 参见《关于加强新时代法学教育和法学理论研究的意见》,载中国政府网 https://www.gov.cn/zhengce/2023-02/26/content_5743383.htm,2024年8月1日访问。

一、一种不同以往的教育模式：刑事法律诊所

在诊所式法律教育出现之前，美国历史上先后存在几种不同的法律教育模式。最开始，律师培养是通过学徒制的方式，即学生通过跟随老师阅读经典教材、司法判例，并参与和观摩指导老师代理的真实案件，以学习相关的法律内容。① 但这种法律教育方式存在两个较大的弊端：一个是学生无法接受系统的规范教育，另一个是缺少用以评判是否达到律师水准的考核指标。于是，以法学院校为代表的经院式法律教育应运而生。经过一段时间的演化，发现大学中进行的职业法律教育存在填鸭式教学及脱离司法实践的问题。为应对此问题，美国著名法学家克里斯托弗·哥伦布·兰德尔（Christopher C. Langdell）提出了经典的案例教学法。这种教学方式采用苏格拉底式②的问答交流，以培养学生学会从阅读案例中发现法律运用的一般原理。③ 可即便如此，案例式教学依旧无法摆脱经院式课堂传授知识的固有缺陷。

在此情状下，一个主张以训练法学院学生实际能力为宗旨的实践性法学教育模式逐渐兴起，并最终催生了"诊所式法律教育"（Clinical Legal Education）的诞生。④ 顾名思义，这一模式主要是借鉴医学诊所的教育方式，让未来从事法律职业的法学生，如临床实习般能够尽早接触到司法实务，并从中得到专业的训练。当然，"临床"的方法尽管能够使学生有机会接触到第一手资料，以及知晓没有反映在法律报告和文本中的内容，但毫无疑问，诊所式的教育目的只能是补充而非取代，⑤因为实体法基础的建立，依旧要通过系统化的专业授课才能实现。与此同时，诊所式课程的开展也会受到一定质疑，这主要是"临床"教学的劳动密集型特征所致，即无论是在教师时间还是业务支出方面，诊所式的法律教育都过于昂贵。⑥ 但随着法学院校的高速发展以及

---

① 参见黄爱学：《民事法律诊所教程》，中国政法大学出版社2018年版，第7—8页。
② 参见胡铭：《司法竞技、法律诊所与现实主义法学教育——从耶鲁的法律现实主义传统展开》，载《法律科学（西北政法大学学报）》2011年第3期，第45页。
③ 参见侯斌：《诊所法律教育在我国的实践与未来》，载《西南民族大学学报（人文社科版）》2006年第10期，第124页。
④ 参见章武生：《"个案全过程教学法"之推广》，载《法学》2013年第4期，第51—52页。
⑤ See Donald J. Egleston, "Clinical Legal Education," 34 *The Advocate (Vancouver Bar Association)*, 337, 1976, pp. 339-340.
⑥ See James C. Hathaway, "Clinical Legal Education," 25 *Osgoode Hall Law Journal*, 239, 1987, pp. 241-242.

现代信息化技术创造的便利，以上缺点都慢慢得到有效解决。

诊所式法律课程的内容，实践中主要包括刑事、民事以及行政等，其中刑事法律诊所活动的开展，因有别于其他类型而受到特别限制。根据我国《刑事诉讼法》第三十三条规定，除犯罪嫌疑人、被告人自身拥有辩护权，有且仅有法定的三类主体可作为刑事案件中被委托的辩护人：一是律师；二是人民团体或者犯罪嫌疑人、被告人所在单位推荐的人；三是犯罪嫌疑人、被告人的监护人、亲友。因此，诊所学生虽然承担了大量的庭前工作，但由于并不具备"刑事出庭资格"，最终只能提供半截子式的法律援助。[①] 如此一来，诊所式刑事法律教育的效果，必定在程序参与缺失的现状中大打折扣。鉴于上述状况，诊所式刑事法律课程该如何设置以及其教育活动该如何实践等，都成为亟待解决的难题。

二、诊所式刑事法律教育的目标

教学实践中，刑事法律诊所难题的破解，要依托于教育目标的明确。因为诊所式刑事法律课程的设置及活动的进行，都最终指向这种教育模式设立的初衷。经过对既有文献的整理与分析，笔者认为刑事法律诊所的教育目标，在于"弥合刑事理论与刑事实践的教育鸿沟"。

首先，为改变"纸面"教学弊端的案例分析法，依旧未能摆脱实践性缺失的泥沼，而诊所式的刑事法律教育，正是为了解决这一问题应运而生。根据中国的实际情况，有学者提出了优化的"个案全过程教学法"。即教师先对案例进行采选，然后分阶段将个案的相关材料分发于学生，让学生通过事实材料研究案件，并确定诉讼的策略及撰写诉讼文书等。[②] 这种方式，通过学生之间的积极讨论与互相辩论，来弥补单纯教学中理论与实践的脱离。但现实教学中，学生们更倾向于将自己隐藏在课堂之中，以一种消极的态度面对老师提出的问题。[③] 由此，中国语境下的案例教学法，并不如预想中的那样，可发挥其真正的作用。而诊所式刑事法律教育与此不同，即使学生并不想主动进行回应，但基于受援助者的积极询问，这种"主动的消极"终将转化为"被动的积极"。同时，刑事法律诊所的设置，并不是在模拟法律场景，而是直接将学生置于真实

---

① 参见刘晓兵：《诊所学生在刑事法律援助中的出庭资格研究》，载《首都师范大学学报（社会科学版）》2013年第4期，第63—64页。
② 参见杨严炎：《"个案全过程教学法"的价值与功能》，载《法学评论》2013年第5期，第156页。
③ 参见王泽鉴：《法学案例教学模式的探索与创新》，载《法学》2013年第4期，第58页。

的司法实践当中。从本质上来看,其身份相当于可涉足律师业务的法律服务工作者。

其次,诊所式刑事法律教育活动开展的本身,就是将课堂中学习的抽象理论,在司法实践中予以具体化。在美国,诊所式法律教育可分为三种类型:一是在法学院教师指导下,为有关当事人直接提供代理服务的"内设式法律诊所";二是将学生交予法学院之外的法律工作者,并在他们的指导下进行实践的"外设式法律诊所";三是构建一个模拟的环境,让学生学习律师职业技能和职业道德为主的"模拟法律诊所"。[1] 从内容来看,第三种更像是经院式的法律教学,而前两种则是根据指导主体的不同,进行着类似事项的法律援助。按照如上分类,我国刑事法律诊所的开设,主要是一种内设型的,即依托于高校法学院教师的指导,让学生在法律援助过程中学习如何将刑事法的内容贯穿刑事诉讼的程序之中。而这种教育模式实质上就是想让学生将课堂所学的系统性理论,付诸具体的、真实的司法实践当中,以使学生有能力将抽象的法律概念进行具体化运用。值得一提的是,美国的外设式法律诊所与中国法学生的法律实习制度相似,都是以体验司法实践为核心,将学生置于律师事务所或相关的法检机构之内。但就目前而言,这种非由校内教师指导的实践性教育,通常未能直接归入诊所式刑事法律教育的范围之内。

最后,在校学习的法学生都有一个集中的特点,就是缺乏刑事法律的"社会阅历",以至于法学生刚出校门时无法适应现有的司法环境,而诊所式刑事法律教育的提前性实践,可为法学生提供一个提前判定自身是否适合这一职业的机会。诊所式法律教育的开展,依赖法律援助中心对案件的提供,所以二者紧密相连并互相促进。[2] 学生们可借助法律援助中心这一平台,进行相关的刑事法律实践。例如在受理案件后,学生们通过查阅与研究相关法律文件及司法判例,展开事实上的调查及询问以及书写法律文书等。[3] 这意味着,学生在未出校门阶段,便学会了如何站在律师的角度去思考问题,并以较早接触真实案件的方式,提高综合应对司法实务的素质和能力。

---

[1] 参见陈建民:《从法学教育的目标审视诊所法律教育的地位和作用》,载《环球法律评论》2005年第3期,第283页。

[2] 参见王立民:《法律援助与"诊所法律教育"》,载《政治与法律》2005年第1期,第27页。

[3] 参见赵向华:《日本的临床法学教育及对我国的启示》,载《东北师大学报(哲学社会科学版)》2015年第6期,第236页。

第二节 刑事法律诊所的本土化检视和既有模式的局限

在诊所式刑事法律教育模式的借鉴与移植下,国内多所大学相继开设了相关课程,并设立法律援助中心以提供实践平台。但渐渐发现,既有刑事法律教育模式存在多重局限,并未真正发挥诊所式刑事法律教育的预期目标。

一、国内刑事法律诊所的发展与刑事内容的特殊性

2000年在福特基金的赞助下国内七所大学最先开设法律诊所这门课程,带来国内法学实践教育的第一场变革。[①] 2002年中国法学会法学教育研究会"诊所法律教育专业委员会"正式成立,旨在推进诊所式法律教育理论与实践的研究以及在中国的推广与普及。[②] 2007年武汉大学法学院对教育模式进行创新,引入法律赋能的概念,并设立了"社区法律赋能诊所",通过组织学生进入乡村及城市社区的方式,开展法律宣传、培训等活动。[③] 2011年我国正式启动"卓越法律人才培养计划",促进了法学理论性教育与职业性教育的深度融合。至此,经过二十多年的努力与经验积累,已有近200所学校成为法律诊所的会员单位,并开设涉及多个领域的诊所课程。

刑事方向作为诊所式法律教育的重要发展领域之一,从课程设置到具体事项上与其他教学不完全相同。一般而言,诊所式法律课程的教育内容可包括会见与咨询、合同的起草与审查、法律意见书的撰写、调查取证、调解、谈判等。[④] 而受制于刑事诉讼程序中的特殊规定,以上对一般案件设置的课程内容都要进行一定的调整、取舍与增补。以"会见"为例,民事案件中学生拥有会见当事人并询问相关事项的权利,但基于刑事诉讼的特殊性,这一权利的行使被限定在特殊的主体——律师之中。并且,即使是法定授权的主体,在刑事案

[①] 参见郭雪慧:《法律诊所教育的域外经验与借鉴》,载《社会科学家》2023年第7期,第109页。
[②] 参见龙翼飞主编:《中国诊所法律教育探索与创新》,法律出版社2017年版,第1—2页。
[③] 参见徐亚文、程骞:《法律诊所与法律赋能的有机结合:法律赋能诊所》,载《浙江大学学报(人文社会科学版)》2015年第1期,第171页。
[④] 参见胡雪梅主编:《法律诊所实用教程》,厦门大学出版社2013年版,第1—3页。

件上也不一定拥有完整的会见权,更何况是学生。① 因此,诊所式刑事法律教育具有不同于其他领域的特殊地位,在分析局限与寻找突破路径上应有所区别。

二、一般与特别:诊所式刑事法律教育的双重局限

诊所式刑事法律教育的发展尽管已有较大进步,但依旧存在双重局限需突破。而这些局限,也严重阻碍了法学教育"一体两翼"模式的开展。"一体"是指以法律职业教育为导向,与诊所式法律教育的教学目的相契合;"两翼"是指以培养实践与复合型人才为目标,重在高效实现理论与实践的对接。② 基于诊所式法律教育中刑事程序的特殊性,可将局限分为一般与特别两种类型:

第一,诊所式法律教育的一般局限。刑事法律诊所是诊所式法律教育的内容之一,其开展当然要受到一般模式下局限的阻碍。从课程的开展与实践需要来看,教学师资、办公条件、教材选用可谓是三个最主要难题。

首先,在教学师资方面,不但人员配置上存在短缺,而且尚无有效的评价机制。诊所式法律教育的开展,主要依托高校法学院教师的指导,具有内设性。③ 这意味着,这些教师需要进行大量的准备工作,并考虑学生所能获得的收益。④ 但目前来看,教师的晋升主要依靠论文发表及课题立项等,与诊所式法律教育几乎毫不相干。此种情况,将会直接影响甚至挫伤教师参与诊所式法律教育的积极性,⑤最终导致这种教育模式的异化,变成脱离教师带队的自主性学生实践。可以说,教师的指导在诊所式法律教育中十分重要,因为即使是一种非书本式的教育,也无法完全脱离富有理论或实践经验的教师而自我教学。

---

① 参见黄文旭、袁博、周嫣:《论刑事辩护律师会见权的实现》,载《中国刑事法杂志》2013 年第 12 期,第 76—77 页。
② 参见丁国峰:《论我国法学教育"一体两翼"培养模式的构建与完善》,载《河北法学》2018 年第 8 期,第 3—4 页。
③ 参见朱利江:《涉外法律诊所:一个可开拓的涉外法治人才培养方法》,载《国际法学刊》2022 年第 1 期,第 54 页。
④ 参见[德]阿什特里德·斯达德勒尔:《德国法学院的法律诊所与案例教学》,吴泽勇译,载《法学》2013 年第 4 期,第 57 页。
⑤ 参见蔡彦敏:《诊所法律教育在中国制度化建设中亟待解决的问题》,载《环球法律评论》2005 年第 3 期,第 273—274 页。

其次，在办公条件方面，部分高校的法律援助中心缺乏对外设置的接待区域与基本配套工具。接待区域与受案范围往往具有较大联系，因为当事人寻求法律帮助的前提是能够先见到法律援助中心的学生。而现今多数高校并不对外开放，导致设立在学校之内的法律援助中心很难接触到实际案源。与此同时，相应的配套设备也尤为重要。如办公的电脑、可查询的图书资料等，这些都是保证诊所活动正常开展的必备条件。[①] 当然，诊所式法律教育并不如医学一般需要提供精密的仪器，但与雇主进行接触、商讨以及分析案卷、撰写文书等法律实务内容的开展，都难以离开最基本的配套工具。

最后，在教材选用方面，缺乏统一的教材且未提供相关讲解。诊所式刑事法律课程的开展是否需要教材，一直是相对具有争议的问题。一种观点认为，这种教育模式更偏重司法实务，从实践中学习才是最好的办法。因而，不必像学习课本中的法学理论一般，着重于对教材的讲解与领悟。另一种观点认为，诊所式法律教育的培训应依托于教材，不然学生与老师都只能一直在法律实践的摸索中缓步前进。[②] 实际上，一本较好的法律诊所教材，可以为学生提供一个明确的提前性指引，并告诉学生在诊所式法律教育中将会学到什么以及遇到问题时该如何应对。换句话说，教材的作用是以系统性的方式将既往课程开展经验进行凝结，为后人提供学习与改进的范本。可见，教材在诊所式法律教育中扮演着不可替代的重要作用。但部分高校的法律援助中心并未意识到这一问题，还是以"从实践中来到实践中去"的思维开展着诊所活动。

第二，刑事法律诊所的特别局限。诊所式刑事法律教育的开展之所以不同于其他，主要是受"代理人"权限限制。或者说，鉴于刑事案件的特殊性，《刑事诉讼法》赋予了律师不同于一般诉讼代理人的权能。这也就导致刑事方面的法律诊所具有研究上的特别性。

首先，在会见通信层面，辩护律师具有不同于其他辩护人的权能，这也就限制了学生代理刑事案件时所能参与的范围。根据《刑事诉讼法》第三十九条规定，律师以外的其他辩护人需要在经过许可的前提下才能行使会见与通信的权利，而律师并不会受到如此限制。这意味着，"身份"的不同，会影响通信

---

① 参见王青斌：《论我国诊所法律教育存在的问题以及改进——以行政法领域为视角》，载《行政法学研究》2010年第3期，第37页。

② 参见孙占利、吴修合：《诊所法律教育：目标设计与实现》，载《法学杂志》2010年第10期，第90页。

的权限。① 在诊所式法律教育之中，会见通信这项权能决定了学生能否通过实际的交流而锻炼刑事案件的处理能力。这既是法律知识在实践中的另一种应用，②也是诊所式与课堂式法律教育的较大不同之一。因为只有在与当事人的交流之中，学生才能够真正体验到刑事实务的真实样态，并从中锻炼与他人接触以及灵活应对的能力。但基于现有法律规定，当学生代理刑事案件时，这项权能明显大打折扣，影响到诊所式刑事法律教育的预期效果。

其次，在阅卷层面，学生作为其他辩护人的一种，查阅、摘抄以及复制都需在特别许可的情形下才能进行。对于阅卷权利，《刑事诉讼法》第四十条采取了同会见通信一般的规定，即律师以外的其他辩护人，在查阅、摘抄以及复制本案案卷材料时，需经有关机关进行特别许可。同时，按照法条规定及通说的释理，这一权利的行使要在审查起诉之日起，因为此时主要证据已经固定，即使翻供也不致影响对案件事实的认定。③ 这说明，当学生作为辩护人时，其通过阅卷了解案情的权利，要受到法定许可与刑事诉讼阶段的双重限制。实际上，阅卷就如案例式教学一般，是熟悉案情的最主要方式。但与案例式教学中所呈现的案例不同，阅卷查看的是未经加工的刑事事实，能够起到锻炼学生分辨、甄别、梳理以及总结案件的能力。因此，刑事案件中对学生阅卷权的限制，就从源头上阻碍了诊所式法律教育的实践效能。

最后，在庭审辩护层面，刑事法律诊所的学生并没有同律师一般的出庭资格。上文已有所提及，在刑事案件中辩护权在主体上有所限制，即作为其他辩护人的学生，无法参与实质上的庭审。这便导致诊所学生在参与刑事案件的一半流程之后，却不能够真正地与检察官在庭审上进行对抗。正如有学者指出，法庭是对辩的场域，以口头的方式进行控辩对抗才能凸显开庭审理的价值。④ 并且，这也是一名辩护人真正发挥自身能力以及诊所式实践教育的最好体现。但限于我国的法律体系没有赋予诊所学生在刑事诉讼中的出庭资格，使得其为当事人提供的法律援助不具备完整性，极大地降低学生在法律诊所中接受法律教育和实践的效果，更成为我国法律援助事业发展的不利影响

---

① 参见任学强：《论在押犯罪嫌疑人通信权限制的正当化事由》，载《兰州学刊》2018年第9期，第153—154页。

② 参见丁相顺：《日本法科大学院制度与"临床法学教育"比较研究》，载《比较法研究》2013年第3期，第18页。

③ 参见朱孝清：《再论辩护律师向犯罪嫌疑人、被告人核实证据》，载《中国法学》2018年第4期，第49—50页。

④ 参见胡铭：《对抗式诉讼与刑事庭审实质化》，载《法学》2016年第8期，第108页。

因素。①

综上,诊所式刑事法律教育在本土化的过程中,既有一般的诊所式法律教育的固有局限,也有与民事、行政等内容所不同的特别局限。同时,在特别局限的几种主要类型中,又可归结为"学生经许可后可拥有的权利"与"学生无法行使的权利"两种。因此,要想改变这种现状,就需在区分一般与特别的基础上分而治之。

第三节 数字破局:诊所式刑事法律教育模式的改进

诊所式刑事法律教育再进一步发展的前提,就是要先解决本土化过程中面临的双重局限。目前,行之有效的破局方式,就是要引入数字技术以解决发展中面临的问题。按照局限类型的划分,诊所式刑事法律教育的改进应从一般与特别两方面入手。

一、数字技术引入下对一般短板的克服

诊所式法律教育的一般局限,核心就在于"人财物"的支持与分配,而数字技术的引入,可最大限度地缩小对这一客观条件的需求。可以说,数字加持下的诊所式法律教育,既是这种教育模式的变革需要,也是数字时代影响下产生改变的历史必然。

首先,通过数字技术构建网络指导平台,可有效解决教师在场与科研无法平衡的矛盾。诊所式法律教育的开展,离不开法学院教师的指导,但他们本身也有项目课题等科研任务需要完成。这就造成教师无法分身去法律诊所之中进行面对面的带教。同时,全程的线下指导也并不必要,因为一个合格的经面试筛选后进入法律诊所的法学生具有一定的独立应对与解答法律问题的基本能力。并且,培养学生自主面对与解决实践困难,以打破理论学习与法律实践的鸿沟,正是诊所式法律教育想要追求的最终结果。因此,要想让学生更具有独立应对的能力,教师"时刻在场"就显得没那么重要。实际上,我们可以按照

---

① 参见芦雅芹:《刑事法律诊所学生出庭资格制度的比较与借鉴》,载《西部法学评论》2017年第2期,第118页。

学生的"真实需求"或对"受援人群"①进行合理划分，以明确何种情况教师应该"到场"与仅"线上"开展法律指导便可。所以，教师资源合理分配的核心，就在于借助数字技术构建网络指导平台，以实现"到场＋线上"法律教育的有效融合。

其次，以数字技术构建网络案件接待平台，可有效解决接待区域条件受限的问题。高校法学院通过建设对外的案件接收窗口可能并不现实，因为这项工程相对要使用一笔不小的经费。而随着数字技术逐渐应用于司法领域，通过构建网络平台以接待案件日益成为一种有效的方式。在与当事人的首次会见阶段，学生需要做的是了解案情、询问案件相关证据，并不会急于给出明确的法律意见，因为学生毕竟经历案件较少，需要在研究并与指导教师商讨后才能形成一个较为成熟的法律建议。② 于是，利用数字技术构建网络案件接待平台的方式，就附带拥有了除节省资源以外的天然优势。一方面，网络平台可以数据的方式记录咨询的问题以及案情，能够辅助学生事后对案件进行归纳与总结，不必再像线下模式一样需要单独的人员做会议记录。另一方面，网络平台问答与受理的方式，可以给学生一定的缓冲时间，让其能够在仔细思考并经查询后作出相对准确的法律建议。

最后，教材数字化也是诊所式法律教育需要改进的重要目标之一，因为数字教材可不受阅读空间限制，学生可随时通过电子设备进行查阅与学习。数字教材是诊所式法律教育数字化的重要内容之一，可以一种虚拟的方式为学生时刻提供法律内容的指导。并且，数字教材的内容，不仅限于文字内容，还包括相应的诊所式法律教育课程。可以说，这种培训教材的数字化升级，不但为学生提供了不受空间限制的阅读条件，还节省了购买纸质书籍的经费以及减少扩充存放的空间。与此同时，近几年随着法学就业市场竞争日益激烈，以参加过法学培训为重要择人方式的模式愈发变多。即学生可通过数字化诊所式法律教育的相关培训，获得学校或教育机构开具的结业证书，来说明自身经历过一定程度的司法实践性教育。这意味着，诊所式法律教育逐渐成为一种具有吸引力的可促进就业的教学方式。③

---

① 参见张鹏：《加拿大诊所式法律教育与法律援助的衔接体制研究》，载《法学教育研究》2018年第3期，第224—225页。
② 参见李傲：《法律诊所实训教程》，武汉大学出版社2010年版，第111—112页。
③ 参见[英]休·麦克福尔、宋海彬、杨昊：《法律诊所教育需要理论吗?》，载《法学教育研究》2022年第1期，第288页。

二、在线诉讼：诊所式刑事法律教育中学生权利的特别拓展

总体而言，诊所式刑事法律教育中出现的特别局限，核心就在于学生无法像律师一样被赋予一些"无须许可"或"专有"的诉讼权利。而在数字技术的不断迭代与发展下，传统线下诉讼的实践模式逐渐向"线上"转型。[①] 这种变化，不但为诉讼效益的提升提供了空间，也为学生在刑事案件中代理权限的拓展提供了可能。

（一）"经许可权利"的在线拓展

经许可后可行使的权利并非律师专有，一般在条文中表现为"其他辩护人经……许可，也可以……"详细而言，这种语法结构具有以下含义：其一，权利是否拥有由决定机关所赋予。一般情况下，律师在行使这部分权利时无须获得有关决定机关的特别许可，按照法定的程序及相应的诉讼规则便能实现相应内容。而学生等其他辩护人并未被赋予如此的诉讼权利，在行使时要事先得到明确的"同意"。其二，权利的范围要限定在对辩护律师的规定之内。经分析后发现，学生的诉讼权利主要依靠有关机关的"赋权"，但能否说"赋权"的事项直接由有关机关决定？答案是否定的，因为有关机关所能"赋权"的范围要限定在既有规范之中，即条文对律师所能行使内容的具体规定。所以，有关机关的决定是一种被事先预设的决定。其三，权利被赋予后并不意味着一定行使。权利的特性之一便是行使与否由权利人自身所决定，而相应的义务人则具有权利范围内的辅助义务。[②] 进而，即使是获得了授权，也不一定要去行使，如此才符合权利的基本特性。

那么，在这种现状下，该如何通过数字技术以拓展学生的权利范围？应当明确，任何数字化的替代方案与直接的权利赋予相比，都可能是具有效果折扣的，但既有规定目前尚无法更改，因而最好的办法就是寻求一种可实现诊所式刑事法律教育目标的替代。此时，我们需要回归到实践教育以及被许可所限制权利的本质——"临境"。"临"是指诊所式刑事法律教育的核心是让学生能够亲临司法实践，而"境"是指《刑事诉讼法》中所赋予的相关诉讼权利。故而，数字技术的引入，就在于解决当诉讼权利不被赋予时，学生该如何能够体验到

[①] 参见杨继文：《在线诉讼场景理论的建构》，载《法制与社会发展》2023年第3期，第172—175页。

[②] 参见周永坤：《法理学：全球视野》，法律出版社2016年版，第204页。

如现场一般的实务操作。在此,本文主要以会见通信与阅卷为例,代表性地说明实务中该如何对"经许可权利"进行在线拓展。

第一,会见通信从深层次来看,主要在于让学生知晓实务中的现状,进而以在线旁听的方式,也可实现同样的目标。在一些案件中,有关机关出于特殊考虑,并不会允许学生与犯罪人进行会见,因为学生可能会无意中泄漏本不应被知晓的案情,给侦查、起诉以及刑事控诉带来不利影响。[①] 而随着数字技术的发展,远程会见平台下的在线旁听功能,可逐渐应用于诊所式刑事法律教育领域。也就是说,学生在不被允许会见的情况下,可通过在线旁听的方式学习实务中律师与犯罪人的对话技巧,以及了解真实会见中应询问并回答的事项。当然,以"在线旁听"的方式拓展经许可的权利也要先争取有关机关同意,毕竟部分刑事案件中即使是律师同样要受到一定约束。但不得不说,这种数字化的变通形式,在很多情形中的确可起到拓展学生权利的功能。

第二,对学生而言,阅卷的功能在于使其可获知未经删选的一手资料,而经数字转换后的在线阅读模式,亦能达到相同的效果。数字技术的发展,为卷宗电子化提供了良好的基础。例如一些检察机关为方便律师阅卷,在案件管理大厅或阅卷室配备了高速扫描仪、激光打印机、高拍仪、光盘刻录机等,全面推行电子阅卷,使律师可在签订保密承诺书后将电子卷宗刻录成盘并带走。[②] 就诊所学生来说,这种电子卷宗为其了解真实的案情提供了可能空间,因为他们可借助律师所复印的电子案卷实现几乎相同的权利。同时,《人民法院在线诉讼规则》第二十条等明确了电子化材料的"视同原件"效力,[③] 为诊所学生实现阅卷权的拓展以及法律教育的实践目标提供了坚实的法律基础。

此外,《刑事诉讼法》中还包括其他类型的"经许可权利",虽不能说数字技术能够全部拓展甚至达到与直接参与相同的效果,但至少就目前来看,其能够最大限度地实现诊所式刑事法律教育的实践性初衷。

(二)"专有权利"的在线拓展

专有权利代表着只能由律师行使,因此具有适用上的排他性。在法律规

[①] 参见程龙:《实质与形式:会见权的权属及其救济》,载《云南社会科学》2014 年第 3 期,第 124—125 页。

[②] 参见董坤、段炎里:《当前检察环节律师权利的保障现状与新现问题研究——以阅卷权、会见权和检察救济权切入》,载《河北法学》2017 年第 6 期,第 103—104 页。

[③] 参见郝乐:《人民法院应用电子卷宗的理论基础、实践考察与制度完善》,载《档案学研究》2022 年第 2 期,第 44 页。

范中,一般以"……,只能委托律师……"的形式出现。例如《刑事诉讼法》第三十四条中规定,在侦查期间,只能委托律师作为辩护人。这意味着,诊所学生只能寻求替代性的方式以增加刑事实践。其实,"专有权利"与"经许可权利"的拓展思路几乎相同,都是想通过数字化的方式让诊所学生能够真实体验到刑事实务。在此,我们以上文中出现的"庭审辩护资格"为例,详细说明在线拓展的方式以及能够实现的效果。

在美国,随着诊所学生人数的不断增加,法院开始思考是否需要为此制定专门的出庭规则。也由此,实务中逐渐形成了两种不同的意见和做法:一些法院主张,根据美国宪法第六修正案的规定,法院应当允许诊所学生出庭并为此制定专门的诊所学生出庭规则,因为这有利于促进诊所法律教育的可持续发展;另一些法院则强调,美国宪法第六修正案原则上并不适用于诊所学生,即便是允许其出庭,也宜限于个案而不必制定专门的出庭规则。[①] 这种争议,实际上是一种立法论思维的碰撞,就我国目前的刑事司法现状来看,具有借鉴与变通的意义,但其实并不必要。因为我国诊所式刑事法律教育的目标,主要是让学生能够提前进行实践,核心在于使法学教育与实务教育的深度融合。而以立法或修法的形式直接赋予诊所学生等同于律师的资格,已经远远超过教育中对实践的预期需求,并可能转变为一种对犯罪嫌疑人"不负责"的特殊辩护。

为此,通过数字技术的引入,让诊所学生能够在司法实践中体会到"临境"即可。如当诊所学生在特定情形下不能参与以及在场时,可设置专门的在线室外观看场所,并利用VR等虚拟现实技术,让诊所学生身临其境。目前,这一技术在庭审之中已有出现,如发生在2018年的张某某故意杀人案中,北京市第一中级人民法院就首次在庭审过程中运用了VR技术。[②] 同时,这项虚拟现实技术还能够从某种意义上转换庭审主体的角色,让诊所学生能够从不同视角体验并复原刑事案件的全貌。但不可否认,世界上没有两片完全相同的树叶,VR技术的最大化还原,还是与亲身经历有所不同。[③]

---

① 参见刘晓兵:《美国法院如何参与诊所法律教育》,载《中国法学教育研究》2012年第4期,第36页。

② 参见安宁、党婉平:《虚拟现实技术在庭审中的适用》,载《天津大学学报(社会科学版)》2021年第2期,第151页。

③ 参见史航宇:《VR技术在未来刑事法庭调查程序中的应用》,载《公安学刊(浙江警察学院学报)》2018年第6期,第60—61页。

综上,基于刑事案件的特殊性,有些弊端即使通过数字技术也无法克服,但这其实已经不会影响到诊所式刑事法律教育的开展,因为大部分刑事援助案件中遇到的问题,将会在"线上"得到化解。因此,我们应顺应数字技术的发展潮流,不断地将其引入刑事司法以及法律教育之中,以更好地实现法律职业和法学教育的有机衔接。在当下法律行业竞争日益激烈的现状下,对法学生的职业能力要求越来越高。很多律师事务所以及相关的法务公司,在选择人员时更倾向于具有一定实务经验或项目成果的高校学生。这意味着,只是从课本中学到基础法律知识的"实践小白",由于其缺乏一定的司法实务经验,可能在法律市场竞争中处于劣势。故而,以诊所式刑事法律教育的方式加法学的实践教育,不但是提升高校法学院教学质量的一种基本方式,也是法学生在进入社会从事法律职业前的一种提前性准备与积累。

案情简介

法律援助是法律职业和法学教育之间有机衔接的重要方式。本部分以安徽大学法律援助志愿者协会代理的一起"工伤案件"[①]为例,分别从案情简介、实践困境、应对策略等方面展开介绍,以体现高校法学生在法律援助过程中的实践收获及对社会的积极作用。

2017年8月17日,陈某进入合肥某建筑安装有限公司工作,同年8月21日14时左右,陈某被派遣至合肥某小区6幢刮五层顶腻子时不慎摔伤,后被送往合肥市第二人民医院就诊,经诊断为左舟状骨骨折。2018年5月9日,经合肥高新技术产业开发区人事劳动局认定为工伤。2018年11月8日,经合肥市劳动能力鉴定委员会认定为申请人劳动能力障碍程度为十级。自2017年8月21日陈某发生工伤后,合肥某建筑安装有限公司未支付过相关的工伤待遇。陈某认为该公司的行为已经严重侵害了其作为劳动者的合法权益。

2018年12月,陈某向安徽大学法律志愿者协会(以下简称"法援")寻求法律援助。经了解,双方约定月平均工资为7200元/月(240元/天×30天),

---

① 参见《第二届新时代大学生法律援助发展论坛高校优秀法律援助案例介绍》,载微信公众号"华政研究生法律援助中心",https://mp.weixin.qq.com/s/w7cIMYzullmsDXgS6ch1Gw,2024年3月12日访问。

工资通过现金形式发放。随后,法援工作人员帮助陈某向合肥市劳动人事争议仲裁委员会申请仲裁,提交仲裁申请书,请求支付医药费 11498.24 元、护理费 1263 元、鉴定费 280 元、停工留薪期工资及病假期工资 122400 元、住院期间伙食补助费 240 元、一次性伤残补助金 50400 元、一次性工伤医疗补助金 25828 元、一次性伤残就业补助金 32285 元,共计 244194.24 元。

在法援工作人员的援助下,2019 年 2 月 27 日,合肥市劳动人事争议仲裁委员会裁决申请人陈某与被申请人合肥某建筑安装有限公司于 2018 年 12 月 14 日解除双方之间的劳动关系,被申请人应支付申请人工伤待遇共计 145607.24 元。在本案中,安大法援的志愿者维护了当事人陈某的重大合法权益,帮助其索要应有的工伤待遇,事后,被援助人陈某也对此结果表示满意,并对安大法援表示感谢。

案例评析

关于劳动者合法权益的保护问题,一直是"民生"领域的重中之重。本案中,安徽大学法律援助中心的学生,将课堂所学切实运用到司法实践当中,并最终获得了胜诉的结果。但不得不说,有关劳动案件的办理,高校学生在实践中可能存在以下困境:

第一,劳动案件的援助程序不同于一般的民事案件。对于劳动争议案件,我国采用"一调一裁两审"式的处理结构。即当发生劳动纠纷时,劳动者和用人单位可向劳动调解组织申请调解;当调解不能时,应先向劳动仲裁机构申请劳动仲裁,当事人在对裁决结果不服的情形下可向法院提起诉讼。这种有别于一般民事案件的处理流程,是为了帮助劳动者及时追讨欠薪及维护合法权益。因为劳动仲裁机构的审理时间较短,且极具针对性,能够与劳动监察形成合力。但司法实践中,有些用人单位出于不正当目的,将"一调一裁两审"制度变为拖延支付薪资的工具,并导致高校学生在援助过程中陷入"长时间作战"的困境。

第二,申请金额与裁判金额的较大差距。在劳动争议援助案件中,常出现申请金额与裁判金额存在较大差距的情况。如本案中法律援助人员向法院申请各项费用共计 244194.24 元,但实际所得为 145607.24 元。部分受援助者可能会由此质疑法律援助中学生的诉讼能力以及其是否用心办理案件等。于是,引发了法律援助代理人与被代理人之间的矛盾。

第三,实践中出现的问题无法从课本中找到答案。劳动案件的处理兼具行政属性,如在工伤认定过程中,不仅需要向劳动仲裁机构申请,还需要向工伤认定部门及相关医院鉴定等。这意味着,课本中的法律知识可能无法涉及实际案件中的方方面面,给诊所学生在办理案件过程中带来了一些挑战。

诊所式教育的核心在于增强学生的实践性,所以援助过程中办理的案件都是真实发生的。这也导致了学生在实际办理案件过程中可能会面临诸多课本之外的难题。为此,在开展法律援助活动时,应注意以下几点:第一,不应过分纠结理论上的法律结论,要注重满足被援助对象的真实所需。如劳动案件中劳动者的核心诉求是获得工资,而并非仅是索要一个胜诉的纸质判决。当调解、协商等方式可"及时"获得诉讼请求时,未必一定要走完所有的法律流程。毕竟,对劳动者而言,时间成本可能要大于胜诉所得。第二,对劳动者不应过分期许可得利益。按照书本上的理论,可能劳动者能够获得较多补偿或赔偿,但司法实践中的判决结果,可能会受到多方因素影响。所以,在给劳动者援助时,应谨慎作出承诺,告知其最终可能获得诉求的差异。第三,学生应具有灵活的处置能力,不要照本宣科。课本知识的覆盖面毕竟有限,在纷繁复杂的法律实践当中,学生应具有自主应变的能力。在必要时,可向法律援助中心的老师寻求帮助。

本章作者:李林

第八章 高校法律援助服务的困与谋

——困境成因探索下的制度改革与出路探索

我国高校法律援助体系在三十余年发展中,已经完成了初步的全国范围布局,但在目前阶段也逐渐显露出了一定的发展瓶颈,各高校法律援助组织的发展方向,也出现差异化、多样化、创新化的趋势。在此背景下,寻求高校法律援助组织突破自身困境的新出路,首先需要明确高校法律援助对自身发展的核心定位,并在此基础上分析各方参与主体在高校法律援助组织发展困境成因中的影响因子,把握困境解决的关键是高校法律援助组织要加强对自身的完善。由此,高校法律援助组织可从优化组织结构、提升服务质量、加强对外合作三个层面进行探索与优化。

第一节 高校法律援助服务之核心定位

法治是"良法"和"善治"的有机结合,而良法善治的实施又需要一系列配套制度的构建运行,被誉为法律界"阳光工程"的法律援助就是重要的配套制度。习近平总书记强调,全面推进依法治国是一项长期而重大的历史任务,要坚持中国特色社会主义法治道路,坚持以马克思主义法学思想和中国特色社会主义法治理论为指导,立德树人,德法兼修,培养大批高素质法治人才。[1]

---

[1] 《习近平在中国政法大学考察时强调 立德树人德法兼修抓好法治人才培养 励志勤学刻苦磨炼促进青年成长进步》,中华人民共和国中央人民政府网 https://www.gov.cn/xinwen/2017-05/03/content_5190697.htm#1,2024年6月10日访问。

法治国家、法治政府、法治社会的一体化建设离不开法律人才。高校法律援助是构建公共法律服务体系的重要力量,是我国法律援助体系的重要组成,也是培养"德法兼修"卓越法律人、锻造未来法律人职业伦理的重要实体平台。[①] 自司法部法律援助中心和中国法律援助基金会成立以来,高校法律援助组织得以广泛建立,其工作得以扎实推进。三十余年来,高校法律援助缓解了我国法律援助供需矛盾,健全了法律服务救助体系;扶助了大量贫困弱势群体,维护了相关主体的合法权益;促进了高校法科教育方式改革,显化了法律诊所式的实践教学;增强了法科学生的责任担当,强化了其解决实际问题的能力。

但不容忽视的是,受到职责定位不明、专业能力有限、经费保障不足等诸多因素的影响,高校法律援助服务形式化甚至是虚置化问题正愈演愈烈,亟待有效矫正。同时,社会的不断发展,不同理念、全新技术的出现,各种新型的服务模式也成为高校法律援助的新尝试,如法律诊所模式的高校法律援助、"众筹"模式下的高校法律援助、与"互联网+"结合的高校法律援助模式。更进一步还有探究高校"诊所式"法律援助在农村地区适用的论题。

我国高校法律援助制度从无到有发展至今,取得了不容忽视的成就,但显然发展到了一个关键的转折点。机遇向来与挑战并存。对诸多高校法律援助服务组织而言,如何在面临诸多挑战的情况下,选择并抓住机遇,是需要认真思考的问题。笔者认为,首先要明确高校法律援助服务核心定位。其次,在此前提下,分析各方参与主体在高校法律援助组织发展困境成因中的影响因子,重新审视当前法律援助活动的优势与不足,力求对我国高校法律援助服务的现状有较为深刻的认识。最后,在前述原则和现状分析基础上,有效整合各方优势,可以得出较为妥当的优化高校法律援助制度的方案,最终实现高校法律援助活动的有序蓬勃发展。

一、高校法律援助的内容

广义上的法律援助,是指为经济困难或者特殊案件的当事人提供减收或者完全免费的法律帮助的一种制度。[②] 服务的形式一般包括提供法律咨询、代写法律文书、代理诉讼或非诉讼法律事务等。目的在于确保任何有资格向

---

① 参见韩桂君、万石安:《新文科背景下高校法律援助发展困境及对策》,载《湖北警察学院学报》2022年8月第4期,第143页。
② 邓琦:《论高校大学生法律援助模式的改革与发展》,载《黑龙江高教研究》2011年第7期,第148页。

人民法院提出诉讼或答辩的人,不至于因家庭经济困难或其他原因而不能顺利行使自己的诉讼权利。法律援助志愿者向特定群体提供法律上的帮助,保护他们的合法权益。

高校法科学生作为法律援助的主体,为社会弱势群体提供法律帮助,成为法律援助的新形式。1992年,我国第一个大学生法律援助组织("社会弱者权利保护中心")在武汉大学成立。此后,大学生法律援助作为诊所式法律教育模式和社会公益法律服务相结合的法律服务事业,在我国各大高校蓬勃发展。中国人民大学、华东政法大学等高校相继建立了自己的法律援助组织,在社会上引起了广泛的影响。

二、高校法律援助的定位

高校法律援助服务的核心定位是:在法律援助活动中,培养法学学生实务基本技能,实现社会正义。这在高校法律援助的发展中,应当作为基本原则予以遵守。法律援助制度与我国高校法学教育结合之后,本质上并没有异化,其依然秉持着培养法学学生与实现社会正义的双重目的。这是我国高校法律援助服务发展的根基。这一核心定位,将高校法律援助服务与其他法律服务进行了区分。首先,高校法律援助组织不是中立的居中裁判者,有别于法院等国家机关,其有着自己的立场,为自己服务的当事人提供法律帮助,争取合法利益。其次,高校法律援助组织不是以营利为目的的法律服务机构,有别于经营性律师事务所,其以免费服务为基本原则,具有极强的公益性质。再次,高校法律援助组织不是政府行政管理的法律服务机构,有别于隶属司法行政部门的法律援助中心,其成员多为自发聚集参与法律援助服务的在校学生,采取社团型的自治管理模式,活动开展形式更为灵活。最后,高校法律援助服务还具有启蒙、培养法学实务能力的作用,这也是其他法律服务机构所不具有的。这些显著的特征,为高校法律援助服务明确了在整个社会的法律服务体系中的定位,即从服务行为模式到案件来源,都为其限定了一定的范式和范围。但这并不是对高校法律援助服务开展的限制,而是对其自身定位的必要明确。差异性,正是高校法律援助组织在诸多类型的法律服务机构中,能够作为一种组织形式独立存在的基础。

高校法律援助组织的自身定位又为其活动开展提供了无限可能。在坚持培养法学学生与实现社会正义的双重目的下,高校法律援助服务的活动形式,因其社会团体属性,相比于其他法律服务机构,灵活很多。同时,作为法学学生的"实务启蒙培养基地",高校法律援助组织可以和诸多社会组织、政府机关进行各种形式的合作,演化出多种的实践模式,以期助益于高校法律援助组织自身价值的实现,形成一种良性循环。

第二节 高校法律援助服务的困境

一、行政指导维度的分析

政府引导高校法律援助发展时缺乏明确的操作指引。高校法律援助的社团属性较为排斥行政的强制干预,但是国家行政在高校法律援助的发展上可以提供适当的行政指导与资金支持。

在行政指导层面,针对高校法律援助组织尚无配套的具有操作性的相关规定。2002年,司法部、共青团中央颁布《关于实施法律援助志愿者服务计划的通知》,2003年国务院颁布实施的《法律援助条例》将"法律援助"定位为政府行为,认为其应由政府设立的法律援助机构负责组织实施,高校法律援助并未纳入该范围,从法理来看,此举并无不当。但针对高校法律援助的专门条例应当提上日程。2005年再次下发《关于实施西部基层法律援助志愿服务行动的通知》,此后法律法规层面并未对高校法律援助有明确的提及,更多的是将其发展交由各高校法律援助组织自行安排部署。这一方面使得此后高校法律援助志愿者服务在全国遍地开花,发展到了相当规模;另一方面也使得高校一些法律援助服务形式大于内容等缺点逐渐暴露出来。2022年1月1日起施行的《中华人民共和国法律援助法》明确了高等院校的法学专业学生可以从事法律援助活动,[①]从立法的高度明确了高校大学生从事法律援助的合法性。但是,高校法律援助的实施和发展,需要操作性规范的配套指引。

在行政资金支持层面,政府的法律援助工作配套资金和管理人员有限,政府层面难以对高校法律援助组织进行常态化资助和常规化管理,各级政府主要通过政府设置的法律援助中心和法律援助基金会对高校法律援助进行业务

---

① 《中华人民共和国法律援助法》第十七条第二款:高等院校、科研机构可以组织从事法学教育、研究工作的人员和法学专业学生作为法律援助志愿者,在司法行政部门指导下,为当事人提供法律咨询、代拟法律文书等法律援助。

联系和有限资助。一个高校法律援助组织如果想维持一定的规模和服务质量,不得不解决的一大难题就是寻求社团运转资金支持。在这方面,政府资金的较少介入需要辩证地看待,毕竟高校法律援助组织不能一边以社团名义自行开展活动不接受行政管理,另一边又强烈要求政府资金支持。在政府资金方面更需要解决的是如何规范透明行政资金的运用问题。

二、受援者维度的分析

当前,受援者与高校法律援助组织互动低效。从接受法律援助的社会贫弱势群体的维度来说,高校法律援助组织的遍地开花和提供法律援助的低门槛,为其寻求法律专业救助广开了便捷渠道。广大学生志愿者提供的法律咨询、代写文书等服务,既为其提供了专业的法律扶助,又为其纾解求助无门、贫弱无依的心理情绪带来了正面激励。但受援者出于维护自身权益考虑而对法律援助服务质量的高要求,与受援者获得免费法律援助的感恩心理之间显然存在矛盾。[1] 由于学生志愿者的专业能力及时间精力均有限,实践中不少受援者未能及时获得符合期待的援助服务。但囿于感恩心理,受援者羞于向志愿者表达不满或提出更多要求,最终潦草结束法律援助活动。

另有一些情况下,受援者抱着试一试的心态请求法律援助,对结果并不看好或者没有太多期待,在法律援助过程中消极参与,法律援助志愿者和受援者之间的沟通缺乏效率,消耗双方耐心,最终法律援助无疾而终。

提及诸如此类现象,并不是要指责受援者,而是要我们深思在这背后都还有哪些更深层次的原因,而这些问题又能否通过更为细致的法律援助的流程制度的设计予以消除或者规避。

三、高校人才培养维度的分析

当前,高校法学培养计划与高校法律援助组织的活动衔接不畅。从高校特别是法律院系的维度来说,法律援助对于法学人才培养具有人格养成、知识拓展、能力训练、社会责任培育等重要意义。[2] 但绝大多数高校对于法律援助

---

[1] 参见黄东东:《法律援助案件质量:问题、制约及其应对》,载《法商研究》2015年第4期,第55、62页。

[2] 李友根:《高校学生法律援助的双重使命》,载《新华日报》2015年2月13日第12版,第1页。

组织的定性不清,仅将其等同于普通的校内学生社团,而对其社会性、专业性和重要性缺乏清晰认识。也正是基于此种认识,存在大多数高校对于高校法律援助组织普遍重视不够、支持缺乏、管理缺位等问题,突出表现在高校未能将法律实践教学与高校法律援助工作有机结合,未能加大专业课老师特别是有法律实务经验的老师对法律援助机构的指导力度,未能关注对高校法律援助工作的经费支持以及其他相关资源的倾斜配置,未能重视对高校法律援助组织的日常管理和工作绩效管控,未能对学生参与法律援助工作进行适当奖励。另对于一些选择与区际法律援助中心合作进行的律师与法科学生对接接案,共同与当事人筹备案件的高校而言,如何使律师在"低"补助的法援案件与"高"律师费用的其他类型案件的选择间,偏向于接手法援案件并与高校法科学生进行联合接案,以及如何提升法科学生参与合作制度的积极性,都是亟待解决的难题。目前,仍需制定一个科学合理的奖惩细则。

四、高校法律援助组织成员维度的分析

高校法律援助组织成员对组织性质认识不足,参与度低。从高校学生的维度来说,其参与法律援助服务既是源于自身的法律正义感和社会责任感,也是为了获得检验、完善以及展现自身法律职业能力的平台和机会,并为后续步入职场丰富履历,也为后续承担其他社会角色积累阅历。但相较于高校法律援助组织初创时期对法科学生产生的巨大吸引力,当前高校法律援助组织对法科学生的吸引力正逐渐降低。究其根本原因,是法科学生希望从法律援助工作中获得的收益与实际获得的收益之间不相匹配,突出表现在法律援助案源渠道单一、总数较少、可接触性低,导致学生志愿者获得专业试练的机会不足;法律援助组织方式社团化、缺乏指导,导致学生志愿者获得专业提升的愿望落空;法律援助工作方式简单化、不够多元,导致学生志愿者沦为应对家常式咨询和代写文书的免费工具;法律援助工作质量管控不严、缺乏奖惩,导致学生志愿者从援助工作中获得的尊荣感、成就感不强,转向应付式的援助服务。

从前述分析可以进一步总结出,在高校法律援助组织具体实践活动中反映出的诸多问题,核心在于高校法律援助组织需要进一步完善自身的制度建设,也即问题解决的着眼点在于组织自身。高校法律援助组织所属院系或者高校可以提供一定程度的扶持,主要是在人员配备方面提供指导老师等支持;作为服务性质的法律援助组织,在与受援者的有效互动问题上,也需要组织自身首先作出态度的调整,开启与受援者互助的良性循环;而在政府引导参与层面,则更多地应当考虑高校法律援助组织如何积极与政府形成良好的交流关系。

第三节 高校法律援助的制度改革思路

综上可知,当前高校法律援助工作存在的突出问题便是高校法律援助组织提供的服务数量不足、质量不高,这又进而影响了各级政府及高校自身对高校法律援助组织工作的重视、社会公众对高校法律援助工作的认可以及法科学生对高校法律援助工作的参与,而解决这些问题需要系统改革完善高校法律援助服务供给。

一、厘清目标定位,优化高校法律援助组织结构

2014年,党的十八届四中全会通过的《中共中央关于全面推进依法治国若干重大问题的决定》提出:推进覆盖城乡居民的公共法律服务体系建设,完善法律援助制度,健全司法救助体系,保证人民群众在遇到法律问题或者权利受到侵害时获得及时有效法律帮助。2015年,中共中央办公厅、国务院办公厅联合印发的《关于完善法律援助制度的意见》也明确要"加大力度调配优秀律师、大学生志愿者等服务力量支持律师资源短缺地区法律援助工作"。国家战略层面对高校法律援助工作予以重视,各高校法律援助组织应积极响应,发挥各自优势,助力公共法律服务体系建设。

改革高校法律援助组织结构,首先应当进一步明确高校法律援助的自身发展定位与优势。在法律援助活动中,培养法学学生实务基本技能,实现社会正义,这一双重目标是高校法律援助组织的安身立命之本。各种活动模式的改革创新应当不背离高校法律援助的初心和宗旨。

其次,可以参考发展更为成熟的高校法律援助团体的组织模式。例如中国人民大学法律援助中心,为了准确、高效地提供法律援助服务,设立了业务部、项目部、联络部、办公室、公关部等组成部门。其中,办公室、公关部属于职能部门,旨在为志愿者提供全方位的支持,而业务部、项目部等则共同开展了包括法律咨询、诉讼代理和普法宣传在内的各项法律援助活动。在成员结构上,中国人民大学法律援助中心在不断的探索实践中,实现学生群体、教授团

队和合作伙伴三方有机整合，初步形成了一支以研究生为主，全院参与的专业化学生法律援助团队。这对于提供高质量的法律援助服务，无疑是极为关键的组织架构支持。华东政法大学大学生社会法律援助中心，以硕、博研究生及高年级法学专业本科生为主体，并聘请校内外知名学者、教授、律师、法官、检察官及校离退休老专家、老教授、关心下一代工作委员会老师作为顾问，构建了更为丰富但主体明确的人员层次结构。在社团结构上采取两向划分，即事务部和业务组。事务部下设秘书处、普法宣传部、项目策划部、新媒体中心、理论研究部、纪律监督部；业务组下设劳动纠纷组、房产纠纷组、家事纠纷组、财产纠纷组、青少年维权组、诉讼指导组。在保证社团合理运转的基础上，实现了与社会发展趋势的契合、业务范围的特色。

这些优秀的高校法律援助组织架构实践，为其他高校法律援助组织提供了参考的范本，但也要承认的是，不同高校法律援助组织所处地理位置、所属高校资源差异很大，各组织间发展规模也不尽相同。在这种情况下，刻意追求组织结构的形式完备就本末倒置了。组织结构的优化是为了实现高效高质量的法律服务，对于规模较小的高效法律援助团体，其应当着重于打造自身特色，而不需要追求服务范围的大而全，例如，若根据其地理位置更贴近农村的特点，则可向农村居民提供有针对性的个案式法律援助、普法活动等。

二、重塑业务模式，提升高校法律援助服务质量

基于前述目标定位，高校法律援助组织可以参考"法律咨询、法治宣传、案件代理"三位一体的法律援助业务模式，具体而言：

1. 对"法律诊所"制度的借鉴与吸收。考察高校法律援助制度在西方的起源与发展，诊所法律教育是20世纪60年代于美国法学院兴起的一种新型法律教育模式。该模式将学生置于"法律诊所"中，学生在教师的指导下为委托人提供咨询，进一步"诊断"出委托人的问题，并开出"处方"。[①] 诊所式法律教育具有双重属性：一是作为教育教学的组成部分，承担着培养学生掌握律师技能、将法律法规运用于具体案件的任务；二是作为社会正义的实现途径，服

---

① 参见李国强：《论个案全过程式诊所法律教育模式——诊所法律教育与高校法律援助的结合》，载《北方论丛》2022年第4期，第103页。

务于社会底层人群的法律需求、填补社会体制的固有缺陷。[1] 诊所式法律教育的本质是让社会全体成员都有机会获得司法公正。[2] 总体而言,于诊所式法律教育模式下,"指导教师不会给学生一个标准答案,而是尽量启发学生,由学生自己讨论完成教学任务,以此培养学生独立分析和处理问题的能力"[3]。

2. 转变工作阵地并优化宣传途径。高校法律援助组织可以深入街道社区,通过面向社区居民和特定群体,进行有针对性的法律知识的宣传普及和预防措施的讲解指导,并通过开设微信公众号等方式搭建多元的法治宣传平台。例如,上海交通大学法律援助中心通过"小犭援助"微信公众号,推出了劳动法、家事法、反对家暴法等系列普法推文。并且通过开设"小犭援助"B站账号,陆续发布多条原创普法短视频,以社会关注焦点入手,助推法制宣传。

3. 创新业务模式。高校法律援助组织可以通过与政府法律援助机构、街道社区、派出所、消费者协会、劳动仲裁委员会签订长期合作协议等方式获得稳定案源,[4]并对拟进行代理诉讼的案件严格审核,已纳入代理诉讼范围的案件由"专业老师"结合"法律诊所"课程进行全程指导跟进。例如,苏州大学王健法学院法律援助中心创设有"律师助手制度"。该制度系与姑苏区法律援助中心的合作项目,学生协助律师参与办案第一线的接案,与律师一起参与整个法律援助代理案件的接案、立案、庭审等多个流程与环节,并于结案后撰写案件总结意见归档。通过律师助手制度,学生志愿者可以亲身经历律师办案的过程,学习法律实务知识,将自身所学法学理论知识与现实的案件相对照,提升法律的实际运用能力。此外,其他创新型的业务模式也可以借鉴参考。"互联网+"等具有当下时代特色的社会生活要素,与高校法律援助实践相结合,可以产生更为灵活与高效的法律援助服务。

---

[1] See Shelley Gavigan and Sean Rehaag, "Poverty Law, Access to Justice, and Ethical Lawyering: Celebrating 40 Years of Clinical Educcation at Osgoode Hall Law School," *Journal of Law and Social Policy*, 23, 2014, p.3. 转引自张鹏:《加拿大诊所式法律教育与法律援助的衔接体制研究》,载《法学教育研究》第22卷,第213页。

[2] See Sarah Buhler et al., *Clinical Law: Practice, Theory, and Social Justice Advocacy*, Toronto, Emond Montgomery Publications Limited, 2016, p.2. 转引自张鹏:《加拿大诊所式法律教育与法律援助的衔接体制研究》,载《法学教育研究》第22卷,第213页。

[3] 参见李国强:《论个案全过程式诊所法律教育模式——诊所法律教育与高校法律援助的结合》,载《北方论丛》2022年第4期,第105页。

[4] 参见奚庆:《高校学生法律援助机制的价值与完善》,载《江苏政协》2010年12月刊,第54页。

三、集成各类资源,加强高校法律援助组织的合作与交流

当前各高校法律援助组织大多处于"单打独斗"的状态,高校法律援助组织应发挥自身主观能动性,积极主动加强与其他高校法律援助组织、社会团体以及行政机关等之间的交流合作。通过合作与交流促进区域内组织的协同发展,并于一定程度上缩小高校法律援助组织之间的发展差距。

在与其他高校法律援助组织的合作方面,可通过大型学术活动、专题研讨会、模拟法庭比赛等形式,壮大高校法律援助组织的力量。例如,2023 年 12 月 2 日,第二届新时代大学生法律援助发展论坛于华东政法大学召开。包含南京大学、浙江大学、南京师范大学在内的 36 所高校法律援助组织的 120 余名志愿者代表参与了论坛。通过论坛的举办,加强高校法律援助组织的交流与合作,促进高校法律援助组织的建设与发展,为全社会提供高质量的志愿法律服务,以期更好地服务全面推进依法治国重大战略。

在与社会团体及行政机关的交流与合作方面,仍然以中国人民大学法律援助中心为例,其打造的海淀区人民法院值班项目、海淀区消费者协会项目、海淀区法律援助中心值班项目、最高人民法院值班项目、网站咨询项目、普法编书活动(已出版《常见法律纠纷实务系列指导丛书》)、庭审公开课项目,充分利用了可以接触到的社会资源,并加以高效利用,对社团成员的能力提升起到了关键作用,继而促进更好的法律援助服务的提供,形成良性循环。

综上所述,高校法律援助工作既是"公平正义、扶危济困"等法治精神的集成体现和重要延伸,也是以人民为中心思想的有力践行。高校法律援助,通过个案援助的方式推进法治进步,对引领学生感受、参与、服务、传承法治精神具有特殊意义。[①] 进入新时代,我们应该将高校法律援助工作的基本目标定位为推动建成覆盖城乡居民的公共法律服务体系,将其根本目标定位为保证人民群众在遇到法律问题或者权利受到侵害时及时有效地获得法律援助,并将助力高校法律实践教学、提升学生志愿者法律综合素养也纳入该项工作的重要目标,将重塑并优化"法律咨询、法治宣传、案件代理"三位一体的法律援助业务模式作为实现上述目标的重要抓手,而这些都既需要

[①] 参见李姜红、顾薇、杨芳芳:《新时代高校法律援助发展路径及顶层设计》,载《现代商贸工业》2023 年第 14 期,第 170 页。

高校法律援助志愿者们的敬业精进,又需要社会力量在案源、资金、工作联动等方面的多元襄助,发挥高校法律援助的应有力量,完善法律援助社会体系,为社会主义法治国家的践行提供一道强有力的保障,开拓新时代高校法律援助工作新格局。

本章作者:殷玥

第九章　新时代高校法律援助的改革与创新

在新时代下,高校法律援助要如何改革与创新呢?解决这个问题,需要对高校法律援助制度进行梳理,归纳出高校法律援助制度的当下面临的一些现实困境,再从不同方面探讨如何对高校法律援助制度进行改革和创新。

第一节　高校法律援助制度概况

本节将主要介绍高校法律援助的制度概况。高校法律援助制度具有推广的可行性,值得提倡。但同时,高校法律援助制度也存在一些现实困境需要解决,需要各方的共同关注。

一、高校法律援助制度推广的可行性

推广高校法律援助制度具有可行性,主要体现在四个方面:第一,高校法律援助机构具有合法性和权威性;第二,高校法律援助机构具备人才优势和知识优势;第三,高校法律援助机构拥有灵活创新的运作机制;第四,高校法律援助机构具有蓬勃发展的活力。

(一)地位上:高校法律援助机构具有合法性和权威性

2021年8月20日,十三届全国人大常委会第三十次会议表决通过《中华人民共和国法律援助法》。《中华人民共和国法律援助法》第十七条规定,国家鼓励和规范法律援助志愿服务;支持符合条件的个人作为法律援助志愿者,依法提供法律援助。高等院校、科研机构可以组织从事法学教育、研究工作的人员和法学专业学生作为法律援助志愿者,在司法行政部门指导下,为当事人提供法律咨询、代拟法律文书等法律援助。根据此条文,高校已经被法律明确授权可以作为法律援助的机构,在地位上具有合法性和权威性。推广高校法律援助制度可以拓宽广大人民群众的法律援助渠道,促进我国法律援助服务体系的建立和服务能力的提升。

(二) 专业上:高校法律援助机构具备人才优势和知识优势

高校法律援助机构在人员配置层面上具有人才优势和知识优势。高校的法律院系拥有众多长期从事法律研究、兼职律师工作的法学教师,他们有着丰富的实践经验。同时,在对高校法律援助机构的法律援助志愿者进行选拔的过程中,会优先选拔知识储备丰富和有实习经历的法学专业学生。丰富的人才资源和法律专家的悉心指导使得高校的法律援助这一公益性活动与高校法学的教学科研、社会实践紧密结合起来。这不仅为高校法律院系的学生提供了实践的平台和机会,也为高校的法律援助事业提供了具有专业法学知识的人才队伍,使法学教学和法学实务互相促进,相辅相成。

(三) 运作上:高校法律援助机构拥有灵活创新的运作机制

高校法律援助机构往往会根据实际情况制定更符合自身援助运作的模式,从而实现对人员、经费的灵活管理,发掘更加具有效率的法律援助新渠道。以江苏省的高校法律援助机构为例,扬州大学法律诊所是一个高校法律援助组织,也是一门课程,课程内容包括互动式授课、值班、案件代理等。其互动式授课内容包括模拟法庭、情景剧、法律专家与当事人讲案例等。此外,扬州大学法律诊所还通过去社区表演情景剧、在公众号上推送反家暴法律知识等多种多样的形式向群众普及法律知识。

(四) 构成上:高校法律援助机构具有蓬勃发展的活力

从法律援助的构成上看,高校法律援助的志愿者主要是高校教师和在校的法学专业学生。他们从事法律援助并不追求任何的物质回报,也并不会认为法律援助工作浪费他们的时间从而敷衍对待。相反,他们秉持着"以我所学,奉献社会"的信念,把法律援助当作对社会的贡献,当作对自己的锻炼,认真踏实,充满热情,旨在把法治的阳光带给每一个需要帮助的人。高校风气纯洁、正直无私和崇尚公众的形象能够吸引更多的求助者。很多当事人更加信任高校法律援助机构,他们认为高校学生身上的书生气更能真正转化为一种正气。而其他社会机构的法律援助人员,比如律师,虽然他们具有更强的专业性,但由于法律援助是无偿的,故相较于他们平时的业务收入而言,法律援案件难以激发他们的热情。

从我国当前高校法律援助机构的现状来看,无论是数量上和规模上,都呈现出蓬勃向上的活力和朝气。1992年5月,武汉大学社会弱者权利保护中心率先设立。1995年北京大学成立了"北京大学法律援助协会",并成立了"北京大学法律学系妇女法律研究与服务中心"。1997年,华东政法大学成立了"华东政法学院法律援助中心"。2002年12月10日,来自中国政法大学、人民大学、北京大学、首都经贸大学的法学院系学生社团联合成立了"首都高校法律援助共同体",高校法律援助机构发展如雨后春笋,蓬勃向上。

以1998年成立的南京大学法律援助中心为例,作为国内高校第一家师生共同参与、依托学科支撑、规模最大的常设性的法律援助社会公益机构,自1998年以来,寒暑假不休,周末不休,共接待志愿者逾万人,受理案件逾千件,接受电话咨询上万人次,援助范围广及十余省、区、市。南大法援秉承初心,紧跟时代步伐。2018年下半年,南大法援与江苏省司法厅开展合作,协助江苏省法律专家解答中国法律服务网的线上咨询。合作以来,南大法律援助志愿者的操作熟练度、答题经验及回复质量有飞跃提升,得到了江苏省司法厅、江苏省法律援助基金会和社会公众的认可。2020年11月,南大法援与消费者协会开展更加紧密的深度合作,成为南京市消费者协会消费维权志愿者联盟的第一批高校成员,由南大法援中心选拔优秀的值班志愿者成为消协的维权志愿者。在消协的引领下积极参加消费教育引导,倾听消费者诉求,积极参与消费立法立规和消费信用建设,努力推动消费维权共建共治共享,为营造一个更加良好的消费环境作出贡献。南大法律援助中心的志愿者们跟随时代步伐,不断提高法学业务能力,以我所学,奉献社会,让社会公众尤其是弱势群体感受公平正义的法治阳光。

二、高校法律援助制度的现实困境

推广高校法律援助制度具有可行性,然而也需要认识到目前高校法律援助制度面临的现实的困境,主要体现在经费、人员、案源和制度保障方面。

(一) 高校法律援助机构的经费不足

高校法律援助机构的经费来源主要有三种渠道:一是国外资金的支持,如福特基金会的资助;二是司法行政机关法律援助中心提供部分费用;三是依赖学校拨款,比如从学生社会实践经费、共青团活动经费中拨出部分款项,这也是高校法律援助机构最主要的经费来源。然而,上述三种方式的金额都十分有限，无法保证高校法律援助志愿者参与法律援助的规模化和常态化，对高校法律援助的发展造成了阻碍。

首先，国外资金援助只赞助小范围的高校法律援助机构，不具有普遍性，大部分高校法律援助机构无法通过该渠道获得资金。并且，国外资金援助也存在不稳定性和短期性，往往只在一段时间内提供而不会一直提供。以南京大学法律援助中心为例，成立之初，南大法援中心获得世界银行十万元的资助，但是南大法援的后续运营费用就仅依靠学校拨款，缺乏长期可靠而稳定的资金来源。同时，基金会的审查普遍非常严格，要求申请对象首先要具备足够的影响力。这就使得真正需要援助的高校法律援助机构陷入了僵局，即要想获得广泛的社会影响力首要有资金，然而要能申请到资金首先又要具备社会效果。这无疑会使得大部分刚建立的、尚在发展过程中的法律援助机构陷入困境。

其次，司法行政机关法律援助中心本身经费就短缺，客观上也无法负担起高校法律援助机构的大量运行费用。"以 2002 年为例，全国的法律援助经费为 8443.33 万元，仅为经费总需求的十分之一。"[①]可见，经费的匮乏是全国范围内的法律援助机构面临的共同问题。

最后，高校的资金拨款也同样十分有限，高校的拨款取决于高校从国家获得的财政资金，也受到高校学科建设的影响和限制。高校法律援助机构所依托的法学院在大部分院校中并不属于重点学科，其所属的社会科学领域也不是教育资金重点投入对象，故能从高校财政获得的资金支持非常之少。

有学者经调研得出数据，法律援助的经费与法律援助的成功数量成正比。经费的缺乏大大降低了高校从事法律援助的成功比例，既不利于建立其自身的法律援助服务品牌，也会削弱高校法学专业学生参与法律援助事业的积极性和热情。同时，经费不足使得高校法律援助机构无法负担进行案件代理的费用，有时候高校法律援助机构只能放弃一些法律援助案件。因此，经费的不足导致高校法律援助的稳定性和长久性都不能得到有效保障。[②]

（二）高校法律援助机构人员面临的问题

高校法律援助机构的志愿者在进行相关的法律援助活动时缺乏系统化和

---

① 赵磊：《校园法律援助在行动》，《时代潮》2003 年第 17 期，第 14—16 页。
② 魏臻、王如文、陈远建：《论高校大学生法律援助及其制度的改革与创新》，《中外企业家》2016 年第 6 期，第 197 页。

规范化管理。与高校法律援助相关的外部管理制度的建设尚不完善,依托于内部的高校法律援助机构自身管理规定很难有效地落实。此外,参加高校法律援助的志愿者大多是大一和大二的学生,这就更需要有统一的制度规范对其进行科学的引导。

尽管很多高校为法律援助机构配备了指导老师,但是他们大多是兼职,本身还负担繁重的教学等工作,无法向法律援助机构投入过多的精力,这就致使法律援助工作基本上由大学生承担。而高校学生由于升学、就业等流动性较大,容易造成高校法律援助机构的人才断档,使高校法律援助机构缺乏稳定的人员。新旧志愿者的素质和能力差距过大,对案件服务的衔接不到位,也会影响法律援助工作的连贯性和完整性,也会限制高校法律援助开展的广度和深度。

此外,高校学生进行法律援助受到以下三个方面的限制,在一定程度上会影响法律援助的质量。第一,学校课程占据了他们大量时间,在法律援助实践中,一般的简单案件需要学生花费一到两小时进行解答,而相对复杂的案件则需要一天甚至更久。法律援助本身是一项需要投入持续时间和精力的事业,而高校又无法对参与的人员提供保证,会出现很大的人才缺口。第二,高校学生缺乏实践经验。尽管高校学生对法律援助的积极性甚高,但是毕竟这只是其积累实践经验的平台,他们进行法律援助更多的是在学习。在老师指导不足的情况下,缺乏经验很可能会增加学生代理案件的风险,并且影响高校法律援助机构整体的服务质量。第三,法律并没有赋予学生适格诉讼主体的身份,在校学生大多没有律师资格,办理案件时不能像律师一样拥有较为广泛的诉讼权利。这又在一定程度上使从事法律援助的高校志愿者不能及时全面了解案件,影响学生对相关案件的办案质量。

(三)高校法律援助机构缺少稳定的案源

高校法律援助机构缺乏稳定充足的案源,这是限制高校法律援助机构发展的主要原因之一。[①] 有学者以《全国知名法学院法律援助中心联系方式及地址》和《中国高校法援大盘点,你值得拥有》中公布的高校法律援助组织为准,在裁判文书网检索相关案例发现,发生在 2011 年的高校法律援助案件仅 2 件,2013 年的高校法律援助案件有 6 件,2014 年的高校法律援助案件有 12

---

① 仲威、吴树义:《高校法律援助组织参与诉讼行为研究——基于 144 份裁判文书》,《湖北警官学院学报》2020 年第 6 期,第 86 页。

件，2015 年的高校法律援助案件有 19 件，2016 年的高校法律援助案件有 22 件，2017 年的高校法律援助案件有 58 件，2018 年的高校法律援助案件有 15 件，2019 年的高校法律援助案件有 10 件。通过以上数据可以发现，在 2011—2019 年间，高校法律援助案件平均每年仅 16 件，在案件数量上长期处于低水平状态。此外，从案件数量的趋势上来看，2011 年到 2017 年案件数量逐年增加，而到 2018 年又再次下降，这反映出高校法律援助案件来源的不稳定性。而受到案源不充足不稳定的情况限制，高校法律援助机构无法获得充足的案件应对法学实践需求，也无法向社会提供大量优质无偿的法律援助服务。[①]

（四）高校法律援助机构缺乏制度保障

高校法律援助机构缺乏相应的制度保障，这在一定程度上限制了高校法律援助机构的发展。在立法层面，《中华人民共和国法律援助法》针对高校法律援助机构志愿者的权利义务规定仍不清晰。《中华人民共和国法律援助法》虽然支持和鼓励高校法律援助机构利用自身资源提供法律援助，但是相关的地方规章和规范性文件并没有专门规定高校法律援助机构志愿者的权利义务关系，导致高校法律援助机构缺乏相应制度保障。

此外，司法部法律援助中心并没有设立专门管理、推动高校法律援助机构发展的部门，无法针对各个高校的特点进行有效管理。《行政许可法》颁布之后，对高校法律援助机构的设立由事前审批改为事后监督，即只需要到相关行政司法部门备案即可设立。但是法律并没有规定哪些学校要到哪一级的司法部门备案，也没有作出一个详尽的备案程序。这使得高校法律援助机构与地方司法机关的联系更为薄弱，在一定程度上抑制了高校法律援助事业的发展。

同时，司法行政部门应有的领导与监督的缺乏，也导致行政管理与高等院校对高校法律援助机构管理的矛盾。这种双重管理模式已经造成因管理权限不明确而带来的管理缺失和管理冲突，最终形成的是高校法律援助机构的"支持真空"。总之，高校法律援助机构的发展，依赖为其建立完整坚实的制度保障。国家应该为高校法律援助机构制定一定的政策，建立由地方行政系统和司法系统进行协助的制度。地方的行政系统和司法系统应根据当地经验和司法经验，与高校法律援助机构共同协作。解决了制度性建设问题，高校法律援助的经费、人员、案源问题也会相应得到解决。

[①] 仲威、吴树义：《高校法律援助组织参与诉讼行为研究——基于 144 份裁判文书》，《湖北警官学院学报》2020 年第 6 期，第 86 页。

第二节 高校法律援助制度改革

高校法律援助制度改革任重道远,本节主要提供了制度、体系、规范、保障四个方面的具体建议,以期使高校法律援助制度更加完善,为社会的公平正义添砖加瓦。

一、建立规范的高校法律援助管理制度

根据我国目前高校法律援助机构工作开展的现实情况,并结合实践中对高校法律援助机构的管理现状,应积极完善高校—政府法律援助中心"双层管理"架构模式,在规范层面对两者的权责划分作出明确规定,从而避免二者的"管理真空"现象。高校法律援助机构本身在高校范围内设立,立足于高校师资力量和基本的管理框架。具体来看,在实践中可以由高校行政管理部门负责微观层面,直接负责高校法律援助机构的值班地点、人员管理、办案流程、对外合作、绩效评估等基础环节。同时,由政府法律援助中心负责宏观层面,比如研讨、制定并发布管理高校法律援助机构的详细规则,对其设立条件、运行模式、资格准入、经费拨款作出规定,让高校法律援助机构的管理走上规范化渠道。并且,政府法律援助中心也需要发挥对外沟通桥梁功能,负责高校法律援助机构与其他司法实务部门的合作和沟通,并定期召开高校法援研讨会促进多个高校法律援助机构之间的协作。

因此,高校法律援助制度的改革需要着重发挥双层管理体制优势互补、相辅相成的优势力量。两者之间应定期进行沟通交流,加强互相的协调配合,制定权责明确的工作规范以避免相互推诿和重复管理。同时,高校法律援助机构内部也应制定科学的基础规章制度。具体来看,与受援当事人息息相关的来访咨询制度需要规范志愿者的接待细节并将当事人的来访记录存档;志愿者开始介入的接案审查制度需要规范案件受理范围、人员援助范围和受援人的条件审查;案件代理制度要规范代理的小组成员设立过程、案件的研讨流程、指导老师的审核流程和证据文书的记录存档流程;经费管理制度需要规范开支的明细、报销的条件和账目的审核监督流程;绩效考核制度需要规范业绩评估的标准、评奖评优的条件和公示的流程。特别值得强调的是,在高校法律援助志愿者的纪律规范方面,一定要遵循高标准严要求的原则,审查志愿者在

值班咨询的过程中是否迟到早退、是否勤勉尽责和是否收受援助人员的财物等。高校法律援助机构要充分利用高校在人才等方面的优势不断规范化管理法援工作模式。①

二、建立科学的高校法律援助实施体系

高校学生在专业上具有优势,但是在投入时间可持续性上存在劣势。这就需要建立一个科学的高校法律援助实施体系,进行交替运转,使得 n 个工作时长较短的 x 位高校志愿者,凝聚成合力。但是 $n*x$ 总会产生一些磨合的损耗 t,实际有效时长就变成了 $n*x-t$。损耗 t 就是整个高校法律援助实施体系运转当中的磨合成本。建立科学的高校法律援助实施体系,就要尽量减少磨合成本。首先,需要建立科学的责任分配体系。在具体实施法律援助的问题责任方面,可以建立首问负责制,第一个接待受援者的法律问题的志愿者需要对该法律问题负主要责任。其次,可以设立不同的部门对法律援助进行协助,以中国人民大学法律援助中心为例,人大法援中心设有主任、办公室、顾问委员会、诉讼代理部、案例研究部、司法局项目组、组织策划部以及外联部,多个部门之间互相配合,为实现法律援助的高效开展提供强大支撑。

与此同时,高校法律援助的实施模式可以借鉴国外的法律诊所制度。美国高校法律援助制度的具体实施主要依托高校校园内部设立的法律诊所。而诊所的主要成员都是高校的在读学生,教师们往往担任指导者的角色。为促进高校法律援助的专业化,诊所也会做进一步细致划分,比如会根据援助对象开设专门的法律诊所,如未成年人保护诊所等;也会根据所擅长的领域开设专门的法律诊所,比如环境保护诊所、社会保障法律诊所等。② 每个学生根据其所在诊所参与处理相关案件,并接受指导老师的指导。法律诊所秉持着"模拟与实操相结合,咨询与服务相结合"的理念,将法学教育、法学实践、法学研究融为一体。此外,在多元目标模式的统筹下,法律诊所会经常提供一些法律服务,如为受援人提供会见、完成庭审辩论稿件、案件调查等。在理论导师和实践导师的共同指导下,高校法律援助的志愿者可以通过法律诊所的外派实习项目,参与处理各种案件,并真正履行实习律师的角色,此外,高校学生参与法律诊所项目也是课程学习的环节之一,需要达到学校规定的学时数。因此,作

---

① 胡勤志:《我国高校法律援助制度探究》,河北科技大学 2018 年硕士学位论文,第 34 页。
② 胡勤志:《我国高校法律援助制度探究》,河北科技大学 2018 年硕士学位论文,第 37 页。

为法学教育考核与评价的必要组成部分的法律诊所制度,可以有效提升高校法律援助机构志愿者的实践经验,并减少高校法律援助机构的人员流失问题,有助于高校法律援助机构建立科学化的实施体系。

三、提供高质量的高校法律援助服务

提供高质量的高校法律援助服务体系,需要切实提高高校法律援助中心志愿者的业务能力。建议将高校法律援助项目纳入法学院正式的法学教育计划中,制定科学的教学模式和期末考核方法,并结合广大师生志愿者的需求进一步完善相应的法律援助教学配套措施。

一是可以建立长期且固定的实务专家指导制度。高校法学院的教师具有扎实深厚的法学理论功底,如果能再加上具有丰富实务经验的外聘专家如执业律师或法务人员等,可以对高校法律援助机构志愿者的法律援助工作提供全方位的指导,也有助于高校法学院学生业务能力的全面提升。

二是可以建立案件风险评估制度。众所周知,诉讼具有风险性,尤其是涉及刑事方面等的案件。因此在法律援助的实务中,有时候会出现有些案件并不适合由高校法律援助机构志愿者代理的现象。如果这时仍让高校法律援助志愿者承办,会降低法律援助的质量,增加诉讼风险,不利于对受援对象自身合法权益的维护。因此,建议高校法律援助中心所接收的每件案件均需经过指导专家的风险评估后方可代理。

三是可以建立内部交流培训制度,以交流培训的方式定期提高成员的法律实务能力。建议高校法律援助机构每个月至少召开一次内部培训会议,可以由同学们互相进行经验交流,也可以邀请检察院、法院和司法局等法学实务经验丰富的人员作为高校法律援助中心的嘉宾进行经验分享,介绍法律实务经验和庭审技巧。

四是可以建立合作联动的外部交流制度。建议高校法律援助机构与地方政府法律援助中心、地方司法部门、律师事务所和基层法律援助机构等开展广泛合作,定期安排高校法律援助志愿者前往实习,进行深入的学习交流。

五是可以建立严格的内部志愿者选拔制度,规范高校法律援助机构的选拔考核流程,比如以司法考试成绩为基础,结合实习经历等作为初步筛选条件,再以笔试面试的形式选拔出优秀的高校法律援助志愿者人才作为储备,做好高年级学生与低年级学生的人才梯队衔接工作。

四、提供有力的高校法律援助保障

在经费保障方面,首先,建议鼓励政府大力承担高校法律援助机构的经费保障责任,将这类资金纳入同级财政预算当中,通过明确的规范建立起政府对高校法律援助的最低经费保障机制。其次,依照我国基础性国情来创建专业化的高校法律援助基金,在努力提倡社会全面性捐助的同时,将法律援助基金会的功能发挥到极致。[1] 此外,高校法律援助机构可以通过社会合作筹集资金。可借鉴武汉大学、西北政法大学等高校法律援助机构的具体做法,采取多渠道的、灵活的筹资方式。这也要求高校法律援助机构在日常的运作中注意提升法律援助工作质量,从而形成良好的社会声誉,以充分调动社会各方面的力量,通过众筹等形式向社会上的律师事务所、慈善组织、基金会、企业单位等团体募集资金,要加强宣传和引导,形成全民参与法律援助的良好社会氛围。

从人才保障上,可以建立长期激励制度。长期的激励方式可以调动高校法学院学生参与法律援助的积极性,为高校法援工作的长期健康发展保驾护航。具体来看,一是可以将志愿者参与法律援助工作的情况与课程学分的取得进行有效衔接。以菲律宾大学为例,菲律宾大学法学院服务中心的成员进行法律援助也是学习的一大环节,法学院将根据学生在法律服务中心的工作表现,对相应的等级和学分进行评定,以充分调动学生的学习积极性。[2] 美国有些州甚至把法学院的学生完成一定量的法律实践任务作为获得毕业证的先决条件。结合我国大学所开设的必修课和选修课的实际情况,建议将高校法律援助课程纳入法学院选修课程,待时机成熟后再统一纳入法学院必修课程。二是可以积极探索法学毕业生与律师事务所、企业法务和公务员招考的衔接新渠道。根据《中华人民共和国律师法》第五条规定,申请律师执业,除通过国家统一法律职业资格考试取得法律职业资格外,还要满足在律师事务所实习满一年以上等条件。因此可以视情况对法科生在高校法律援助中心的工作表现进行评估,并通过统一公开的方式考核,考核合格后可酌情折抵一年的实习时间,从而可以使通过办理法援案件基本具备实践经验的实习生尽早开始正式的律师生涯。此外,对于司法机关在公务员招考中要求的两年基层工作经

---

[1] 宋晓军:《法律援助制度面临的困境及对策分析》,《法制博览》2019 年第 10 期,第 224 页。
[2] 袁钢:《非传统法律服务:菲律宾法律诊所教育》,《中国法学教育研究》2014 年第 3 期,第 3—22 页。

验,也可以按照上述思路对工作时间进行适当的折抵。

在制度保障上,建议未来进一步完善《中华人民共和国法律援助法》对高校法律援助的规定。高校法律援助机构的发展,依赖于为其建立完整坚实的制度保障。首先,需要明确高校法律援助的援助案件范围,在立法层面进行统一规定。其次,需要明确高校法律援助机构志愿者的权利义务内容,厘清高校法律援助机构志愿者权利义务的界限。同时,需要进一步细化高校法律援助的管理责任,在司法部法律援助中心设立专门管理、推动高校法律援助机构发展的部门,针对各个高校的特点进行有效管理。此外,需要在法律层面明确规定哪些学校要到哪一级的司法部门备案,作出一个详尽的备案程序。最后,应该为高校法律援助机构制定一定的政策,规定由地方行政系统和司法系统进行协助。地方的行政系统和司法系统应根据当地经验和司法经验,与高校法律援助机构共同协作。

第三节 高校法律援助制度创新

随着时代的发展,高校法律援助制度也要与时偕行,不能止步不前。高校法律援助制度创新主要分为三个维度:一是树立新价值;二是提供新平台;三是打造新模式。

一、新价值:培育德法兼修的法律人才

高校法律援助制度的创新需要立足新价值,培养德法兼修的法律人才。制度的价值不仅在于制度本身,而且在于它折射出的社会价值。高校法律援助机构从事的是一项崇高事业,有着以我所学奉献社会的价值追求。因此,高校法律援助机构需要培养德法兼备的法律人才,在具备扎实的法学素养的同时要有高尚的品德。高校法律援助机构要建立起良好的志愿服务文化氛围,让志愿者在无私奉献的志愿服务文化的熏陶下,脚踏实地,认真勤勉,从参与法律援助的一点一滴做起,将自己对法律援助的满腔热情在援助实践中逐渐转化为内在的责任感和使命感。

同时,这个新价值也体现在有法律援助经验的学生毕业后的发展上。在高校进行法律援助的经历和志愿服务文化会深深扎根在志愿者们的内心,会对其一生产生重大影响,带着法律援助的精神一代代传承下去。随着社会的发展,高校法律援助中心可以通过法律援助志愿服务培养出高校法学院学生强烈的社会责任感,让他们带着这样的精神以后在法律工作岗位上兢兢业业,勤勉努力,同时倾向于在日常生活中多做一些奉献社会的行为,乐意重温自己在学校法律援助机构的成长经历,以一种相对系统、辩证、理性、严谨的法治思维和实务能力,广泛传递志愿服务理念,传递友善价值导向,从而可以更好地奉献社会。

此外,培育德法兼修的法律人才还要求以专业型法律人才培养模式,培养创新实践型人才。建议借鉴国外的法律诊所式教育模式,将课堂教育与实践教育相融合,理论学习与实务锻炼相结合,实务处理与项目研究相挂钩,对接高校法学院学生的专业实习,形成以能力为导向的专业素质综合提升的人才培养方式,教师平等地对学生进行技能传授,朋辈愉快地进行经验交流,在民主的氛围中使高校法律援助机构成为法科学生"理论探讨、实务操练、项目研究"为一体的实践研阵地,实现被动理论应试教育向实践应用型综合教育模式转变。不断提高学生的实践应用能力,培养学生的学术创新精神,增益学生高度的社会责任感,保障学生享受优质的受教育权,为社会输出适应社会发展的知识密集型复合人才,全面彰显高等学校人才培养的整体质量和水平,共同致力于实现中华民族伟大复兴的中国梦。

另外,培育德法兼修法律人才,需要同时提高高校法律援助机构志愿者将法学理论应用到实践的能力。建立专业型的法律人才培养模式,为创新实践型人才培养奠定基础。可以借鉴国外法律诊所式教学模式,将课堂教学与实践教学有机结合,理论学习与实践训练相结合,实务处理与项目研究相结合,视情况可以对接高校法学院学生的专业实习,形成以实践能力为导向的法学学科教育模式,建立理论教学与实践教学相结合的人才培养模式。高校法律援助机构要不断增强志愿者的实践应用能力,培养志愿者的学术创新精神,增强志愿者高度的社会责任感,保证志愿者受到高质量的法学教育,从而可以有效向社会输出适应社会发展的知识型复合型人才,充分提升高校法律援助人才培养的整体质量和水平,共同致力于中国特色社会主义法律援助事业。

二、新平台:建设互联网信息化平台

高校法律援助制度的创新需要建设互联网信息化平台。目前高校法律援助的案件以当事人主动咨询为主,而当事人咨询的主要途径是电话和邮箱等。相比之下,直接通过互联网信息平台咨询的当事人数量较少,这也从侧面反映

第九章　新时代高校法律援助的改革与创新

目前法律援助互联网信息平台建设得不够完善。① 通过互联网平台实现对当事人的援助在高校法律援助中占比不大,在"互联网＋"时代,大部分高校法律援助机构并没有充分利用网络平台的优势来给对外提供法律援助以便利。2021年初的公共卫生事件牵动着全社会各界人士的心。为保障法律援助在事件期间充分发挥作用,各级政府、组织在原有线上法律援助服务平台的基础上,及时开发了不同的援助形式,力图在特殊形势下,实现法律援助的"不缺位"。同时高校线上法律援助也在不断推陈出新,以南京大学法律援助中心为例,中心迅速响应社会需求和学校要求,建立QQ线上咨询群,并向全社会公布QQ群聊号码,接受当事人进群咨询,群内要求实名并做好来访当事人的全部信息保密工作,截至2021年8月,法援中心除了常规值班援助之外,一直以线上方式不间断式提供线上的法律援助服务,已通过以上方式成功接受咨询五百余件。

从更加完善高校法律援助咨询渠道的角度出发,可以建设高校法律援助机构新平台——互联网信息化平台。首先,这有利于实现宣传与服务于一体的功能,受援人先进入这个互联网信息化平台进行实名登记,之后可以看到高校法律援助机构的简介页面,在打开网站了解到指导老师队伍、志愿者简介的同时,当事人可以直接在页面上点击高校法律援助机构公众号链接,可以有效实现平台的宣传功能。之后,受援人在平台的求助页面登记案件问题。此外,当事人还可以根据网站上的问卷链接填写问卷并加入QQ群,问卷信息将同步进入高校法律援助中心的学生管理系统中,由高校法律援助志愿者进行回复。②

其次,通过高校法律信息一体化平台建立案件资源数据管理库,有助于高校法律援助志愿者案件的交接和提高案件回复质量。只有高校法律援助机构的指导老师和学生志愿者才有登录账号的权限,登录账号后有权限查看案件资源数据库的案件并进行回复。如果有的志愿者无法在值班时间回复完案件的话,案件需要标记为"未及时回复",并由系统及时分配给下一时间段的志愿者。志愿者回复完成后,受援人可以选择追问,并作出评价。指导老师根据反馈数据召开总结会,改进反馈的问题,从而提升案件咨询的质量。同时,在案

---

① 赵小涵、高源、刘子轩、罗颐、王新宇:《"互联网＋"视角下的高校法律援助创新路径探究》,《科技经济导刊》2019年第10期,第80页。
② 赵小涵、高源、刘子轩、罗颐、王新宇:《"互联网＋"视角下的高校法律援助创新路径探究》,《科技经济导刊》2019年第10期,第80页。

件资源数据管理库中可以进行案件来源的分类,便于将案件分发给具有类似案件经验的志愿者,提高案件回复质量,也便于指导老师清晰统一地进行案件管理和随时跟进案件的进度。在平台下,高校法律援助机构可以对受援人的咨询进行专业化和类型化的区分,案件可以指派给具有该知识专长优势和有类似案件经验的高校法律援助的志愿者。

三、新模式:"法律援助+"服务模式

高校法律援助制度还需要创新思路,积极探索"法律援助+"工作机制,不断提高法律援助质量,维护受援群众的合法权益。"法律援助+"服务模式意味着建立与司法机关和其他社会组织的长期合作机制和沟通协调机制。同时,高校法律援助机构要积极寻求与地方妇联、残联、劳动仲裁等机构的合作。高校法律援助机构不仅要做好案件代理工作,而且要进行法制宣传,定期开展各类普法知识讲座,根据当地社会纠纷等热点问题及时制定相应的法律对策,化解社会矛盾,维护社会和谐稳定。

为切实贯彻习近平总书记的讲话精神,司法部和教育部先后发布通知,要求"打破高校与社会之间的制度壁垒,增强校地合作,进一步拓展高校与法治工作部门合作的新模式、新路径"。以南京大学法律援助中心为例,2020年南京大学法律援助中心参加江苏省法律援助基金会法援资助项目建设座谈会,从普法宣传、法律咨询、援助案件代理及合作交流等方面,向大会汇报了南京大学法律援助中心项目运行与实施情况,借参与本次法援资助项目建设座谈会的契机,在项目创新、规范管理、打造全省乃至全国的法律援助品牌方面,开拓探索新思路。从2018年下半年开始,中心便与南京市消费者协会签署战略合作协议。中心派志愿者赴消费者协会值班,为消协咨询消费纠纷的消费者提供法律建议,完成消协指定完成的其他法律工作,如整理由南京市消协参与的支持诉讼的相关法律意见书以及法院相应判决以形成一套支持诉讼的标准程序及文书等。2020年11月,法援中心再次与消费者协会开展更加紧密的深度合作,成为南京市消费者协会消费维权志愿者联盟的第一批高校成员,由中心选拔优秀的值班志愿者成为消协的维权志愿者。此外,从2018年下半年开始,南大法援中心也与江苏省司法厅开展合作,协助江苏省法律专家解答中国法律服务网的线上咨询。截至2021年7月份,回复咨询次数已超过八千人次。答题质量与答题数量并行提高。通过中国法律服务网解答咨询正逐渐成为检验南京大学法律援助中心志愿者服务能力的重要途径和平台。

案情简介

原Y室为南京市A区房产经营公司管理的公有住房,登记承租人为王某。自1990年起,由于王某离开原单位,同为该单位职工的冯某承租涉案房屋,房租及水、电费从冯某工资中扣除,其家庭户口均在涉案房屋内。2015年12月19日,南京市A区拆迁管理中心与房产经营公司、王某签订了《城市房屋征收补偿协议》。涉案房屋现已被拆除。

2016年,冯某提起行政诉讼,要求判令:撤销王某签订的征收补偿协议,拆迁管理中心与冯某另行签订协议,涉案房屋的拆迁利益归冯某所有。一审、二审法院均裁定驳回冯某的起诉。

2017年下半年,冯某妻子多次到法援中心咨询,中心志愿者帮助当事人撰写起诉状。一审判决认定冯某为实际承租人,享有涉案房屋的拆迁利益。原审被告提起上诉。

2018年10月11日,南京市中级人民法院立案,当事人到法援中心申请代理。

2018年10月23日,南京大学法律援助中心批准代理。

2018年11月12日,志愿者至南京市中级人民法院出庭代理。

2019年4月22日,当事人收到胜诉判决。

案情分析

南京大学法律援助中心的志愿者经分析认为,本案的争议焦点为冯某与王某谁是Y室的实际承租人?实际承租人和名义承租人谁有资格获得拆迁利益?如何认定实际承租人,这是确认拆迁利益归属的前提,这涉及冯某与王某两个平等主体间的民事法律关系问题,应当提起民事诉讼而非行政诉讼。因此,南大法援志愿者耐心地向当事人阐明案件要点,并建议当事人及时转换诉讼思路,重新提起民事诉讼。

由于案涉房屋属于公有房屋,拆迁利益原则上归属于公有房屋承租人。由于公有房屋的租赁关系认定起来较为复杂,本案中,一审、二审法院均遵循了"实质重于形式"的裁判思路,即不以涉案房屋登记的承租人为唯一的判断依据,当实际居住房屋且缴纳租金的实际承租人和登记承租人不一致时,法院仍然认定拆迁利益归属于实际承租人。总体来看,根据单位福利分房的政策精神,法院会着重考虑公房的实际居住情况,将租金缴纳和户口状况考虑在内,保证实际需要、实际居住房屋的承租人在拆迁时享有拆迁利益。

　　本案事实清楚,证据较为充分,当事人的遭遇令人同情,但之前两次行政诉讼都没有达到目的。合理地运用法律武器维权,不仅能少走弯路,更可能是案件胜诉的关键。在本案中,转换诉讼思路就起到了这样的作用。在今后办案过程中建议总结和借鉴此次的经验,志愿者在选择纠纷解决途径时要全面考虑、谨慎对待。此外,公房拆迁利益的归属属于特殊时期的问题,办案人不熟悉且难以搜索到明确具体的法律法规。在这种情况下,搜索相似案例来总结法院裁判思路是必要的。

　　山重水复疑无路,柳暗花明又一村,对于本案来说似乎是最为贴切的形容。本次案件能够圆满结案,没有止步于重重困境中,得益于老师的悉心指导、法官的耐心沟通以及志愿者们的用心探究。目前倡导的多元化解决纠纷、繁简分流等多项改革新举措也切实为本案减轻了需要花费的成本和精力,帮助当事人更快地争取到自身权益。《法律援助法》修订以来,法律援助的作用也愈发重要,作为帮助经济困难群众维权的主力军,南大法援义不容辞,法援人一直在路上。南大法援人始终坚守"以我所学,奉献社会"的宗旨理念,为提供更优质的法律援助服务而不懈努力!

本章作者:许可

附录1：南京大学法律援助中心章程

为了充分利用南京大学的人才优势,弘扬真正的法律援助精神,我们于1998年12月创立了南京大学法律援助中心。

在此,我们郑重地向社会作出承诺:

1. 以事实为根据,以法律为准绳,严格恪守法律工作者的职业道德和执业纪律,全力捍卫受援人的合法权益和社会公正。

2. 本着无私奉献、真诚服务社会的主旨,在力所能及的范围内,最大限度地减轻受援人的经济负担。

援助中心全体教师和研究生、本科生将以我们满腔的热忱、扎实的法律功底、丰富的办案经验和高度的社会责任感扶助弱者,伸张正义,确保承诺的实现,为每一位因经济或其他原因无法享有、实现、恢复其合法权益的社会成员无私地提供法律咨询及法律援助,让每一个社会公民,无论性别、年龄、职业、宗教信仰、教育程度、财产状况,都能获得法律平等而公平的保护。

我们期望全社会的关心、支持和监督。

我们坚信:真诚的法律援助,必将有助于我们的社会步入全新的、真正的法治时代!我们期盼着这一时代的到来,也期待着迫切需要法律援助的您的到来!

南京大学法律援助中心
1998年9月

第一章　总则

第一条　为贯彻"公民在法律面前人人平等"的宪法原则,保障公民享有公正、平等的司法权利,根据有关法律和司法部关于开展法律援助工作的有关规定,发扬南大广大学生、共青团员服务人民与回馈社会的精神,依托于南京大学法学院的师资力量设立本中心。

第二条　本中心所提供的法律援助活动是指在国家司法机关、国立法律援助机构的指导、监督和统一协调下,在南京大学法学院及南大团委的直接领导下,为经济困难或特殊案件的当事人给予减、免收费提供法律帮助,以保障其合法权益得以实现。

第三条　本中心及承办法律援助事务的法律服务人员,必须遵守国家的法律,恪守职业道德和有关纪律,以事实为依据,以法律为准绳,及时有效地为受援人提供法律援助。

第二章　法律援助中心的职责

第四条　在国家司法机关、国家法律援助机关的指导、监督和统一协调下,在南京大学法学院及南大团委的直接领导下,贯彻执行国家有关建设法律援助制度的法律、法规和规定;研究、制定有关法律援助制度的发展规划和模式。

第五条　统一受理、承办本地区法律援助案件或事项,并指派中心有关法律服务人员提供法律援助。

第六条　承办法律援助案件或事项。

第七条　在条件允许的情况下进行法律援助制度的理论研究、资料收集和人员培训,组织法律援助的宣传及交流活动。

第八条　承担与法律援助有关的其他工作。

第三章　法律援助对象

第九条　下列人员可以申请法律援助

(一)有理由证明为保障自己合法权益需要获得法律帮助,但经济困难,无能力或无定金能力支付法律服务项目,住所地在本市或持有本市暂住证的中国公民;

(二)盲、聋、哑和未成年人为刑事被告人或犯罪嫌疑人,没有委托辩护律师的；

（三）其他残疾人、老年人为刑事被告人或犯罪嫌疑人，因经济困难没有能力聘请辩护律师的；

（四）可能被判处死刑的刑事被告人没有委托辩护律师的；

（五）刑事案件中的外国籍被告人没有委托辩护人的。

第十条　公共福利组织或政府公益项目需要法律帮助的，可以申请。

第十一条　经审查批准的法律援助申请人或符合法定条件、接受人民法院指定辩护的刑事被告人、嫌疑人为受援人。

第四章　法律援助的范围和形式

第十二条　法律援助的范围包括：

（一）一般的刑事案件；

（二）请求给付赡养费、抚育费、扶养费的法律事项；

（三）除责任事故外，因公受伤害请求赔偿的法律事项；

（四）盲、聋、哑和其他残疾人、未成年人、老年人追索侵权赔偿的法律事项；

（五）请求国家赔偿的诉讼案件；

（六）请求发给抚恤金、救济金的法律事项；

（七）其他确需法律援助的法律事项。

第十三条　下列案件或事项，本中心不予提供法律援助：

（一）因申请人的过错责任侵犯他人合法权益而引起的民事或刑事案件；

（二）因申请人过错引起的行政诉讼案件；

（三）申请人提供不出任何证明材料的；

（四）申请人出具虚假证明骗取法律援助的；

（五）其他本中心对外声明不予受理的案件。

第十四条　法律援助主要采取以下形式：

（一）法律咨询，代拟法律文书；

（二）刑事辩护和刑事代理；

（三）民事、行政诉讼代理；

（四）非诉讼法律师事务代理；

（五）定期的法律义务宣传；

（六）定期地回复社会来信；

（七）其他形式的法律服务。

第五章 法律援助的程序

第十五条 申请人向本中心提出法律援助要求应填写《法律援助申请表》。

申请人应当在申请表上签名或盖章，如实填写。申请人填写确有困难的，可由接待人员代为填写。

第十六条 申请人应当提供下列材料：

（一）身份证明、户籍证明或暂住证；

（二）街道（乡镇）、劳动部门或有关单位出具的申请人及其直系亲属经济状况证明；

（三）与申请援助事项有关的案情材料；

（四）代理人代为申请的，应当提交授权委托书或其他有关代理资格的证明；

（五）本中心要求提供的其他材料。

第十七条 中心对法律援助申请应当进行审查。接待人员询问申请人或有关人员时，应当制作笔录。如认为申请人提供的材料不完备或有疑义的，应通知当事人作必要的补充和说明，也可以酌情派员进行实地调查。

第十八条 中心应当自受理之日起10日内作出是否予以法律援助的决定：

（一）对符合条件的法律援助申请事项，应作出同意提供法律援助的书面决定，并指定承办人员。由承办人员与本中心、受援人三方签订法律援助协议，明确规定各方权利义务。

（二）对不符合规定条件的法律援助申请，作出不予援助的书面决定，并通知申请人。申请人对本中心作出的不予援助的决定有异议的，可以要求法律援助中心复议一次。中心应当在收到复议之日起5日内作出复议决定并通知当事人。

第十九条 下列案件和情况经法律援助中心主任批准，可不经审查直接予以援助：

（一）人民法院指定辩护的刑事案件；

（二）追索赡养费、抚养费、抚育费、抚恤金、救济金的；

（三）不及时提供援助会造成社会混乱，在公众中造成不良影响的；

（四）不及时提供援助会加大当事人损失的；

（五）南京大学在校学生所涉及的纠纷。

第二十条　中心负责审查和批准援助申请的工作人员有下列情况之一的，应当回避：

（一）援助事项的申请人或申请人的亲属；

（二）与申请事项有直接利害关系。

第二十一条　法律援助事项办结后，法律援助承办人员向中心提交结案报告。结案报告应附判决书、裁定书、调解书等法律文书和有关法律援助文书，由中心存档。

第二十二条　法律援助事项办结后，需由受援人补偿部分费用的，中心应按有关规定及时核定并向受益人提供相应单据。

第六章　法律援助中的义务和权利

第二十三条　南京大学法学院的教师、在校研究生、高年级本科生及南大其他院系的学生按照有关程序加入本中心后，必须承担法律援助义务，依法为受援人提供法律服务。

第二十四条　法律援助承办人员接受指派后，不得疏于应履行的职责，无正当理由不得拒绝、延迟或终止所承办的法律援助事项。

第二十五条　法律援助承办人员拒不履行法律援助义务，或者疏于履行法律帮助职责致使受援人遭受重大损失的，法律援助中心可以建议南京大学法学院给予相应的处罚。

第二十六条　受援人不遵守法律规定以及不按法律援助协议的规定予以必要合作，经中心批准，承办人员可以拒绝或终止提供援助。

第二十七条　受援人以欺骗方式获得法律援助的，法律援助中心应当撤销其受援资格，并责令其支付已获得服务的全部费用。

第二十八条　受援人享有以下权利：

（一）可以了解为其所提供的法律援助活动的进展情况；

（二）有事实证明法律援助承办人员未适当履行职责的，可以要求更换承办人。

第二十九条　受援人除个别特殊情况外，应承担必要的车旅费、误餐费及通讯费用。

第七章　法律援助基金

第三十条　本中心为更好地为社会提供法律服务，设立法律援助基金。

第三十一条　法律援助基金单独立账，专款专用，并接受有关主管机关、单位以及广大工作人员的监督检查。

第三十二条　法律援助基金主要用于以下开支：

（一）组建费用；

（二）承办法律援助案件费用；

（三）举办义务咨询、宣传；

（四）其他中心正常运用所需的费用。

第八章　附则

第三十三条　本中心全称为"南京大学法律援助中心"。

第三十四条　本中心成立于一九九八年十二月，以后每年的十二月为创建纪念日。

第三十五条　本章程自公布之日起实施。

第三十六条　本章程由南京大学法学院法律援助中心负责解释。

附录2:东南大学大学生法律援助中心章程

第一章 总则

第一条 为促进法律援助中心程序化运作、制度化管理,明确中心内部工作机制,确定各部门职责、权限,规范法律援助业务活动,增强志愿者的责任心、纪律性,以推动本中心援助工作积极有效地展开,制定本章程。

第二条 本中心全称为"东南大学大学生法律援助中心",简称"东大法援",英文全称为"Legal Aid Center of Southeast University",缩写为LACSENU。

第三条 本中心拥有自己的标志和名称,其使用权归本中心所有。识别标志包括文字和图案两种。文字即本中心名称,图案即本中心徽标。

本中心设计统一的徽牌、服务登记簿、宣传衫,统一进行活动登记和管理。

第四条 本中心是在东南大学法学院老师指导下,由在校法学专业学生自愿组成的学生自治性社会团体。

第五条 本中心的工作宗旨是:锻炼自己、服务学校、回报社会。

第六条 本中心接受江苏省司法厅、东南大学的监督和指导。

第七条 本中心的主要工作是为需要法律援助的在校师生、社会弱势群体提供法律服务,积极在校园内、社会上、网络上进行法律宣传及咨询活动。

第八条 本中心同时希望依托东南大学法学院优质的教学资源和实践机会,通过积极有效的法律援助服务活动,来提高法学专业学生法律实践的专业水平,并最终实现教学与实践互帮互长,相互促进。

第二章　中心制度

第一节　部门设置

第九条　东南大学大学生法律援助中心全体成员大会是本中心的最高权力机构,每学期召开一次会议,全体大会须有 2/3 以上的成员出席方能召开,全体大会上提出的决议须经到会成员半数以上投赞成票方能生效。

全体成员大会由中心主任负责组织召开。发生重大事件,主任认为有必要,并经主任会议、部长例会讨论通过,也可临时召开。

第十条　东南大学大学生法律援助中心全体成员大会的职权有:

(一)制定和修改中心章程;

(二)选举、罢免主任、副主任;

(三)审议中心工作报告、财务报告以及下一学期的工作计划;

(四)决定其他重要事项。

第十一条　中心设主任一名、副主任两名。主任在全体大会闭会期间领导本中心开展日常工作,对全体大会直接负责。副主任协助主任进行各项工作,负责中心各项制度的执行、案件资料的整理等工作。

中心实行主任负责制,主任、副主任共同行使以下职权:

(一)执行全体大会的决议;

(二)选举和罢免部长;

(三)筹备召开全体成员大会;

(四)向全体成员大会作年度工作报告和财务状况报告;

(五)决定志愿者的吸收或除名;

(六)领导本中心各部门开展工作;

(七)决定其他重大事项。

中心主任单独行使以下职权:

(一)召集和主持全体成员大会;

(二)监督全体成员大会决议的执行情况;

(三)开展日常业务工作,组织实施年度工作计划;

(四)处理其他日常行政事务;

(五)代表中心签署有关重要文件。

第十二条　中心设事务部、宣传部、网络部、业务拓展部、研究发展部共五个部门。各部门设部长一名,部长人选由主任、副主任共同决定。各部门实行部长负责制,部长任期一年,可连选连任。

事务部负责中心平常各种工作材料的总结、归档、会议记录、监督考核等;宣传部负责中心宣传及校内外的普法工作;网络部负责中心网络工作的运营;业务拓展部负责与外界的交流合作事务;研究发展部负责法律援助事业理论研究、中心成员业务培训以及初任培训。

同时,以上各部兼为业务部,业务一部—业务五部都需参与中心值班,负责定点咨询、案件代理、来电及来信回复等工作。业务一部—业务三部、业务四部—业务五部分别由两名副主任负责。

第二节 部门规则

第十三条 各部门应积极主动参与中心的各项活动,并在主任的领导下,积极完成本中心各级会议布置的工作。

第十四条 各部门可以根据自身工作需要制定本部门的规章制度,具体规章或制度应交事务部归入档案。

第十五条 各部门应积极做好每次活动总结和学期总结工作,并用电子和书面材料,以统一格式交由网络部及事务部存档,材料具体格式由综合部规定。

第十六条 各部门之间应相互协调沟通,以认真负责和团结合作的态度进行工作。

第三节 接待制度

第十七条 案件接待由各业务部负责,业务部值班时应当根据相应的工作制度,接待当事人时应遵循态度诚恳原则、准确记录问题原则、及时解决问题原则等,业务部自己制定的规章应向事务部备案。

第十八条 业务部应规范接待工作,制定专用的接待记录表,并将材料交予事务部做好资料的存档工作。同时,业务部可以组织人员对接待人员进行接待礼仪的培训。

第十九条 志愿者代理的案件实行首问负责制,即由首先接触案件的志愿者全程负责案件的解决以及案件总结。

第四节 值班制度

第二十条 本中心由志愿者按时按组值班负责相关业务,事务部负责值班时间、人员以及人数等具体安排。

第二十一条 志愿者值班时应准时到班,认真对待当事人,给予当事人有效处理案件的意见。

第二十二条　中心副主任及各部长也应参与值班,全天监督和指导案件接待和值班情况。

第二十三条　志愿者的考勤记录及值班表现,将作为期末考核、年度评优的依据。

第五节　志愿者权益保障

第二十四条　本中心配备专门的公务公交卡,由事务部进行管理,志愿服务人员因工作需要而外出,可以向事务部申请使用公交卡,须填写事务部专门设计的申请书(申请表应包括事前申请和事后归还登记等内容),须有经办人的签名。

第二十五条　志愿服务人员因特殊情况,也可以事后根据费用的证明材料向事务部进行报销费用,须填写事务部专门设计的申请书,须有经办人的签名。

事务部应做好账目记录和整理工作,并定期向主任递交书面财务报告。

第二十六条　志愿者外出活动时,应以安全为第一要务。各部门进行案件工作处理时,应兼顾女生与低年级同学特点,搭配外出活动。

第二十七条　志愿者外出服务时,根据具体情况申请外出补贴,具体情形由带队负责人与综合部进行申请,须填写事务部设计的申请表,且须事务部经办人的签字。事务部应做好记录和整理工作,一并与其他财务情况定期书面向主任递交书面财务报告。

第三章　志愿者权利与义务

第二十八条　中心志愿者有以下权利:

(一)表决权;

(二)被选举为部门负责人的权利,以及经选举获得荣誉称号的权利;

(三)对本中心的工作提出意见和建议的权利;

(四)对本中心工作监督的权利;

(五)优先参与本中心活动以及获得本中心帮助的权利;

(六)请求本中心维护其合法权益、帮助其解决在法律援助活动中遇到的实际困难和问题的权利;

(七)退出本中心的权利;

(八)本章程和其他规章制度规定的其他权利。

第二十九条　中心志愿者有以下义务:

（一）遵守中心工作章程，执行中心各项决议，宣传并扩大法律援助事业的影响；

（二）参加中心各项活动，完成中心安排的各项工作，宣传中心工作宗旨，维护本中心形象；

（三）主动向本中心提供各种信息，提出意见和建议，协助、监督中心各项活动施行情况；

（四）本章程及其他规章制度规定的其他义务。

第四章 宣传管理

第三十条 对本中心的活动和业务内容进行宣传是每一个成员的义务，具体由宣传部负责。

第三十一条 宣传部可以根据宣传工作具体情况制定相应的规章，并交事务部归档。

第三十二条 宣传部负责本中心与学校、社会其他社团、组织宣传部分的联系。

第三十三条 宣传部协助拓展部对外联系一切法律援助业务中的宣传工作。

第五章 档案管理

第三十四条 本中心所有案件、活动都将以电子、书面两种材料形式归档。

同时，各部门对自己负责的各项活动必须有电子存档；事务部则必须有本中心所有资料的电子、书面存档，中心实行部门档案和中心档案相结合的双重档案管理制度。

第三十五条 事务部应按照各部门、时间、活动性质等类型进行档案分类整理工作。

事务部应制定相应的档案规范格式，要求各部门按照规范格式进行材料整理。

第三十六条 事务部应安排专人对本中心的档案进行收集、整理。

第三十七条 各部门应高度重视活动资料整理和档案管理的工作，主任可不定期组织人员对各部门档案管理进行检查，对于档案管理工作落后的部门及其负责人，可要求及时改正。

第六章　人事管理

第三十八条　本中心人事管理包括部门志愿者管理和全体志愿者管理两个部分。

第三十九条　各部门部长负责本部门一切日常工作及人事工作的协调。全体志愿者管理由主任会议负责。

第四十条　事务部负责所有志愿者资料的管理工作。

第四十一条　志愿者从法学院本科三、四年级和研究生一、二年级中选拔学生。选拔必须公开进行，遵循能力出众、态度诚恳等原则。

第四十二条　研究生二年级及本科四年级学生在升入高一年级之际，自动退出中心，人数不足即相应选拔新成员补足。

第四十三条　具体规定见志愿者招募、换届方面专门人事制度。

第七章　资产管理以及财务制度

第四十四条　本中心的经费来源有以下几种：

（一）学校、学院专项拨款；

（二）组织与个人的捐赠；

（三）政府的资助；

（四）企业或者单位的赞助；

（五）其他。

第四十五条　本中心建立严格的财务管理制度，由事务部负责，并直接受主任的指导和监督。会计资料应合法、准确、完整、真实。

第四十六条　事务部关于本中心的各项资产的购进以及各种大项支出，应设计各种专门表格或者申请书，统一填写，统一管理，并需要申请人和相关经办人签名。

第八章　奖惩制度

第四十七条　中心的奖惩制度有普遍奖励制度和特殊奖励制度共同构成。

第四十八条　每学期初，本中心将对上一学期所有志愿者工作进行考核。工作满一个年度的志愿者都可获得本中心颁发的"社会实践证书"。部分特别优秀者，可获得法学院颁发的"优秀法律援助人"证书，并有物质奖励。

第四十九条 奖惩制度的具体规定见奖惩方面专门制度。

第九章 附则

第五十条 本章程自实施之日起生效。

附录3：山东财经大学法律援助中心章程

总　则

法律援助中心是在山东省法律援助中心和山东财经大学具体指导下，由在校大学生组成，并有教师、律师等专家作为指导的学生法律援助机构。

中心的宗旨是：坚持四项基本原则，认真学习法律知识，努力提高实践能力，用所学知识服务社会维护社会主义法治，维护社会的公平正义。

中心口号是：以我所学，回报社会。

第一章　会员

第一条　凡具有山东财经大学正式学籍，承认本中心宗旨，参加本中心活动，自愿履行会员义务，具有奉献精神，经本人申请，中心审查考核，成为会员。

第二条　会员权利

一、会员有参加本中心活动的权利。

二、会员在中心会议上有发言权，表决权，选举权，被选举权。

三、会员有接受中心的教育和培训的权利。

四、会员有对中心的工作提出建议和倡议的权利。

五、会员有退出中心的权利。

第三条　会员义务

一、认真学习马克思列宁主义、毛泽东思想、邓小平理论，学习法律知识，锻炼实践能力。

二、明确本中心的宗旨和章程，坚决执行本中心的决议。

三、积极参加本中心的活动，认真完成本中心交给的任务。

四、自觉维护本中心的形象,同不良风气作斗争。

五、具有奉献精神。

第二章　组织机构

第四条　本中心设主任一名,副主任一名,秘书长一名。主任、副主任、秘书长组成的秘书处。

第五条　理事会为本中心执行机构负责本中心各项日常事务,定期召开例会。

第六条　理事会设法律援助部、宣传部、社区服务部、研究与发展中心和秘书处。各部门具体设置由《山东财经大学法律援助中心机构设置》规定。

第三章　议事规则

第七条　本中心实行民主集中制。

第八条　各负责人员均由民主选举产生,选举实行差额选举,报法学系审查通过。

第九条　中心所定事项由理事会安排各部门执行,执行情况报理事会。

第四章　活动原则

第十条　本中心开展活动均为法律援助活动。

第十一条　活动的主要方式为:

法律咨询,包括:电话、信件、在线援助、上门咨询、现场咨询等。

各类代理,包括:起草各类法律文书、代理交涉及涉讼代理等。

第五章　会员证和会费

第十二条　本中心会员在活动时佩戴统一制作的会员证。

第十三条　本中心会员不交纳任何会费。

第十四条　本中心活动经费主要源于社会捐助和共建单位的资助。

第十五条　本中心经费由秘书处统一管理,统一使用。

第六章　违纪处理

第十六条　违反中心规定者由中心给予批评、警告、严重警告、开除出中心等处分。

第十七条　触犯校规校纪者。按《山东财经大学违纪处分条例》处理。

第十八条　触犯法律者,由司法机关处理。

第七章　附则

第十九条　本章程报山东省法律援助中心、山东财经大学法学院审查后生效。

第二十条　本章程解释权归山东财经大学法律援助中心秘书处。

附录 4：福建师范大学（学生）法律咨询与援助中心活动章程

为进一步明确福建师范大学（学生）法律咨询与援助中心（以下简称本中心）的工作职能，提高本中心的工作效率和质量，增强本中心成员的责任感，结合我校法律工作特点，制定本中心的活动章程。

第一章　总则

第一条：本中心是在福建省法律援助中心的指导下，在校学工部、法学院的直接支持与帮助下成立的，由学校学工部、法学院共同领导的全校性学生组织。挂靠单位为法学院。

第二条：本中心的宗旨是配合学校对学生的管理，普及法律知识、传播法律精神，主要为在日常学习、工作、生活中存在法律疑难的学生提供及时有效的法律咨询与援助服务。

第三条：本中心聘请知名的法学专家、教授，资深的法官、检察官、律师担任中心的法律顾问。

第四条：本中心设主任 1 名，常务副主任 1 名，副主任 2 名，部长、副部长及理事若干。

第五条：本中心实行主任负责制，由其统筹和协调本中心的全部工作。

第六条：本中心的活动经费以校、院两级拨款为主，辅以商家资助。

第七条：本中心成员应当热爱社会主义祖国，遵守学校各项规章制度，有一定的法律基础，并乐于助人、吃苦耐劳。

第二章　中心活动内容

第八条：本中心将长期设立电话热线，为广大同学提供法律咨询与援助服务。

第九条：本中心在校内设置法律服务信箱、出版法制刊物、建立法律网站，解答同学疑难问题，宣传法律知识。

第十条：同校电台、校青通社共建法制类栏目。

第十一条：举行与法律相关的各种知识竞赛，定期开展省市范围的大型法律活动。

第十二条：不定期开展学校范围的现场法律咨询活动。

第三章　职责范围

第十三条：主任是本中心工作总负责人。其职责具体如下：

1. 主持工作，统筹计划安排，组织中心工作人员开展中心活动。

2. 召开中心工作会议、负责人例会，总结中心工作的经验教训，确定中心的工作方向和阶段任务。

3. 监督和考核其他负责人的工作。

第十四条：常务副主任职责具体如下：

1. 协助主任组织开展活动，协调各项工作。

2. 处理日常事务。

3. 负责经费的出入账事宜。

第十五条：副主任职责具体如下：

1. 负责工作和活动的具体实施。

2. 分管办公室、宣传、编辑、外联等工作。

3. 主持每学年的纳新工作和办公室工作人员的培训。

第十六条：部长应切实负责本部门的具体工作，求实，创新，创部门特色。副部长应协助部长完成部门的工作和阶段计划。

第十七条：其他中心工作人员应当认真完成本职工作和负责人安排的任务。

第十八条：办公室负责咨询热线的接听与解答，书籍、材料的保管以及文件的管理。

第十九条：宣传部负责对外宣传活动，扩大本中心的对外影响力。

第二十条：外联部负责联系法院、检察院、律师事务所，聘请专家、法官、律师，举行法律讲座。

第二十一条：编辑部负责法制刊物的出版工作，与报社共建法制栏目工作。

第四章 组织纪律

第二十二条：本中心工作人员值班期间应严格履行职责，对不负责任的工作人员，给予批评教育和必要的处分；对严重不负责任并造成不良后果的，应召开负责人会议研究，经民主评议，免去其职务。

第二十三条：本中心工作人员接待同学必须热情礼貌，态度认真，切实有效地解决同学咨询的问题。

第二十四条：本中心成员应当按时参加中心筹划和组织的活动，确实无法参加者应事先经过批准。三次以上的无故缺席者，视为自行脱离本中心。

第二十五条：本中心的成员有权查阅中心所购的书籍、材料。

第二十六条：对蓄意损坏本中心财物的成员，予以开除，并要求赔偿。

第二十七条：本中心各主要负责人应精诚团结，努力做好各项工作。不与其他负责人合作的，应给予警告；严重的，予以解职。

第五章 工作程序

第二十八条：主任任期为一学年，如果工作优异，表现突出，可延任一个学年。

第二十九条：本中心主任面向全校公开选拔招聘，由学工处和法学院研究确定。

第三十条：主任原则上必须由法学专业学生担任，其他负责人人选面向全校各专业学生。

第三十一条：新主任应根据日常工作表现及时确定新一届中心主要负责人名单。

第三十二条：中心工作会议于每月月底召开，负责人例会每两周举行一次，时间由主任决定。

第三十三条：本中心每学年第一学期初纳新一次，加入本中心须通过面试及考核。

第三十四条：本中心将定期组织工作人员进行专业知识培训。

第三十五条：本中心的经费由校学工部拨付，法学院进行经费管理。

第三十六条：中心经费按学院学生经费管理的有关规定支出。

第三十七条：对于工作突出、表现优异的工作人员，可给予奖励。

第六章　成员待遇

第三十八条：中心成员待遇如下：

1. 中心主任享受校、院学生会主席待遇。
2. 副主任及主任助理享受校/院学生会副主席待遇。
3. 各部部长享受校/院学生会部长待遇。
4. 各部副部长享受校/院学生会副部长待遇。
5. 理事享受校/院学生会委员待遇。

第七章　附则

第三十九条：本章程所称工作人员指不包括会员在内的中心的其他人员，成员指包括会员在内的所有人员。

第四十条：本中心对本活动章程保留最终解释权。

第四十一条：本章程自中心成立之日起施行。

福建师范大学（学生）法律咨询与援助中心
二〇〇三年十二月四日

附录5：兰州大学青年志愿服务管理暂行办法

第一章　总则

第一条　为深入贯彻党的十九大精神，落实《志愿服务条例》《关于推进青年志愿服务工作改革发展的意见》，加强和改进兰州大学青年志愿服务工作，推进青年志愿服务事业发展，弘扬"奉献、友爱、互助、进步"的志愿精神，培育和践行社会主义核心价值观，制定本办法。

第二条　本办法适用于校内各类青年志愿服务工作。

第三条　青年志愿服务，是指青年志愿者、志愿服务组织无偿向社会或者他人提供的公益服务。

第四条　青年志愿服务要遵循自愿、公益原则。服务内容主要包括：关爱农民工子女、邻里守望与为老服务、节水护水与水利公益、文化宣传、法律服务、赛会服务、应急救援、特殊教育、阳光助残、脱贫攻坚、保护环境、公益创业等。

第二章　工作机构

第五条　兰州大学青年志愿者协会负责我校青年志愿服务的具体组织、统筹、实施、考核、激励等工作。

第六条　兰州大学团委青年志愿者工作指导中心行使兰州大学青年志愿者协会秘书处的职能。主要职责是：负责全校志愿者和志愿服务组织的管理，研究制定全校青年志愿者工作发展规划；组织实施"大学生志愿服务西部计划"等重点项目；开展志愿服务培训；负责重大项目、重大赛事、重大工作、涉及青年志愿服务工作的组织协调，对各单位青年志愿者指导中心、学生公益性社团的引导、服务和联系等。

第三章　志愿者注册、权利和义务

第七条　志愿者是指不为物质报酬，基于良知、信念和责任，自愿为社会和他人提供服务和帮助的人。

第八条　注册条件

（一）热爱党，热爱祖国，热爱人民，拥护党的基本路线、方针、政策，遵守国家法律法规和学校各项规定；

（二）我校全日制在籍在校大学生或青年教师；

（三）服从所在志愿服务组织的管理；

（四）具备参加志愿服务相应的基本能力和身体素质。

第九条　注册机构

兰州大学团委青年志愿者指导中心及其下属志愿者组织。

第十条　注册程序

（一）申请人直接或通过团支部向开展志愿者注册工作的志愿者组织或平台提出申请，填写《志愿者注册登记表》。

（二）注册机构对申请人进行审核。

（三）审核合格，确定为注册志愿者。

第十一条　权利

（一）参加志愿服务活动；

（二）接受相关的志愿服务培训，获得志愿服务活动真实、必要的信息；

（三）获得从事志愿服务的必需条件和必要保障；

（四）优先获得志愿者组织和其他志愿者提供的服务；

（五）对志愿服务工作有知情权、建议权和质询权；

（六）享有相关法律、法规、政策所赋予的权利；

（七）可申请取消注册志愿者身份。

第十二条　义务

（一）遵守国家和地方法律法规及志愿服务组织的相关规定；

（二）每名注册志愿者每年参加志愿服务时间累计不少于40小时；

（三）履行志愿服务承诺，完成志愿服务任务，传播志愿服务理念；

（四）自觉维护志愿者组织和志愿者的形象；

（五）自觉维护服务对象的合法权益；

（六）自觉抵制任何以志愿者身份从事的盈利活动或其他违背社会公德的行为；

（七）团结协作，严于律己，未经准假不得擅自离开服务岗位，确有特殊情况需要离开服务岗位的，须经批准；

（八）应当承担相关法律法规和学校规定的其他义务。

第四章　组织实施

第十三条　推动全体团员成为注册志愿者，将推动团员成为注册志愿者情况纳入基础团务工作内容，纳入团务工作统计和相关考核。引导团员从身边做起，将志愿服务融入日常生活，灵活多样地开展志愿服务，发挥模范和骨干作用，带动更多青年奉献社会、共同进步。

第十四条　各级团组织、志愿者组织根据服务对象的需求，通过官方平台向注册志愿者发布服务信息、提供服务岗位，志愿者按照相关要求开展志愿服务。注册志愿者也可按照相关规定自行开展志愿服务。提倡具有相同服务意向和志趣爱好的注册志愿者在团组织、志愿者组织指导下结成志愿服务团队开展服务。

第十五条　注册志愿者参加志愿服务，应通过与志愿者组织或服务对象签订服务协议书等形式，明确服务内容、时间和有关的权利、义务。组织方应切实做好风险防控，加强志愿者安全教育、管理和保护，志愿者在参加志愿服务时应购买相应人身安全保险。

第十六条　夯实志愿服务阵地库。推动志愿服务基地建设，注重志愿服务基地的可持续投入和作用发挥。

第十七条　培育志愿服务项目库。做好校内志愿服务项目大赛，对接全国、省内赛事，保障优秀项目的持续发展。

第十八条　大力推进西部计划和研究生支教团工作。加大激励保障力度，积极引导学生参加西部计划项目。开展精细化管理和链条式培养，完善服务地选建制度，调动校内外力量支持研究生支教团在服务地开展相关工作，扩大研究生支教团"志青春"品牌影响力。

第十九条　支持公益创业。开发志愿服务文化产品，传播志愿服务文化。支持开展志愿服务理论研究。

第五章　认定记录

第二十条　兰州大学青年志愿者协会负责志愿服务的认定记录。根据志愿者注册后参加志愿服务的累计时间,认定其为一至五星志愿者。对于等级较高、诚信记录较好的志愿者,在志愿者培训、就业服务、创新创业及生活保障的多方面提供便利。

（一）志愿者注册后,参加志愿服务时间累计达到100小时的,认定为"一星志愿者";

（二）志愿者注册后,参加志愿服务时间累计达到200小时的,认定为"二星志愿者";

（三）志愿者注册后,参加志愿服务时间累计达到400小时的,认定为"三星志愿者";

（四）志愿者注册后,参加志愿服务时间累计达到800小时的,认定为"四星志愿者";

（五）志愿者注册后,参加志愿服务时间累计达到1000小时的,认定为"五星志愿者"。

第二十一条　学生在学期间的志愿服务记录应如实完整纳入第二课堂成绩单。

第二十二条　志愿者在志愿服务认定记录中弄虚作假的,由兰州大学青年志愿者协会给予相应处理,并予通报。

第六章　教育培训

第二十三条　定期开展志愿理念、志愿精神、志愿服务基本要求和知识技能、志愿者权利和义务、志愿者服务安全知识等培训教育。

第二十四条　建立健全志愿者骨干专业化培训体系,提高志愿者骨干参加专业化志愿服务的素质和能力。对于应急救援、特殊群体等专业性要求高的志愿服务,未经专业化培训合格不得参加。

第二十五条　在基础教育、专业化培训基础上,根据志愿服务活动实际需要有针对性地组织开展专项培训。

第七章　激励保障

第二十六条　对志愿服务工作在组织实施、认定记录、认证表彰、教育培训以及根据需要为志愿者参加志愿服务购买保险、提供物质保障等方面提供多元支持保障。

第二十七条　建立志愿者嘉许制度。将注册志愿者服务时长用作奖助评优、西部计划志愿者选拔等必要条件。每年在全校范围内评选一批优秀志愿者、优秀组织和优秀项目，并择优推荐至省级、国家级的评优表彰和培训工作中。

第二十八条　传播志愿理念，弘扬志愿精神，普及志愿服务知识，大力开展志愿服务先进典型宣传，对接校内外资源，奖励信用优良的优秀青年志愿者。

第八章　附则

第二十九条　本办法的解释权归兰州大学团委。

第三十条　本办法自发布之日起实施。

附录6:中国政法大学一安法律援助中心简介

中国政法大学一安法律援助中心成立于1994年,是中国政法大学农村与法治研究会下设的校级公益法律援助团队。作为公益性学生组织,一安法援以法学实务为核心,以服务社会为目标,以提供法律咨询和代写法律文书为主要服务方式,累计为当事人出具千余份法律文书,处理千余宗案件,社会影响广泛积极。同时,一安法援不断探索法律实践,在校内开展模拟法庭、案例交流会等活动,并在多个省市开展社区普法,与多家国内知名高校、律所建立长期交流合作,不断践行"一心立诚,安民泽世,法自兹广,援是无疆"的部门宗旨。

一、部门简介

一安法律援助中心是中国政法大学农村与法治研究会下设的校级公益法律援助团队。作为公益性学生组织,一安法援以法学实务为核心,以服务社会为目标,以提供法律意见书和代写法律文书为主要服务方式,累计为当事人出具千余份法律文书,处理千余宗案件,社会影响广泛积极。

一安法援秉持"一心立诚,安民泽世"的宗旨,其所发挥的重要作用及于法大校园内外。多年的法律援助工作,使一安法援逐渐成长为组织完善、具有社会工作基础的学生社团。截至2022年,一安法律援助中心已发展至第29届。自成立以来,为来自全国各地的群众提供包括公益法律咨询、代写文书在内的法律援助服务。

二、部门活动

1. 日常值班

以当面接待当事人为主,辅之以电话咨询、邮件咨询等线上咨询方式。成员主要通过与当事人交流,了解其案件具体情况和进展状况,为其分析法律问题,并根据当事人的需求出具相关的法律文书。据不完全统计,一安法援自成立以来为当事人出具了近千份文书,处理了千余宗案件。

一安法援值班时间为每学年学期期间工作日,每日接待时间为 12:00—13:30,接待地点为中国政法大学(昌平校区)南门处。

2. 法律培训

由社团内部的优秀师兄师姐对部员进行针对性培训,培训内容以基本的法律知识和实务技能为准,包括行政法、民法总论、民诉法、刑诉法、土地法、法律文书写作等法律专业知识及法律实务技巧。

3. 模拟法庭

部内成员分组,分为原告被告、公诉方和被告人,分别对案件进行讨论并准备,并邀请高年级师兄师姐担任合议庭成员,根据庭审阶段的举证质证以及双方的辩论,作出判决,并就庭审流程和双方表现作出评价。

亲历法院庭审现场,了解法庭审理程序,深化法学实践学习。

4. 律所参观

参观律所工作场所,了解律所日常运营,并与律师举行座谈会,解答学习生活和职业规划疑惑。

2017年,一安法律援助中心前往北京岳成律师事务所进行律所参观活动。

2018年,一安法律援助中心前往北京大成律师事务所进行律所参观活动。

5. 高校交流

与高校法律援助组织进行积极沟通与交流活动。2017、2018年,与河北经贸大学法律诊所进行法律援助工作交流。2017年与北京化工大学法律援助组织进行工作交流。

6. 案例交流会

面向全校范围,开展案例交流会活动。择取具有进一步探讨价值的案件与问题,邀请著名律所的高级合伙人对部内所经手的疑难案件进行剖析与讲解,进行案例及其背后法律要点的深入研讨。

三、部门制度

1. 参与人员

一安法援参与人员均为本科生。由大三同学担任分管会长,大二部分同学担任部门部长,其余大二同学担任顾问,大一同学为部门成员。主要由大二部长和顾问带领大一同学参与工作。

2. 顾问制度

一安法援实行一带一制度,主要形式是为每一位大一新成员配置一名大二成员作为其顾问,提供学习指导。

附录 7：中国政法大学法律援助中心章程

第一章 总则

第一条 法律服务中心,是由法律教研室和系团总支联合组建,经系党政批准设立的常设性法律宣传服务团体。服务中心接受院、系管理、监督和指导。

第二条 服务中心的宗旨是:通过开展法律服务活动,活跃校园文化,增强广大同学的法律意识,提高广大同学的综合素质,发挥自身专业优势,为广大师生提供法律援助。

第二章 组织机构

第三条 服务中心设主任一名,副主任一名,秘书长一名,副秘书长一名,由主任全面负责服务中心管理工作。

第四条 本中心下设三个部门:法律咨询部、普法宣传部、外联部。

法律咨询部为学院师生解答法律疑难问题,提供法律援助。

普法宣传部通过座谈或演讲的形式开展各种普法活动,使人们树立法治意识,提高人们对法律的信仰。另外,负责海报、媒体宣传等对外宣传工作;全面配合中心业务工作,努力加强宣传力度,提高宣传质量;提高校内外对中心的认知度,同时为中心树立良好形象。

外联部具体负责本中心对外交流事务,包括组织经验交流,开展中心与司法实务部门、企业、律师事务所、校内外的学生社团联谊活动等;树立中心在公众心目中的良好形象、信誉。

第五条 法律服务中心的主要职责:

一、制定修改或废止该服务中心章程,并报经学院批准。

二、审查活动经费收支情况。

三、审查主任和秘书长的工作报告。

四、负责各种活动的组织和策划。

五、负责本服务中心内部联络工作,联系对外活动。

第六条　成员的权利:本服务中心成员享有参与本服务中心各项活动的权利,有权对该服务中心的各项工作提出建议和意见并有权对服务中心的各项活动工作提出疑问,要求有关人员给予答复。

第七条　成员的义务:应按要求参加服务中心的各项活动,遵守服务中心章程,服从领导安排。

第三章　工作人员

第八条　服务中心的服务人员包括:

一、法律教研组的专业老师。

二、经本服务中心审查同意吸收本院法律专业学生。

三、因工作需要,经本服务中心审查同意吸收的其他人员。

第九条　受法律服务中心指派承办法律服务事务的人员未经法律服务中心主任批准,不得拒绝、拖延或中止办理所指定的法律服务业务。

第十条　受服务中心指派承办法律服务项目的人员,应尽职尽责,努力维护委托人的合法权益;对重大疑难问题应当主动报请集体讨论,保证服务质量。

第四章　法律服务对象、范围

第十一条　本法律服务中心对本院师生提供法律服务。

第十二条　法律服务范围包括:

一、定期开展法律宣传活动,开办法律专报,普及法律知识,增强学院师生的法律意识。

二、定期开展法律讲座,邀请教授、法官、律师、学者主讲,透视法制前沿,剖析热点问题,解答师生现场提出的法律问题。

三、提供法律咨询,帮助解决法律问题,为师生提供维权服务,切实保护其自身合法权益。

四、为全院各专业学生学习法律知识提供有利平台,解决学习难题,积极引导,坚持理论联系实际。

第五章　活动经费

第十三条　经费来源:学校对本服务中心扶持,企业赞助或其他形式社会赞助。

第十四条　由专人管理经费,登记收支具体内容;经费实行审批制,由中心主任负责;中心所有经费收支活动接受监督。

第十五条　每学期向全体成员报告经费收支情况。

第六章　附则

第十六条　本章程由中心全体成员共同协商制定,并报系党政批准。

第十七条　本章程由法律服务中心负责解释。

附录 8：北京大学法律援助协会简介

1994 年成立的北京大学法律援助协会为社会民众提供无偿法律服务的学生组织。前身是北京大学法律救助协会，始建于 1994 年，2000 年 10 月，协会实现了重组，更名为北京大学法律援助协会。北京大学法律援助协会是一个由北京大学法学院在校学生为主体组成的学生社团，主要面向无力支付律师费用又急需法律帮助的个人或团体依法提供法律援助，并依法组织社会活动进行公益法律服务。北京大学法律援助协会是全国第一家日常性、专业化的高校法律援助组织。

北大法援首倡高校法律援助共同体，形成网络化法律援助体系；率先开拓乡村社区法治建设，开展制度性法律援助；积极发展城市社区法治建设，与农村法治社区相得益彰；开展了广泛的法律宣传和法律援助研究交流活动。

咨询是北京大学法律援助协会向社会公众提供专业法律服务的最基本形式。此外，北大法援还积极开展各项普法宣传活动和社会实践活动："3·15"消费者权益日系列活动和"12·4"全国法制宣传日系列活动已成为法援的传统品牌活动，而每年暑假前往各地体验调研的实践项目不仅使会员开阔了眼界，提升了法律素养，还使他们对中国基层法治现状有了更深入的了解。

法援人始终坚信"公平与正义是法律的灵魂，它不仅仅是我们建立繁荣的物质文明所要缔结的法治契约，更是我们在精神世界中所要唤起的心灵共鸣"。北大法援竭诚以志愿、热心、负责的法律援助精神践行服务社会的理念。

一、发展历程

北京大学法律援助协会成立于 1994 年，原为北京大学法律救助协会，于 2000 年经过现任法学院党委副书记杨晓雷、全国十佳志愿者蒙晓燕等同学的重建,更名为北京大学法律援助协会。

在各级领导和法学院团委的大力支持下,协会拥有了固定的办公场所和稳定的经费来源,同时以它为中心聚集了一批学识渊博且热情洋溢致力于中国法律援助事业的北大法律人。法援内部组织机构设立运作并且得到不断的完善,规范运作的规章制度也得以建立。

时至今日,法援已经走过了十八个年头。这些年来,在法律援助的崇高光环下,法援人用自己的诚与善温暖着当事人的世界、诠释志愿服务的魅力。

二、业务内容

(一) 法律咨询

法律咨询是北大法援的日常性服务之一,在协会的位于北京大学法学院凯原楼的办公室内进行。从 2000 年 10 月协会重组迄今,协会会员们已经接待了上千位当事人,从白发苍苍的退休工人到上访多年的贫苦农民,涵盖了民事、商事、刑事、行政等各个法律部门。咨询工作需要协会会员直接面对当事人,这对于很少接触社会的学生来说是一件极其陌生的工作。在接待当事人的过程中,北京大学法律援助协会的会员们以他们自己的方式实践着对社会的责任感以及对弱势人群的关怀。

(二) 诉讼代理

咨询工作对于北京大学法律援助协会的会员来说有时仅仅是工作最初的阶段。协会对于需要更多法律援助的人群提供诉讼代理的服务,由协会会员以公民身份代理出庭诉讼。因此,协会咨询员在接待当事人时对于当事人提出代理要求的案件将记录在册,并提交协会复审委员会讨论决定是否代理。与咨询不同,协会代理的案件主要是民商事纠纷以及少量的行政诉讼,而且由于学生的特殊身份所决定的时间与精力限制,协会代理的案件都是在北京地区法院审理的案件。

据不完全统计,自 2000 年 10 月协会重建至今,北京大学法律援助协会累计以接待来访、来电、来信等形式为来自全国各地的民众提供义务法律咨询近 8000 件,代写法律文书 600 多份。

三、主要活动

除常规咨询之外,在校团委和院团委的指导下,北京大学法律援助协会与中国法学会、国家数字版权研究基地、北京市司法局、海淀区消协及 NGO(非政府组织)合作,每一学年都会配合重大节日或相关部门开展独具法律人特色的品牌活动,如"12·4"全国法制宣传日系列活动、"3·15"消费者权益日系列活动、暑期实践。

(一) 社区普法宣传

法援的咨询员们经常走出校园,走进社区,积极开展社区法制宣传。在北京的燕北园、畅春园、燕东园和中关园都活跃着法援咨询员的身影,他们在那里坚持进行法律宣传和现场咨询。同时,法援的志愿者也在每年不同时间走入乡村,比如在河北迁西县、贵州省贵阳市、云南省昆明市等进行普法宣传。

(二) "12·4"全国法制宣传日系列活动

自 2001 年首次举办"12·4"全国法制宣传日活动,该系列活动成为北大法援常设年度活动。北大法援在校内和校外同时开展法制宣传活动,通过发放法制宣传册、走访社区等方式传播基础法律知识,增强人们的法制理念。

以 2007 年的普法活动为例:2007 年 12 月 4 日,法律援助协会在北大法学院的组织和指导下,与国际司法桥梁合作,奔赴全国近 10 个省市,与 10 所大学联合进行"未成年人保护与司法公正"主题的普法宣传。其间,协会的志愿者和各地大学法学院学生及各地司法局、法院、检察院、法律援助机构的工作人员一起,在各地组织了讨论保护未成年人司法公正权利的圆桌会议,参观了少管所,走访了各地的中小学校和公益组织,取得了良好宣传效果。

(三) 暑期实践

暑期实践是法律援助协会的一项重要服务手段。在暑期实践中,志愿者们运用在日常咨询中积累的经验和专业学习的法律知识,到实践地为当地的百姓提供法律帮助。同时,志愿者会对在各地的见闻进行总结,形成文字材料,为法律援助事业的开展提供一些学术化的思考。

以 2012 年赴湖南省岳阳监狱暑期实践为例:北京大学法律援助协会的骨干及成员组成了实践团,来到岳阳监狱开展了为期 8 天的志愿服务活动,在此期间,实践团的成员们与监狱领导和狱警进行了座谈,并为服刑人员举办讲座、进行了法律问题咨询等各种社会调研活动。

四、机构设置

(一) 理事会

定位:协会的领导核心。

组成:会长、团支书、理事长各一人。

职能:负责重大事项的决策,管理、监督并协调协会各部门的工作。

(二)法律咨询部

定位:进行专业化的法律咨询援助。

组成:部长两名,成员。

简介:法律咨询部是由北京大学法学院本科生为咨询主体组成的部门,始建于1994年。2012年6月,协会部门进行重组,原咨询部更名为法律咨询部。北大法援法律咨询部的核心工作是义务为民事案件、标的额较小的经济案件、行政案件以及其他案件的当事人提供法律咨询、代写法律文书等法律援助。每周二、周三、周四、周五下午1:30到4:30以及周五上午8:30到11:30,我们都会派专人在办公室值班,为当事人提供咨询服务。情系民权社会,共建法制中国是我们的宗旨。

(三)项目运营部

定位:协会重要活动的组织及运营机构。

组成:部长两名,成员。

简介:项目运营部作为2012年法援重组中新成立的部门,同时也是法援的核心部门之一,其职能从原先的咨询部分出,主要负责运营协会的品牌活动及其他重大活动,包括举办专题沙龙、讲座,筹办协会暑期实践和开展校外普法等项目。在未来的一年中,将主要负责校园法制宣传、内部学术讲座、"12·4"法制宣传系列活动和"青春船长·法治启航"青少年法制宣传教育课等活动。

(四)公共关系部

定位:立足宣传和联络两项基本职能,成为协会对外联系的平台。

组成:部长两名,成员。

简介:公共关系部旨在扩大法援活动的影响,辅助拓展案源,同时提供更多的交流合作机会。主要负责网络社交平台的建立和运营,"12·4"及"3·15"法制宣传品牌活动中同接收单位的联系及宣传事项,与校内其他社团、其他高校类似社团以及法院、检察院、律所等组织部门的联系与合作等工作。

(五)研发设计部

定位:整理和总结协会工作成果,记录协会发展历程。

组成:部长两名,成员。

简介:主要负责的工作有会刊编纂、精品案例研习与推广、协会多元化宣传(视频、照片、网页等)、协会材料汇编等。

（六）协会办公室

定位：协会内部事务管理及活动运作纽带。

组成：部长两名，成员。

简介：人力资源部是法律援助协会的首要职能部门，负责协会的内部事务，制定协会的章程条例，它是整个协会工作高效运行的枢纽和承上启下的纽带，发挥着重要的管理和协调作用，上承理事会，下达各部门。通过最广泛的接触各部门活动，人力资源部拥有了更加广阔的联系领域，增强了其资源配置的能力。人力资源部高效、周到、应变性强、交际广泛的特点确保了协会各个机构的良性运转，促进日常工作有条不紊地进行，有利于各项活动的高效优质开展。主要负责的工作有：招新迎新、构建联络网、社团内部建设、社团文化建设、财务管理及会员档案管理。

附录9：上海财经大学法学院法律援助中心管理制度

一、法律咨询热线值班制度

1. 法律咨询热线设在法学院法律援助中心，法律援助中心人员实行日轮流值班制度，值班人员要严格按照工作时间按时值班。

2. 值班人员要按时到岗，坚守岗位，认真负责，如迟到、早退、擅离岗位、值班失职或值班期间发生问题的，追究值班人员责任。

3. 值班人员值班期间要做好当面接待和电话咨询接待工作，填写咨询登记。接听电话要耐心细致，解答问题要依法准确，用语要规范。

4. 值班人员值班期间如遇超出职责范围和遇到重大问题要立即向值班指导老师汇报，在值班指导老师的指引下回答咨询者的提问。

5. 值班指导老师依照排定的工作时间，对负责时段内的法律咨询热线进行业务指导。法律援助中心主任负责对咨询热线的值班及问题解答情况进行总体管理。

6. 值班人员负责办公区域室内外卫生、保持清洁，按时交接班。

7. 值班人员值班时间为周一至周日，早上八点半至下午五点。

二、法律援助中心咨询接待制度

1. 法学院法律援助中心坚持为群众服务的原则，做到态度和蔼，平易近人，文明用语。

2. 建立咨询来访登记簿，同时实行首问负责制。

3. 接待咨询人员应耐心听取当事人的询问和陈述，仔细审阅当事人提供的有关材料,摘要记录咨询内容,依法予以解答。

4. 当咨询人表示不同意见并坚持己见时,应依法耐心疏导,不得耍态度。

5. 对符合法律援助条件者,应及时指导填写法律援助申请表,同时告知相关事项,并按规定程序报中心主任审批。

6. 对不符合法律援助条件或范围的事项,接待人员应耐心做好疏导说服工作,并告知当事人到相关部门解决。

7. 工作人员必须严格遵守职业道德和执业纪律,不得收受当事人的礼品钱物,上班期间不得做影响咨询接待的事情。

8. 接待咨询人员应准时到岗,不迟到,不早退。

9. 本中心接受社会及受援人对法律援助服务质量的监督,对于受援当事人的投诉,应及时进行检查,并在五个工作日内将检查结果和处理意见答复投诉人。

10. 对在法律援助工作中作出显著成绩的法律援助人员,应当给予表彰和奖励,并在学院评选先进、颁发奖学金、推荐研究生等活动中予以优先考虑。

11. 法律援助人员在法律援助工作中严重不负责任,使受援人遭受损失的,应当承担相应的责任。

三、服务承诺

1. 服务宗旨:广施政爱、疾呼民怨;义务免费、助弱有诚。

2. 优先接待:年满七十岁以上的老人;残疾人或重病人;现役军人;外地来访者。

3. 受理申请或咨询答复期限:本中心受理公民法律援助申请,在材料齐全的条件下,应当在规定期间(申请法律援助10日、法律热线咨询2日)答复申请人。

4. 禁止行为:法律援助工作人员在接待咨询和受理申请法律援助事项时,严禁以下行为:(1)无正当理由拒绝接待、受理当事人的申请、咨询;(2)向当事人作虚假承诺;(3)接受、索取当事人的钱物或者谋取其他不正当利益;(4)其他违法违纪行为。

5. 投诉:凡当事人对本中心指派的法律援助人员提供的法律服务或者对热线做出的解答不满意时,可向本中心进行投诉,本中心在接到投诉之日起5日内给予口头或书面答复。

上海财经大学法学院法律援助中心

附录 10：浙江大学学生法律援助中心法律援助服务指南

浙江大学学生法律援助中心（以下简称中心）是由浙江大学党委研究生工作部与光华法学院共同指导的公益服务型学生社团。中心秉承"求是厚德，明法致公"的院训，以"学以致用，践行公益，服务社会，弘扬法治"为理念，开展校园普法、全民法治宣传教育，提供优质法律援助服务，推进和谐校园和法治社会建设。中心现有成员（志愿者）30 名，均为浙江大学光华法学院的硕士、博士研究生及本科生。

提供法律援助服务是中心的一项重要工作。为便于公民获得法律援助，现将中心提供法律援助服务的相关事项告知如下：

一、中心提供法律援助的对象

浙江大学学生、教职工、校友及校外其他当事人为维护自己的合法权益需要法律服务，因经济困难无力支付法律服务费用的，可以向中心申请法律援助。

经济困难的标准，依照《浙江省法律援助条例》中相关规定确定。

二、可以申请法律援助的事项

（一）依法请求国家赔偿的；

（二）请求给予社会保险待遇或者最低生活保障待遇的；

（三）请求发给抚恤金、救济金的；

（四）请求给付赡养费、抚养费、扶养费的；

（五）请求支付劳动报酬的；

（六）请求医疗事故、交通事故、工伤事故赔偿的；

（七）主张因见义勇为行为产生的民事权益的；

（八）其他按国家和浙江省相关规定可以提供法律援助的事项。

中心不接受任何情形的刑事案件法律援助申请，可以为相关当事人提供申请国家刑事法律援助指引服务。

三、中心提供法律援助的形式

（一）法律咨询、代拟法律文书；

（二）民事诉讼代理；

（三）行政诉讼和行政复议代理；

（四）仲裁代理；

（五）非诉讼法律事务代理；

（六）其他形式的法律服务。

四、中心提供法律援助的程序

（一）申请人向中心提出书面申请，并提交相关证明、材料（包括身份证明、经济状况证明及其他与申请援助事项相关的证明、证据材料）；申请人提出书面申请确有困难的，可以口头申请，由中心志愿者作书面记录并交由申请人确认。

（二）中心自收到法律援助申请之日起七个工作日内进行审查，作出是否提供法律援助的决定。对符合法律援助条件的，确定法律援助志愿者并通知申请人办理有关手续；对不符合法律援助条件的，以书面通知申请人并说明理由，同时予以申请人获取其他途径法律援助的指引。

（三）法律援助事项办结后十日内，法律援助志愿者向中心提交结案报告。

五、权利与义务

（一）法律援助志愿者应当按规定履行法律援助义务，并接受中心的监督。法律援助志愿者无正当理由，不得拒绝、拖延或者中止办理法律援助事项。

（二）法律援助志愿者不得向受援人收取钱物或者牟取其他不正当利益；法律援助志愿者应当保守在办理法律援助案件中知悉的国家秘密、商业秘密，不得泄露当事人的隐私。

（三）法律援助志愿者在法律援助过程中发现受援人不符合受援条件的，应当报请中心批准，终止法律援助。受援人愿意支付有关费用的，可以继续提供法律服务。

（四）受援人应当向法律援助志愿者如实陈述有关事实，提供有关的证明和证据材料。受援人有权了解法律援助案件的进展情况，法律援助志愿者应当如实告知。受援人认为法律援助人员消极履行义务的，可以要求中心更换法律援助志愿者。中心查证属实的，应当予以更换。

六、中心联系方式

1. 中心办公地点：浙江大学紫金港校区东区教学楼东一文化长廊 2 号空间"法律服务工作室"。

联系电话：0571-88206406。

工作时间：工作日 9:00—11:30,14:00—17:00（考试周、寒暑假除外）。

2. 线上联系方式：(1) 中心邮箱：zjuflyz@126.com；(2) 中心微信公众号"浙江大学学生法律援助中心"（微信号：zhedafayuan）。

3. 如您要申请法律援助，需提供以下信息：(1) 姓名、联系方式、经济情况、是否为浙大学生/教职工等身份信息；(2) 咨询问题/申请事项及相关证明材料。上述信息提供方式：(1) 线上申请，请将相关信息及证明材料（可照片或扫描发送）发送至中心邮箱或直接在中心微信公众号后台对话框中输入；(2) 携带上述材料至中心办公点直接咨询、申请（建议前往前先电话联系告知前往时间）。

如对本指南中的内容有任何疑问，也可以通过上述方式进行咨询。

附录11:湖南师范大学法律援助志愿者管理办法

第一章 总则

第一条 为鼓励和规范社会力量参与法律援助志愿服务,保障法律援助志愿者、志愿服务对象及法律援助机构等招募单位的合法权益,发展法律援助志愿服务事业,根据《中华人民共和国法律援助法》《志愿服务条例》等规定,制定本办法。

第二条 本办法适用于由法律援助机构或受其委托的事业单位、社会组织,以及工会、共产主义青年团、妇女联合会、残疾人联合会等群团组织,组织招募志愿者开展的法律援助志愿服务活动。

本办法不适用于公民自行开展的公益法律服务。

第三条 本办法所称法律援助志愿者,是指根据法律援助机构等单位安排,运用自身专业知识和技能无偿提供法律援助及相关服务的公民。

第四条 开展法律援助志愿服务,应当遵循自愿、无偿、平等、诚信、合法的原则,不得违背社会公德、损害社会公共利益和他人合法权益。

第五条 司法行政、财政、民政、教育、卫生健康(老龄办)、共产主义青年团等部门和单位应当采取措施,鼓励公民提供法律援助志愿服务。

第六条 国务院司法行政部门指导、监督全国的法律援助志愿服务活动。县级以上地方人民政府司法行政部门指导、监督本行政区域的法律援助志愿服务活动。

法律援助机构负责组织实施法律援助志愿服务活动,可以委托事业单位、社会组织招募法律援助志愿者,开展法律援助志愿服务活动。

第二章　服务范围和申请条件

第七条　根据自身专业知识和技能情况,法律援助志愿者可以提供下列服务:

(一)法律咨询、代拟法律文书、刑事辩护与代理、民事案件、行政案件、国家赔偿案件的诉讼代理及非诉讼代理、值班律师法律帮助、劳动争议调解与仲裁代理等法律援助服务;

(二)为受援人提供外语、少数民族语言翻译、心理疏导等相关服务;

(三)为有需要的残疾受援人提供盲文、手语翻译等无障碍服务;

(四)为法律援助经费筹集提供支持,参与法律援助的宣传、培训、理论研究、案件质量评估等工作。

第八条　公民申请成为法律援助志愿者,应当年满18周岁,具有奉献精神,遵纪守法,热爱法律援助和志愿服务事业。

第九条　申请提供刑事辩护与代理和值班律师法律帮助的法律援助志愿者,应当提供律师执业证书。

申请提供心理疏导、翻译服务的法律援助志愿者,一般需提供职业资格证书或学历学位证书。

第十条　有下列情形之一的,法律援助机构等招募单位不得审核其成为法律援助志愿者:

(一)无民事行为能力或者限制民事行为能力的;

(二)因故意犯罪受过刑事处罚的;

(三)被吊销律师、公证员执业证书的;

(四)因违法违规被取消法律援助志愿者身份的。

第三章　权利和义务

第十一条　法律援助志愿者享有以下权利:

(一)根据自己的意愿、时间和技能提供法律援助志愿服务;

(二)获得法律援助志愿服务内容的必要信息、安全教育、技能培训、志愿者服务证及胸章、服务记录证明;

(三)提供服务后按规定领取法律援助补贴中的直接费用;

(四)相关法律、法规、规章赋予的其他权利。

第十二条　法律援助志愿者应当履行以下义务:

（一）履行志愿服务协议或承诺，提供符合标准的法律援助服务；

（二）保守国家秘密、商业秘密和个人隐私，不得向他人泄露志愿服务中掌握的案件情况；

（三）因故不能参加或完成预先约定的法律援助志愿服务，应当提前告知；

（四）不得以法律援助志愿者名义从事营利性活动，不得向受援人收取财物或接受其他利益；

（五）相关法律、法规规定的其他义务。

第四章 服务管理

第十三条 法律援助机构等招募单位，可以根据工作需要制定法律援助志愿者招募计划，发布真实、准确、完整的招募信息，并负责组织做好相关工作。

第十四条 申请人申请成为法律援助志愿者，应当按照法律援助机构等招募单位要求，提交法律援助志愿者申请表，提供身份信息、服务技能、服务时间和联系方式等基本信息。

第十五条 经法律援助机构等招募单位审核后，申请人可以登录全国性志愿服务平台自行注册信息，也可以通过法律援助机构等招募单位注册。

第十六条 法律援助机构等招募单位应当如实记录法律援助志愿者的注册信息、志愿服务情况、评价情况、参加培训和获得表彰奖励等信息，并根据记录的信息出具法律援助志愿服务记录证明。

第十七条 法律援助志愿服务时长以小时为单位进行记录，原则上每天记录时长不超过 8 小时，超出时长的需要单独记录并作出说明。

第十八条 司法行政机关可以根据法律援助志愿者的服务时长、服务效果及综合评价等，建立健全法律援助志愿者星级服务评估评选机制。

第十九条 法律援助志愿者可以提出退出法律援助志愿者队伍的申请，法律援助机构等招募单位应当在收到其退出申请后的十五个工作日内完成相关工作。

第二十条 法律援助志愿者有下列情形之一的，法律援助机构核实后，对造成不良影响的，应当取消或通知招募单位取消其法律援助志愿者身份，并以适当方式告知本人：

（一）以法律援助志愿者名义进行营利性活动，或者收取受援人财物或其他利益的；

（二）同一年度内三次不能完成预先约定的服务，或者因服务质量不合格被受援人投诉三次以上的；

（三）违反相关执业行为规范的；

（四）法律、法规规定的其他情形。

第二十一条 法律援助志愿者在志愿服务中存在违法行为的，司法行政机关应当依法予以处理，并由法律援助机构等招募单位取消其法律援助志愿者身份。

第五章 激励保障

第二十二条 法律援助机构等招募单位应当为法律援助志愿者提供必要的工作条件，组织业务培训，支付法律援助志愿者提供服务过程中实际产生的差旅费、邮电费、印刷费、调查取证费、翻译费、公证费和鉴定费等直接费用。

组织可能发生人身危险或为期一年以上的专项法律援助志愿服务活动的，法律援助机构等招募单位应当与志愿者签订服务协议，为志愿者购买相应的人身意外伤害保险。

法律援助志愿者在提供志愿服务过程中受到人身、财产权益侵害的，法律援助机构等招募单位应当提供必要帮助，依法维护法律援助志愿者的合法权益。

第二十三条 司法行政机关应当根据国家有关规定，协调参与法律援助志愿服务相关部门，建立健全法律援助志愿服务激励机制，开展法律援助志愿服务宣传，提供必要的经费、培训和场所支持，推动法律援助志愿者在就学、公共服务、表彰奖励等方面享有本地区关于志愿者的优惠奖励政策，并按规定落实就业、社会保障政策。

第二十四条 司法行政机关应当与文明办、民政、教育、卫生健康（老龄办）、共产主义青年团等部门和单位建立法律援助志愿服务工作协作、信息共享机制。

司法行政和教育部门应当共同鼓励和支持高等院校师生提供法律援助志愿服务，可以将在校师生参与法律援助志愿服务的情况，作为教师业绩评价的参考，探索将法律援助志愿服务纳入学生实习、实训和实践课程。

鼓励具备条件的地方团委和高等院校招募大学生法律援助志愿者，积极提供法律援助志愿服务。

第二十五条　高等院校、科研机构可以组织从事法学教育、研究工作的人员和法学专业学生作为法律援助志愿者，在司法行政部门指导下，依法为经济困难公民和符合法定条件的其他当事人提供法律咨询、代拟法律文书、案件代理、劳动争议调解与仲裁代理服务。

第二十六条　司法行政机关应当加强与工会、共产主义青年团、妇女联合会、残疾人联合会、老龄协会等沟通协调，建立法律援助志愿服务工作协作机制，共同开展针对困难职工、进城务工人员、未成年人、妇女、残疾人、老年人等特定群体的专项法律援助志愿服务活动。

事业单位、社会组织受法律援助机构委托招募法律援助志愿者，或者工会、共产主义青年团、妇女联合会、残疾人联合会等群团组织自行组织招募的，应当接受法律援助机构的业务指导，引导志愿者落实法律援助服务标准，对有关工作进行备案登记。

第二十七条　司法行政机关应当与文明办、民政、卫生健康（老龄办）、共产主义青年团等部门和单位加强协作，共享全国性志愿服务平台有关法律援助志愿信息，依托现有志愿服务平台建立法律援助志愿服务信息登录和注册页面，实现法律援助志愿者的网上申请、审核等管理，以及志愿服务信息的查询、下载。

第二十八条　对在法律援助志愿服务中做出突出贡献的个人，由司法行政机关按照法律、法规和国家有关规定予以表彰、奖励。

第六章　附则

第二十九条　除本办法外，关于法律援助志愿者的管理，还应当遵守国家和地方精神文明建设指导机构及各级民政部门有关志愿服务的相关规定。

第三十条　法律援助志愿者通过志愿服务项目提供法律援助服务的，按照本办法相关规定和项目协议执行。接受服务地法律援助机构指派办理案件的，与当地法律援助人员领取同等的法律援助补贴。

第三十一条　本办法所称招募单位，包括法律援助机构，受法律援助机构委托开展法律援助志愿服务活动的事业单位、社会组织，以及工会、共产主义青年团、妇女联合会、残疾人联合会等群团组织。

第三十二条　本办法的解释权属于国务院司法行政部门。

第三十三条　本办法自发布之日起施行。

附录12：江苏大学法学院法律援助制度介绍

法律援助制度，也称法律救助，是为世界上许多国家所普遍采用的一种司法救济制度，其具体含义是：国家在司法制度运行的各个环节和各个层次上，对因经济困难及其他因素而难以通过通常意义上的法律救济手段保障自身基本社会权利的社会弱者，减免收费提供法律帮助的一项法律保障制度。它作为实现社会正义和司法公正，保障公民基本权利的国家行为，在一国的司法体系中占有十分重要的地位。

我国的法律援助是一项扶助贫弱、保障社会弱势群体合法权益的社会公益事业，也是实践依法治国方略，全面建成小康社会的重要举措。党中央、国务院对法律援助工作十分重视，国家"十五"计划纲要将"建立法律援助体系"确定为"十五"社会发展目标，党的十六大明确提出"积极开展法律援助"，并作为建设社会主义政治文明的重要内容。

1996年3月17日通过的《中华人民共和国刑事诉讼法》第34条，首次将"法律援助"明确写入法律，是我国法律援助制度建设的一个重要里程碑。1996年5月15日通过的《中华人民共和国律师法》第六章，对法律援助的有关内容作了专章规定。这些规定明确了公民获得法律援助的范围和律师必须依法承担的法律援助义务，为今后制定法律援助的专门立法奠定了法律基础。2003年7月21日，国务院公布的《中华人民共和国法律援助条例》构筑了中国特色法律援助制度的基本框架，标志着中国法律援助制度的正式确立，是我国政治文明和法制文明的重要体现。

目前，中国法律援助的实施主体是律师、公证员、基层法律工作者，法律援助机构已基本形成了四级组织的架构：

1. 在国家一级，建立司法部法律援助中心，统一对全国的法律援助工作实施指导和协调。司法部法律援助中心主要负责对法律援助工作进行业务指导,制定全国性的法律援助规章制度,中长期发展计划和年度工作计划,协调全国法律援助工作事宜。

2. 在省级地方,建立省(自治区)法律援助中心,对所辖区域内的法律援助工作实施指导和协调。

3. 在地、市(含副省级)地方,建立地区(市)法律援助中心,行使对法律援助工作的管理和组织实施的双重职能。

4. 在具备条件的县、区级地方,建立县(区)法律援助中心,具体组织实施本地的法律援助工作。不具备建立法律援助机构条件的地方,由县(区)司法局具体组织实施法律援助工作。

中国的法律援助制度尚处于建立阶段。作为一项重要的法律制度,其不断地发展和完善必将在保障公民合法权益、发展社会公益事业,实现"公民在法律面前人人平等"原则,健全完善社会保障体系,健全社会主义法制,保障公民的基本人权和促进社会稳定方面发挥重要的作用。

后　记

　　南京大学法律援助中心(以下简称"南大法援")成立于1998年,共吸引了两千余名志愿者为来自全国各地的当事人提供了一万六千余人次的法律咨询。作为国内最早创办的高校师生共同参与的法律援助机构之一,依托南京大学法学院的师资优势和人才资源,南大法援为社会常态化提供专业、无偿的法律援助。近年来,多次获评国家级与省级志愿服务先进称号以及"南京大学青年五四奖章集体""十佳志愿服务项目"等荣誉。在建党100周年之际,南大法援组织成立了法律援助"初心先锋队"。

　　可以说,南大法援的发展离不开每一位志愿者的辛勤付出,离不开心怀正义的法律人的共同努力。学生时代的我,从大一开始成为南大法援的一名志愿者,第一次参加面试、第一次接待当事人、第一次代理案件、第一次代写法律文书的记忆仍历历在目。一届又一届的工作交接与精神传承,使南大法援成为同学们在实践中感悟法律、提升法学素养的温暖大家庭,也成了许多学生法律职业梦想的启航地。工作后因团学工作的机缘巧合,我与南大法援结下了不解之缘。每一次普法活动的组织、社会实践的开展和交流研讨活动的参与,都让我感到高校法律援助志愿服务的价值所在。

　　近年来,为应对高校法律援助志愿服务工作面临的诸多现实挑战,我们探索传统模式与新媒体平台有机结合的新型普法宣传模式,取得了良好效果。对外合作方面,在省法援基金会的指导下,开展"9·9公益日"网上募捐活动,同时继续与南京市消费者协会合作,加入消费维权志愿者联盟,深入社区开展消费者权益保护调研与普法活动。2021年4月,南大法援接到江苏省人大常委会法工委"关于召开法律援助法草案征求意见座谈会"的函,学院师生积极响应,召开了"《法律援助法(草案)》征求意见专题研讨会",围绕全国人大常委会法工委江苏调研组立法调研大纲中关注的法律援助范围、高校法律援助组织地位及援助服务范围、受援人经济困难标准等问题展开热烈讨论。在全国人大常委会法工委江苏调研座谈会上,又将研讨会形成的相关立法建议转交给了调研组。2023年3月,教育部政策法规司向各相关高校发送了《关于开展高校法律援助情况调研的通知》。在梳理高校法律援助志愿服务相关规章制度、组织架构、运行机制、队伍建设、工作成效和困难的过程中,我也对高校法律援助志愿服务产生了更深层次的思考。

感谢江苏省司法厅、江苏省法律援助基金会的鼎力支持,无论是实践资源、交流机会还是资金支持,都帮助南大法援一路走来渐入佳境。感谢南京大学法学院党委书记王丽娟老师,院长彭岳老师,副书记马骏老师,副院长刘勇老师、陈坤老师、杨阳老师等领导的关心和支持,才让我们有了更多深入研究的勇气和力量。感谢黄秀梅老师在繁忙的教学之余,给予志愿者在普法活动、实践调研、案件代理方面的专业指导和关心。

感谢南大法援的学生负责人王心宁、许可、谢陶然、王心蕙、刘星、曹玉笛等同学的辛勤付出。他们为本书写作提供了许多实践素材,为我们的写作注入了青春与活力。幸得南京大学出版社施敏老师、李静宜老师在本书审校出版过程中给出的专业意见,在此特别致谢。

本书从构思到写作成型,由唐赟全面统筹,具体的章节撰写分工如下:第一章:2020级南大法援志愿者团队;第二章:第二十届南大法援工作组;第三章:唐赟;第四章:蒋屹;第五章:刘艺;第六章:唐赟;第七章:李林;第八章:殷玥;第九章:许可;附录整理:李林、骆曼。

作者于南京大学鼓楼校区北园
二〇二四年十一月